O Pós-Dramático

Coleção Debates
Dirigida por J. Guinsburg

Equipe de realização – Edição de texto: Adriano Carvalho Araújo e Sousa; Revisão: Iracema A. Oliveira; Produção: Ricardo W. Neves e Sergio Kon.

j. guinsburg e sílvia fernandes (orgs.)
O PÓS-DRAMÁTICO
UM CONCEITO OPERATIVO?

 PERSPECTIVA

Dados Internacionais de Catalogação na Publicação (CIP)
(Câmara Brasileira do Livro, SP, Brasil)

O Pós-dramático: um conceito operativo? / J. Guinsburg
e Sílvia Fernandes, (orgs.). – São Paulo: Perspectiva,
2017. – (Coleção debates)

3ª reimpressão da1ª edição de 2009
Vários colaboradores.
Bibliografia
ISBN 978-85-273-0844-1

1. Teatro – História – Século 20 2. Teatro experimental
– Século 20 – História e crítica I. Guinsburg, J. II. Fernandes,
Sílvia. III. Série.

08-11810   CDD-792.0223094

Índices para catálogo sistemático:

1. Teatro pós-dramático: Século 20:
História   792.0223094

1ª edição - 3ª reimpressão

[PPD]

Direitos reservados à
EDITORA PERSPECTIVA LTDA.
Av. Brigadeiro Luís Antônio, 3025 01401-000
São Paulo SP Brasil
Telefone: (11) 3885-8388
www.editoraperspectiva.com.br
2019

SUMÁRIO

Na Perspectiva do Pós-Dramático –
J. Guinsburg..9

1. Teatros Pós-Dramáticos –
   Sílvia Fernandes... 11
2. O Teatro Político e o Pós-Dramático –
   Ingrid Dormien Koudela.. 31
3. O Pós-Dramático na Dramaturgia –
   Rosangela Patriota.. 43
4. Pós-Dramático ou Poética da Cena? –
   Luiz Fernando Ramos... 59
5. A Encenação no Teatro Pós-Dramático *in Terra Brasilis* – *Marcio Aurélio Pires de Almeida*................ 71
6. O Ator Pós-Dramático: Um Catalisador de Aporias? – *Matteo Bonfitto*.................................... 87

7. A Linguagem do Corpo –
Soraia Maria Silva 101

8. O Corpo em Tempos e Lugares Pós-Dramáticos –
Sônia Machado de Azevedo 127

9. A Linguagem da Luz: A Partir do Conceito
de Pós-Dramático Desenvolvido por Hans-Thies
Lehmann – *Cibele Forjaz* 151

10. O Pós-Dramático e a Linguagem Sonora –
Livio Tragtenberg 173

11. O Crítico Pós-Dramático: Um Alfandegário sem
Fronteiras – *Sérgio Salvia Coelho* 187

12. O Pós-Dramático em Cena: La Fura dels Baus –
Fernando Pinheiro Villar 199

13. O Pós-Dramático e a Pedagogia Teatral –
Maria Lúcia de Souza Barros Pupo 221

14. Teatro Pós-Dramático e Teatro Político –
Hans-Thies Lehmann 233

Colaboradores 255

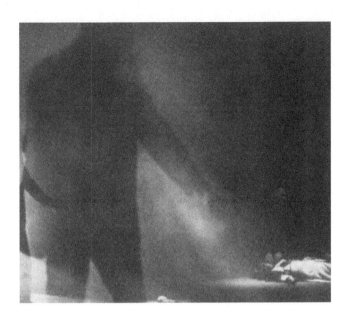

NA PERSPECTIVA DO PÓS-DRAMÁTICO

Este conjunto de trabalhos reúne a contribuição de professores e realizadores teatrais que, nas salas de aula, palcos ou arenas de teatro, discutem e põem em prática as propostas que o movimento cênico da modernidade vem desenvolvendo no plano internacional e no Brasil. Nenhum dos colaboradores, que aqui refletem e sintetizam o seu modo de ver e a sua experiência com respeito ao problema em foco, requer uma apresentação mais prolongada, na medida em que são amplamente conhecidos por seus cursos, palestras e artigos; e alguns deles, assinaladamente, por seu trabalho na cena brasileira, com espetáculos que vêm marcando com seus nomes o processo das artes dramáticas e "pós-dramáticas" em nosso país. Por isso mesmo, creio que dispensam comentários mais

▲Carmem com Filtro, *de Gerald Thomas. Seqüência "A Morte de Carmem".*

específicos sobre a sua qualificação para fazer parte deste livro-simpósio, tanto mais que os seus ensaios, pontos de vista, propostas e críticas falarão por si, diretamente ao leitor, e receberão a sua sanção ou, eventualmente, a sua discordância... Entretanto, como editor deste conjunto desejaria aproveitar o ensejo para assinalar um aspecto que os textos ora agrupados oferecem, a meu ver: o da íntima relação que denotam entre a faina acadêmica e a prática artística. Temos aqui teorizadores e críticos cuja preocupação central é a obra cênica, o espetáculo, a performance enquanto tal – isto é, como realidade no espaço físico e ficcional do dramático e do pós-dramático – e diretores, encenadores e atores que têm em seu campo, não só visual, como intelectual e, mais ainda, corporal e como ponto de mira essencial, a preocupação de responder ao debate e às solicitações da contemporaneidade, nos termos que Lehmann procura categorizar o fenômeno por ele enfeixado na noção de pós-dramático. Não só isto, como também – o que é da maior importância – o de introjetá-lo em suas realizações artísticas, imprimindo-lhes a concretude da obra. Ao dar expressão ao tema e à discussão que percorrem os ensaios ora estampados, *O Pós-Dramático: Um Conceito Operativo?* põe em evidência o seu envolvimento não só com o saber e a pesquisa no espaço universitário, mas, não menos, com o embate das idéias e o processo criativo nas suas formulações mais instigantes e desafiadoras de nosso tempo.

Last but not least, cumpre registrar o apoio e a cooperação das revistas *Humanidades* e *Sala Preta*, bem como de Lenise Pinheiro pela cessão das imagens.

J. Guinsburg

1. TEATROS PÓS-DRAMÁTICOS

Sílvia Fernandes

Na exaustiva cartografia da cena contemporânea que é *O Teatro Pós-Dramático*[1], os problemas de Hans-Thies Lehmann começam na busca difícil de organizar vetores de leitura dos processos cênicos multifacetados, ao caracterizar especialmente o teatro que vai dos anos 70 aos 90 do século XX. A dificuldade é semelhante àquela que enfrentaram, antes dele, vários pesquisadores. Pois o conceito de pós-dramático vem juntar-se a uma série de nomeações que, há pelo menos três décadas, tenta dar conta da pluralidade fragmentária da cena contemporânea, especialmente dessas espécies estranhadas de teatro total que, ao contrário da *Gesamtkunstwerk* wagneriana,

▲*Cena de* Apocalipse 1,11.
1. *Postdramatisches Theater*, Frankfurt am Main: Verlag der Autoren, 1999. Tradução francesa, *Le Théâtre postdramatique*, Paris: L'Arche, 2002.

rejeitam a totalização, e cujo traço mais evidente talvez seja a freqüência com que se situam em territórios bastardos, miscigenados de artes plásticas, música, dança, cinema, vídeo, performance e novas mídias, além da opção por processos criativos descentrados, avessos à ascendência do drama para a constituição de sua teatralidade e seu sentido.

No percurso de definição do pós-dramático, Lehmann menciona a terminologia que o antecedeu, referindo-se aos teatros multimídia, da desconstrução, do gesto e do movimento e, especialmente, ao teatro energético de Jean-François Lyotard, termo cujo descarte justifica por acreditar que desloca o foco da tradição do teatro dramático. Apesar disso, é visível seu interesse pelo conceito, em que se detém para sublinhar que o filósofo francês tem na poética de Antonin Artaud sua principal fonte de inspiração. Na cena da crueldade, a sinalização cristalizada nas expressões gestuais e vocais do ator, e nas figurações e encadeamentos espaciais que propõe, se aproximaria de processos de assimilação pré-conceitual e afetiva, caminhando mais em direção ao mimetismo de Roger Caillois que no sentido da mimese enquanto imitação de ações. O teatro energético, observa Lehmann, não é um teatro de significações. É um teatro de intensidades, forças e pulsões de presença, que não está sujeito à lógica da representação[2].

Quanto às categorizações do pós-moderno, o ensaísta as rejeita por considerá-las meramente periódicas, enquanto o pós-dramático teria a vantagem de se referir a um problema concreto de estética teatral. Pensando assim, estabelece as bases de seu argumento a partir da definição do teatro dramático, como aquele que obedece ao primado do texto e se subordina às categorias de imitação e ação. Ainda que, evidentemente, elementos cênicos o constituam, é o texto dramático que lhe garante a totalidade

---

2. *Le Théâtre postdramatique*, p. 52-54. O conceito de teatro energético é desenvolvido por Jean-François Lyotard em La Dent, la paume, *Des Dispositifs pulsionnels*, Paris: Galilée, 1994, p. 91-98.

narrativa e, por conseqüência, um significado previamente definido, que a combinação harmônica de recursos só faz reforçar. A principal idéia subjacente ao conceito de teatro dramático é a da representação de um cosmos fictício, que se apresenta em um palco fechado, ou teológico, como queria Jacques Derrida, e é instaurado por personagens que imitam ações humanas com a intenção de criar uma ilusão de realidade.

Para sintetizar melhor seu conceito, Lehmann observa que totalidade, ilusão e reprodução do mundo constituem o modelo do teatro dramático. E que a realidade do novo teatro começa exatamente com a desaparição do triângulo drama, ação, imitação, o que acontece em escala considerável apenas nas décadas finais do século xx. Para o estudioso, mesmo as vanguardas históricas não conseguem escapar totalmente ao modelo, pois preservam o essencial do teatro dramático ao permanecerem fiéis ao princípio da mimese da ação. A afirmação, bastante discutível, é nuançada logo a seguir pelo próprio autor, especialmente quando nota, nas vanguardas, o deslocamento da obra acabada para o acontecimento teatral, evidente no caráter processual e imprevisível dos atos performáticos dos surrealistas, por exemplo[3].

Drama e Teatro

De qualquer forma, o que se percebe na argumentação inicial de Lehmann é o reforço de uma espécie de simbiose entre drama e teatro, que o ensaísta reconhece no período que considera dramático, e explicita ao mencionar o drama e a "estética teatral que lhe é inerente"[4].

3. H.-T. Lehmann, op. cit., p. 91.
4. Idem, p. 40. A esse respeito, é interessante citar uma passagem do livro, na p. 70: "No final do século xix, o teatro dramático se encontrava como que fazendo parte de uma mesma espécie de discurso, que permitia aproximar Shakespeare, Racine, Schiller, Lenz, Büchner, Hebbel, Ibsen e

A associação é, no mínimo, redutora quando infere que o drama, por si só, determina uma estética do espetáculo, sem levar em conta as maneiras distintas como a forma dramática foi encenada no decorrer da história, do palco convencional de Racine às turbulências do naturalismo de Antoine, para citar apenas dois exemplos de como ela se alterou, entrou em crise e recebeu tratamentos cênicos diferenciais. O ensaísta nem sempre sublinha que no longo período compreendido entre o classicismo francês e a ruptura das vanguardas, e mais ainda no teatro moderno – que parece considerar dramático na quase totalidade –, ainda que constituísse o eixo de produção do sentido, o drama era parte de um sistema teatral que envolvia a produção de uma complexa materialidade cênica. A omissão das diferentes teatralidades que deram suporte ao drama fica ainda mais problemática em casos radicais como o do teatro barroco e o da obra de arte total wagneriana, como observa Luiz Fernando Ramos, ao referir-se à tradição do espetáculo em ensaio desta coletânea. É verdade que Lehmann menciona essa tradição, mas apenas no caso específico do teatro de Robert Wilson, quando reconhece que ele se situa na linhagem do teatro barroco de efeitos, das maquinarias teatrais do século XVII, das máscaras jacobinas, do teatro-espetáculo vitoriano, e preserva seu parentesco com os shows do circo moderno, além de assemelhar-se às peças-paisagem de Gertrude Stein[5].

Mas na definição de seus pressupostos, mesmo quando recorre a Peter Szondi, Lehmann não ressalta a situação instável do drama absoluto no final do século XIX, nem tem o cuidado de outros analistas ao registrar as mudanças paulatinas da forma dramática em relação ao palco que a concretizou. É o que faz, por exemplo, Raymond Williams, ao indicar os passos que culminaram na transformação

Strindberg. Os vários tipos de manifestação podiam ser vistos como manifestações divergentes, como variações fazendo parte da mesma forma discursiva caracterizada pela fusão entre o drama e o teatro".

5. Idem, p. 145.

radical do drama no final daquele século, quando textos abertos como os de Tchékhov passaram a necessitar de encenações autorais, como as de Stanislávski, para se realizarem[6]. O mesmo pode-se dizer do estudo decisivo de Martin Puchner, em que ele examina a oscilação dinâmica entre a teatralidade e as posições antiteatralistas de defesa do texto, representadas especialmente por Wagner e Mallarmé[7].

Isso não impede que Lehmann analise, numa breve passagem, a reteatralização e a autonomia da linguagem cênica a partir de 1900, data que considera o marco de entrada do teatro no século da experimentação, quando a cena passa a refletir sobre suas próprias possibilidades expressivas, independentes de um texto a encenar, e se concentra sobre a realidade teatral em prejuízo da representação do mundo[8]. Esse movimento de autonomia é impulsionado pelo nascimento do cinema no período, quando a representação de ações por seres humanos no palco é ultrapassada pelo recurso à imagem-movimento, que sem dúvida reproduz a realidade com mais eficácia que o teatro. De acordo com o ensaísta, é a partir daí que a teatralidade começa a ser trabalhada, ainda que timidamente, como dimensão artística independente do texto dramático, em um processo de autonomia que se completa apenas no final do século xx.

A esse respeito, é importante lembrar a fundamental análise da autonomia dos processos cênicos que Bernard Dort realiza em *La Réprésentation émancipé* (A Representação Emancipada), publicado em 1990, da mesma forma que

6. "The Seagull, by Chekhov" é o capítulo de *Drama in Performance* em que Raymond Williams analisa o caderno de direção de Stanislávski para a montagem de *A Gaivota*, de Tchékhov, um ótimo exemplo de elaboração de um texto cênico paralelo ao dramático, com descrições muito esclarecedoras.

7. *Stage Fright: Modernism, Anti-theatricality and Drama*, Baltimore/ London: The Johns Hopkins University Press, 2002, especialmente a introdução e o primeiro capítulo, The Invention of Theatricality, p. 1-55.

8. H.-T. Lehmann, op. cit., p. 75.

Patrice Pavis em *L'Heritage classique du théâtre postmoderne* (A Herança Clássica do Teatro Pós-moderno), que Lehmann acusa de confusão de ótica por desenvolver a hipótese de que o teatro pós-moderno teria necessidade das normas clássicas para se afirmar. Segundo Lehmann, mesmo a arte que nega pela provocação deve criar o novo com base em sua própria substância, ganhando identidade a partir de si mesma e não pela negação das normas anteriores. Problema em que ele próprio parece incorrer ao definir a cena contemporânea por oposição ao drama e ao enfatizar a presença dos membros do organismo dramático no teatro pós-dramático, mesmo como estrutura morta[9].

Na seqüência do estudo, o apontamento histórico se amplia quando o ensaísta passa a referir-se aos criadores e aos movimentos que considera constituintes da pré-história do pós-dramático, dando atenção especial a George Fuchs e seu conceito de drama enquanto movimento rítmico do corpo no espaço, Alfred Jarry e o surrealismo, Antonin Artaud e o teatro da crueldade, Stanislaw Ignacy Witkievicz e o teatro da forma pura, Gertrude Stein e as peças-paisagem, que rompem com a tradição do teatro dramático. Para o ensaísta, o teatro simbolista do final do século XIX também representa uma etapa decisiva na via do pós-dramático, pois o caráter estático de sua dramaturgia, com tendência ao monólogo poético, opõe-se frontalmente à dinâmica linear e progressiva do drama. Segundo sua concepção, o teatro estático de Maurice Maeterlinck representa a primeira dramaturgia antiaristotélica da modernidade européia, cujo esquema não é mais a ação, mas a situação. Apesar disso, o autor belga não renuncia à ilusão da realidade, ruptura que só acontece com as formas pós-dramáticas do final do século XX.

Como se pode notar, a ausência do drama e a quebra da ilusão de realidade compõem as linhas divisórias entre o teatro dramático e o pós-dramático. Por não

9. Idem, p. 37.

atravessarem inteiramente essa fronteira, tanto o teatro épico de Bertolt Brecht quanto o teatro do absurdo continuam a pertencer à tradição do dramático. No caso do encenador alemão, Lehmann justifica seu julgamento afirmando que a "teoria de Brecht contém uma tese fundamentalmente tradicionalista: a fábula continua sendo, para ele, a chave do teatro". No entanto, o teatro brechtiano tem caráter modelar exatamente por incluir o processo de representação naquilo que é representado, e exigir uma recepção produtiva do espectador. É por essa razão que o ensaísta considera o teatro pós-dramático um teatro pós-brechtiano[10].

Aprofundando suas distinções, Lehmann faz questão de sublinhar que o *Zeitgeist* em que se originaram as criações do teatro épico e do absurdo é muito distinto do contemporâneo. A atmosfera do absurdo tem fontes políticas e filosóficas na barbárie representada especialmente pelo extermínio nos campos de concentração da segunda Guerra Mundial e na destruição de Hiroshima. A ansiedade metafísica diante do aviltamento da condição humana no imediato pós-guerra está muito distante do ceticismo e do niilismo dos anos de 1980 e 1990, em que o teatro pós-dramático tem maior afluência. Além do mais, ainda que certos procedimentos da dramaturgia do absurdo possam assemelhar-se aos pós-dramáticos, é apenas quando os meios teatrais se colocam no mesmo nível do texto, ou podem ser concebidos sem o texto, que se pode falar em teatro pós-dramático[11].

É interessante notar que o autor não inclui Tadeusz Kantor na linhagem de produções contaminadas pelo clima opressivo do pós-guerra, ainda mais tendo em vista que o artista polonês realizou seus primeiros trabalhos exatamente no período (*O Retorno de Ulisses* é de 1944), e se apropria, no teatro da morte, das marcas

10. Idem, p. 43.
11. Idem, p. 81.

e dos vestígios do extermínio. O ensaísta considera Kantor um artista pós-dramático, talvez com base na hermenêutica das formas, enquanto Michael Kobialka, outro pesquisador da obra do encenador polonês, vê no criador de *A Classe Morta* um artista eminentemente moderno[12]. Talvez Kantor seja, de fato, o primeiro encenador moderno a destruir os paradigmas do teatro dramático, graças a uma verdadeira mimese estrutural da guerra, inédita na assimilação de tema e forma, memória e destruição, como acontece em *Wielopole, Wielopole*, de 1980.

Pletora de Linguagens

A despeito das ressalvas, não se pode negar a inteligência da resposta de Lehmann aos problemas colocados pelo teatro contemporâneo. Partindo do pressuposto de que a síntese desse teatro é tão problemática quanto a aspiração a uma exegese sintética, demonstra no trato com seu objeto que apenas as perspectivas parciais são possíveis. Sem alardear a opção, é visível que adota as "conjunções rizomáticas" de Deleuze como dinâmica de leitura, recusando-se a totalizar os processos heterogêneos da cena contemporânea, e optando por organizar seu estudo de forma semelhante à do teatro que analisa[13]. Com base nessa premissa, delineia os traços do pós-dramático por constelação de elementos, seguindo um movimento de anexação de territórios para construir cartografias superpostas que, à semelhança da teoria dos negativos de Kantor, ou dos *viewpoints* de Anne Bogart, abrem vias de acesso ao teatro contemporâneo a partir de vários pontos de vista. Lehmann recorre, inclusive, à artista belga Marianne van Kerkhoven para tecer relações entre as novas

12. Ver a respeito Michael Kobialka, *A Journey Through Other Spaces*, Berkeley/Los Angeles/London: University of California Press, 1993.
13. H.-T. Lehmann, op. cit., p. 142 e s.

linguagens teatrais e a teoria do caos, com sua concepção da realidade enquanto conjunto de sistemas instáveis. O teatro responderia a essa instabilidade por meio da simultaneidade de canais de enunciação, da pluralidade de significados e da estabilização precária em estruturas parciais, em lugar da fixação em um modelo geral. À semelhança do movimento das partículas elementares, a teatralidade explodida do pós-dramático tomaria direções tão diversificadas que seu único traço comum seria o fato de se distanciar da órbita do dramático.

Ainda que o procedimento garanta a abrangência do panorama traçado por Lehmann, é preciso admitir que um de seus resultados é o esboço de uma "pletora de linguagens formais heterogêneas", em que transparece o problema apontado por Matteo Bonfitto em seu texto sobre o ator pós-dramático. Em certas passagens dessa cartografia expandida, a dispersão chega a tal ponto que acaba diluindo a identidade do objeto, e permite ao autor incluir na categoria do pós-dramático tanto os procedimentos formalistas da ópera visual de Robert Wilson quanto as encenações de textos filosóficos realizadas por Jean Jourdheuil, para citar apenas dois exemplos. No teatro brasileiro, seria o mesmo que considerar igualmente pós-dramáticas as encenações de Gerald Thomas para a *Trilogia Kafka* e a montagem de *Ensaio sobre o Latão* da Companhia do Latão. Além do mais, a abertura, quase indiscriminada, do modelo acaba servindo de obstáculo ao estabelecimento de diferenciações, o que acontece quando o ensaísta procura distinguir o teatro pós-dramático da performance, em argumentação pouco convincente[14]. Como observa Bonfitto, a relevância do instrumental de Lehmann não impede que ele desenhe um horizonte impreciso para o pós-dramático.

---

14. Ver a respeito H.-T. Lehmann, Performance, op. cit., p. 216-235.

Panorama

É exatamente com o título de "Panorama" que o autor inicia, no quarto capítulo do livro, o traçado específico daquilo que considera signos teatrais pós-dramáticos, principiando com a síntese da obra de três artistas que, a seu ver, utilizam esses procedimentos de maneira radical: Tadeusz Kantor, Klauss Michael Grüber e Robert Wilson. Para introduzir a obra desses criadores, recorre à categoria de situação, que considera mais adequada à nova cena. Ainda que não tenha ação no sentido de desenvolvimento de uma fábula, o teatro desses artistas ativa sua dinâmica cênica por meio da mutação das situações, espécies de quadros em movimento e instalações provisórias que viabilizam o encadeamento do espetáculo.

É a partir desse pressuposto que Lehmann analisa o teatro de Tadeusz Kantor, o primeiro da cena pós-dramática. Localiza o trabalho do artista polonês entre o teatro, o *happening*, a performance, a pintura, a escultura, a arte do objeto e do espaço, e enfatiza a forma insistente com que Kantor gravita em torno das lembranças da infância que, assimiladas à vivência das duas guerras mundiais, criam em cena uma estrutura temporal de lembrança, repetição e confronto contínuo com a perda e a morte. Seu teatro é uma "cerimônia fúnebre de aniquilação tragicômica do sentido", observa Lehmann, que vê no criador de *Que Morram os Artistas* uma das vias da "ação cênica autônoma do teatro puro"[15].

Klaus Michael Grüber é o segundo encenador a receber um estudo específico. O ensaísta nota que, mesmo utilizando textos dramáticos tradicionais, Grüber consegue criar processos cênicos de tal natureza que chega a operar uma verdadeira des-dramatização nesses textos. Recorrendo a um procedimento pós-dramático de isotonia, o diretor transforma os diálogos dramáticos em

15. Idem, p. 108.

mero "combate oratório", acirradas competições de palavra que vão se repetir na dramaturgia de Bernard-Marie Koltès. Da mesma forma que o autor francês, Grüber abafa os tempos fortes dos textos dramáticos, para criar uma sucessão de quadros sem tensão nem suspense. De onde se conclui que, ao contrário do que Lehmann parece defender, não é a ausência de textos dramáticos que assegura a existência de um teatro pós-dramático, mas o uso que a encenação faz desses textos. Segundo o próprio ensaísta, as encenações que Grüber realizou de Tchékhov, por exemplo, lembravam mais auto-celebrações do *métier* teatral que propriamente representações das peças do dramaturgo russo, chegando a incluir referências às cenas lendárias do Teatro de Arte de Moscou. Em certo sentido, é o que Cibele Forjaz observa a respeito da montagem de *Cacilda!*, texto e direção de José Celso Martinez Correa, em que o teatro da atriz e o do próprio encenador são o principal tema da representação. Um projeto que se inicia, no caso de Zé Celso, muito antes, quando encena *Na Selva das Cidades*, de Brecht. Marcio Aurélio considera o espetáculo uma ruptura no teatro brasileiro, pela forma autoral de tratamento do texto e pela contradição histórica que expõe na destruição da cena. É interessante constatar a complementaridade dos textos de Marcio e Cibele, que ao escolherem dois espetáculos do mesmo diretor, separados por três décadas, definem os limites temporais do pós-dramático nos palcos brasileiros.

Voltando a Lehmann, e a Grüber, outra característica do encenador é a escolha de espaços públicos para a realização de seus espetáculos: a Deutsche Halle de Berlim, para a montagem do *Prometeu* de Ésquilo; a igreja de Salpetrière, para o *Fausto* de Goethe; o cemitério de Weimar, para uma adaptação de Jorge Semprun, *Mãe Pálida, Irmã Frágil*, em 1995. Em todos os trabalhos, o encenador alemão transforma o espaço em protagonista do espetáculo, criando uma situação teatral semelhante à das

21

encenações do Teatro da Vertigem, que também escolhe espaçospúblicos para potencializar suas temáticas, como observa Rosangela Patriota ao analisar a dramaturgia de *Apocalipse 1,11*.

Quanto a Robert Wilson, Lehmann acredita que em seus trabalhos o artista americano substitui o esquema tradicional da ação pela estrutura mais geral da metamorfose. Jogos de surpresa, com diferentes seqüências de luz e a aparição e a desaparição de objetos e silhuetas, fazem do espaço cênico uma paisagem em movimento, que leva o espectador a um novo modo de percepção. Comparando os procedimentos de Wilson às categorias filosóficas de Deleuze, Lehmann conclui que o encenador desloca o espectador para um universo composto de platôs, sugeridos pelos corredores paralelos que dividem o palco, de modo a situar as figuras e os deslocamentos em diferentes profundidades e permitir a leitura de forma combinada ou autônoma, conforme acontecem as transições e as correspondências. É um procedimento semelhante ao que Cibele Forjaz descreve em *Electra com Creta*, encenação de Gerald Thomas estreada em São Paulo em 1987. No espetáculo, Daniela Thomas também dividia o palco em corredores separados por telas de filó, solução que já adotara na ópera *Mattogrosso*, estreada no ano anterior no Teatro Municipal de São Paulo. Como nas encenações de Thomas na época, também no teatro de Bob Wilson a ausência de hierarquização dos meios teatrais caminha paralela à dissolução das personagens enquanto seres individualizados e à perda dos contextos cênicos coerentes. Lehmann nota que as silhuetas desse teatro movem-se no palco como emblemas incompreensíveis e, auxiliadas por iluminações, cores e objetos disparatados, criam uma textura heterogênea e descontínua, que, em lugar de garantir interpretações definitivas, cria uma esfera poética de signos opacos, bastante distante das denotações claras da narrativa dramática. Apesar disso, ao fundir motivos históricos, religiosos e literários, os quadros teatrais de

Wilson comporiam uma espécie de caleidoscópio multicultural, etnológico e arqueológico da história universal[16]. É visível que, na abordagem dos três artistas, Lehmann privilegia Wilson. E fica à vontade para pôr em prática o conceito de escritura cênica e deslocar o foco de sua análise para os procedimentos propriamente teatrais: a qualidade da presença, do gestual e do movimento dos atores, a semiótica dos corpos, as componentes estruturais e formais da língua enquanto campo de sonoridades, o desenvolvimento musical e rítmico do espetáculo, com sua temporalidade própria, e a iconografia dos procedimentos visuais, que em lugar de ilustrar um texto, compõe "superfícies de linguagem antinômicas"[17].

Mas para Lehmann o teatro pós-dramático não é apenas um novo tipo de escritura cênica. É um modo novo de utilização dos significantes no teatro, que exige mais presença que representação, mais experiência partilhada que transmitida, mais processo que resultado, mais manifestação que significação, mais impulso de energia que informação. E está presente não apenas nos teatros de Kantor, Grüber e Wilson, mas também nos trabalhos de Eimuntas Nekrosius, Richard Foreman, Richard Schechner, Wooster Group, John Jesurun, Anatoli Vassiliev, Jerzi Grotóvski, Eugenio Barba, Tadashi Suzuki, Heiner Müller, Frank Castorf,

---

16. É visível o fascínio de Lehmann pelo trabalho de Robert Wilson, em quem reconhece a via teatral para uma cena pós-antropocêntrica, que reuniria o teatro de objetos sem atores vivos ao teatro que, apesar de integrar a forma humana, usa-a como elemento de composição de estruturas espaciais semelhantes a paisagens. Essas figurações estéticas seriam uma alternativa ao ideal antropocêntrico, que coloca o homem como dominador da natureza. Cf. H.-T. Lehmann, op. cit., p. 119-127.

17. Quando analisa a escritura cênica pós-dramática, Lehmann recorre a Richard Schechner para distinguir três níveis de representação teatral: o texto lingüístico, o texto da encenação e o texto da performance (*performance text*). O modo de relação com os espectadores, a posição temporal e espacial, o lugar e a função do processo teatral no campo social são os fatores que constituem o *performance text*. Ver a respeito R. Schechner, Drama, Script, Theater, and Performance, em *Performance Theory*, New York/London: Routledge, 1988, p. 68-105.

Mathias Langhoff, Michel Deutsch, Bernard-Marie Koltès, Pina Bausch, Maguy Marin, DV8 Physical Theatre, Jan Fabre, Théâtre du Radeau, Robert Lepage, e do grupo La fura dels Baus, que Fernando Vilar analisa em ensaio desta revista. Estes são alguns exemplos entre os inúmeros que o teórico alemão mobiliza e que incluem, no teatro brasileiro, segundo os textos desta coletânea, José Celso Martinez Correa, Gerald Thomas, Luiz Roberto Galízia, Renato Cohen, Marcio Aurélio, Newton Moreno, Rubens Corrêa, Marilena Ansaldi, Denise Stoklos, Cristiane Paoli Quito, Hugo Rodas, Udigrudi, Fernando Vilar, Eliana Carneiro, XPTO, Companhia dos Atores, Teatro da Vertigem, Armazém e Cena 11.

Palheta Estilística

Depois de analisar os três encenadores, Lehmann relaciona algumas características da "palheta estilística" do teatro pós-dramático[18]. Inicialmente a parataxe, que determina estruturas teatrais não-hierarquizadas, em que os elementos cênicos não se ligam uns aos outros de forma evidente, além de não se ilustrarem nem funcionarem por mecanismos de reforço e redundância. Em geral conservam suas características próprias, o que permite que uma luz chame mais a atenção que um fragmento de texto, como no teatro de Robert Wilson ou em algumas montagens de Felipe Hirsch, como *Avenida Dropsie*; ou que um figurino transforme a configuração cênica, como no teatro de Kantor ou em *Os Sertões* de Zé Celso; ou que a tensão entre música e texto multiplique os sentidos, como na encenação de

18. A partir da p. 133 de seu livro, Lehmann apresenta onze procedimentos que atribui ao pós-dramático: parataxe, simultaneidade, jogo com a densidade dos signos, pletora, *mise en musique* (que preferimos deixar em francês, e que equivaleria a "colocar em forma de música" ou, em tradução ainda menos exata, musicalizar), dramaturgia visual, calor e frieza, corporeidade, teatro concreto, irrupção do real, situação/acontecimento (*situation/événement*).

24

A Paixão Segundo GH, de Clarice Linspector, por Enrique Diaz. Esse teatro construído da distância entre os elementos permite ao espectador separar os diferentes enunciadores do discurso cênico. Além do mais, nele convivem, de modo simultâneo, uma dramaturgia visual e uma "cena auditiva" de ruídos, música, vozes e estruturas acústicas, que levam o espectador a uma experiência diferenciada de percepção, criando um paralelismo de estímulos semelhante ao da *Oresteia* da Societas Raffaello Sanzio, ou de *A Vida é Cheia de Som e Fúria* de Hirsch. Em texto sobre a pedagogia do pós-dramático, Maria Lúcia Pupo reflete sobre os novos processos de aprendizagem que podem ser pensados a partir dessa mutação perceptiva.

Outro procedimento de composição que Lehmann discrimina é o jogo com a densidade dos signos. Para resistir ao bombardeio de informações no cotidiano, o teatro pós-dramático adota uma estratégia de recusa, que pode se explicitar na economia dos elementos cênicos, em processos de repetição e ênfase na duração ou no ascetismo dos espaços vazios de Jan Fabre e do Théâtre du Radeau, por exemplo, e também nas encenações depuradas de Antunes Filho e Marcio Aurélio. Esse teatro, que privilegia o silêncio, o vazio e a redução minimalista dos gestos e dos movimentos, cria elipses a serem preenchidas pelo espectador, de quem se exige uma postura produtiva. Outro recurso ligado à mesma matriz é a multiplicação dos dados de enunciação cênica, que resulta em espetáculos sobrecarregados de objetos, acessórios e inscrições, cuja densidade desconcertante chega a desorientar o público, como acontece nas encenações de Frank Castorf ou nos espetáculos de Gabriel Villela.

Por outro lado, no teatro pós-dramático a música se transforma numa espécie de dramaturgia sonora, que ganha autonomia nas óperas de Robert Wilson, como Livio Tragtenberg observa na encenação de *Four Saints in Three Acts* (Quatro Santos em Três Atos), de Gertrude Stein. Esse texto musical também pode ser composto da melodia das falas dos atores, de timbres e acentos diversificados que têm origem em particularismos étnicos e culturais, como acontece nos trabalhos de Peter Brook e Ariane Mnouchkine.

Segundo Lehmann, a dramaturgia visual em geral acompanha a sonora no teatro pós-dramático. Ela não precisa ser organizada exclusivamente de modo imagético, pois se comporta, na verdade, como uma espécie de cenografia expandida que se desenvolve numa lógica própria de seqüências e correspondências espaciais, sem subordinar-se ao texto, mas projetando no palco uma trama visual complexa como um poema cênico. Até a frieza formalista de certas imagens dessa dramaturgia pode funcionar, segundo Lehmann, como provocação, e é compensada pela corporeidade intensiva do ator, que se torna absoluta quando a substância física dos corpos e seu potencial gestual são o centro de gravidade da cena. Pode-se incluir, nessa tendência, a presença de corpos desviantes no teatro contemporâneo que, pela doença, pela deficiência, pela alteração da normalidade, chegam a formas trágicas de expressão como a encenação de *Ueinz*, de Renato Cohen, realizada com os doentes mentais do hospital-dia A Casa.

Teatros do Real

Ao analisar esse teatro de corporeidades, Lehmann introduz a categoria mais polêmica do pós-dramático: a pura presença. Já no prólogo de seu livro, faz referência a ela como o resultado mais visível da crise da representação. A utopia da presença não só apagaria a idéia de representação da realidade mas, no limite, instauraria um teatro não-referencial, em que o sentido seria mantido em suspensão. Quase no final do livro, o ensaísta retoma a mesma idéia, observando que o "corpo físico torna-se uma realidade autônoma no teatro pós-dramático, uma realidade que não conta, por meio de gestos, esta ou aquela emoção mas, por sua presença, se manifesta como local onde se inscreve a memória coletiva"[19].

Para ilustrar sua proposição, Lehmann menciona o diretor alemão Einar Schleef que, em seus espetáculos, incentiva o contato corporal direto dos atores com os espectadores, com a intenção de provocar reações físicas imediatas por meio de coros perigosamente agressivos e ações brutais do elenco. Em um espaço cênico sem separações, o público de Schleef compartilha o esforço, o suor e o sofrimento do ator, submetido a exigências físicas extremas, como os atores do Teatro da Vertigem de Antonio Araújo, especialmente nos espetáculos *O Livro de Jó* e *Apocalipse 1, 11*.

Lehmann também usa o termo "teatro concreto" para referir-se ao imediatismo dos corpos humanos, das matérias e das formas nas produções pós-dramáticas. Empresta a terminologia de Kandínski para sublinhar a qualidade palpável que se expõe, por exemplo, nos corpos dos atores e bailarinos e nas estruturas formais de movimento e luz do teatro de Jan Fabre. Essa arte plástica da cena exige do espectador um novo tipo de "perceptibilidade concreta e intensificada", pois seus dados sensoriais são extremados mas incompletos enquanto significado, e permanecem à espera de resolução. O ensaísta acredita que, ao sublinhar o inacabado, o teatro pós-dramático realiza sua própria fenomenologia da percepção. Consegue ultrapassar os princípios da mimese e da ficção exatamente por manter-se em constante estado de potência, sem apoio numa ordem representativa[20].

A irrupção do real é outra constante que Lehmann discrimina no teatro pós-dramático. Para explicitar a idéia polêmica, que Maryvonne Saison também defende em *Les Théâtres du réel* (Os Teatros do Real), o ensaísta recorre a Mukaróvski, para quem o teatro é uma prática em que não

---

19. H.-T. Lehmann, op. cit., p. 153.
20. Idem, p. 156.

Cena de O Livro de Jó.

existem limites claros entre o domínio estético e o não-estético, já que seu processo não pode ser separado da materialidade real, extra-estética, dos meios produtivos. Essa materialidade é ressaltada no teatro pós-dramático, que vive da oscilação entre presença e representação, performance e mimese, real sensorial e ficção, processo criativo e produto representado. É no vai-e-vem dessas polaridades que se estrutura a percepção do espectador desse novo teatro, colocado na posição ambígua de responder esteticamente ao que se passa em cena, como se assistisse a uma ficção teatral, e ao mesmo tempo obrigado a reagir a ações extremas, reais, que exigem dele uma resposta moral. Se no palco o ator é realmente martirizado com choques elétricos, como acontece em *Qui exprime ma pensée* (Quem Exprime meu Pensamento), de Jan Fabre, e em *Regurgitofagia*, de Michel Melamed, o espectador está diante de uma prática teatral que problematiza seu próprio "estado de espectador" enquanto comportamento social inocente[21].

São tantos o procedimentos e os exemplos de que Lehmann lança mão em seu exaustivo panorama que não seria possível discriminá-los neste texto breve. As narrações, os poemas cênicos, a interdisciplinaridade, os ensaios teóricos encenados, o teatro cinematográfico, o hipernaturalismo; a tendência à paródia, como variante da intertextualidade; os monólogos e as performances-solo; a emergência dos coros, como manifestação de coletivos parciais, tribais; o teatro do heterogêneo, que nasce do encontro entre uma concepção teórica, um dado técnico, uma expressão corporal e uma imagem poética, como nos processos colaborativos do teatro brasileiro; são essas entre outras tantas ocorrências que o estudioso percebe no teatro pós-dramático.

Mas, para ir além desta cartografia, talvez seja o epílogo do livro o ponto mais discutível da argumentação de Lehmann. Na tentativa de encontrar conotações políticas

21. Idem, p. 164.

no teatro pós-dramático, o ensaísta afirma que o político desse teatro é o político da percepção. Seu engajamento, portanto, não se situa nos temas, mas na revolução perceptiva que promove com a introdução do novo e do caótico na percepção domesticada pela sociedade de consumo e pelas mídias de informação. A proposta de depreender o político da hermenêutica das formas, de tendência eminentemente adorniana, soa como tentativa forçada de alçar o teatro pós-dramático à categoria de prática revolucionária. O pós-dramático não precisa dessa justificativa. Mantém-se na integridade de suas formalizações transgressoras como desejo insistente de superar o teatro.

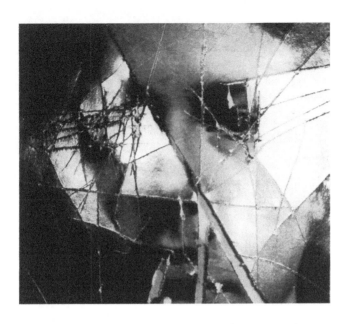

2. O TEATRO POLÍTICO E O PÓS-DRAMÁTICO

Ingrid Dormien Koudela

> *Na verdade, o político só se tornou inconcebível, para mim, no ato de escrever. Eu queria escrever politicamente e percebi que me faltavam as palavras. Isto quer dizer que não havia mais sentimento. Isto não é meu, pensava eu. Escrevia como os políticos progressistas falam, apenas me sentia mais desamparado, porque não agia ou pontificava – por puro desamparo.*
>
> PETER HANDKE[1]

A tematização do teatro político é compreendida pelo senso comum como mimese do político, conforme se apresenta

▲*Cena de* Medéia, *de Heiner Muller.*
1. Cf. *Falso Movimento*, em filme dirigido por Wim Wenders, adaptação do livro de P. Handke, 1975.

no discurso cotidiano. No entanto, longe de ser um duplo do discurso político, que encontra seu lócus no contexto da prática política, a linguagem artística do teatro propõe outras exigências para apreciação e leitura.

A citação de Handke, retirada do roteiro de *Falso Movimento*, filme de Wim Wenders que transporta o destino de Wilhelm Meister de Goethe para a contemporaneidade, tem por objetivo discutir se a educação estética pode ser parte de uma educação política, ou seja, se essas áreas, quando relacionadas, podem manter a sua especificidade. O estético pode determinar uma ação política? Ou, inversamente, o estético pode ser orientado pelo político?

O enunciado de Wilhelm, no texto de Handke, não é a manifestação de um homem apolítico, mas sim a de um homem profundamente envolvido com a questão política: se a arte pudesse identificar-se diretamente com a ação política, ela estaria negando a si mesma e com isso se lhe retiraria a orientação para o futuro – ela deve ser diversa e permanecer na sua diversidade, enquanto arte. Wilhelm, que sai da esfera política através da sua escritura, reconquista a dimensão política da estética.

Uma educação política que pratique a educação estética e uma educação estética que leve a sério a formação política terão de esforçar-se para alcançar uma consciência capaz de superar a diferença entre a esfera do estético e a do político no seu conceito de cultura. Ou seja: ambas as esferas não podem ser submetidas a um denominador comum, pois tal redução significaria o fim da arte; por outro lado, não há como separar tais domínios um do outro, posto que se inter-relacionam continuamente, através de um processo de oscilações. O político deve ser constantemente resguardado de modo a não se tornar unidimensional e cabe-lhe trazer ao estético a consciência de que ele se acha sob o signo do "como se".

Habermas, ao analisar as *Cartas sobre a Educação Estética da Humanidade*, entende que a utopia estética de Schiller não visa a uma esteticização das relações de vida, mas sim a um revolucionamento das relações de entendimento. Contrariamente à dissolução da arte em vida, que os dadaístas e seus seguidores irão exigir mais tarde de forma programática, Schiller reivindica, em seus termos, a autonomia da idéia estética em seu "luzir sensível", para empregar a conceituação de Hegel. Embora as *Cartas* esperem do envolvimento entusiástico e fabuloso com a aparência estética a "revolução total" de "toda forma de percepção" – esta manifestação permanece no campo do puramente estético, segundo Habermas, visto que prescinde de toda derivação da empiria. Ou seja, a arte não é uma extensão da vida, dos dados do mundo empírico, porém uma captação qualitativamente diferente do real. A arte cria realidades, a de seus objetos. Ao ver de Habermas, Schiller define a relação entre arte e revolução de forma semelhante a Marcuse. Dado o fato de a sociedade não se refletir apenas na consciência dos homens, mas também na sua sensorialidade, a emancipação da consciência há de estar enraizada na dos sentidos e na devida valorização da experiência vivida. Nem por isso, cabe uma ação que se proponha de algum modo a quebrar os recipientes do estético, pois neste caso os seus conteúdos seriam derramados – diz Habermas. Neste sentido, a sociabilidade do estético tem legitimidade apenas na proporção em que a arte pode reunificar aquilo que na modernidade se fracionou – o Estado burocrático, a abstração moral racional e a ciência dos especialistas. Visão que evidentemente é de Habermas, mas que já se esboçava no horizonte schilleriano.

É nesta seqüência, ou, pelo menos, nesta moldura de idéias que se deve inscrever o pensamento de Brecht e a sua proposta para a educação em uma ordem social na qual – negada a negação infra-estrutural burguesa, isto é, as relações antitéticas que este modo de vida gera inerentemente e que o condenam a antagonismos e crises insolúveis em seu próprio contexto – estariam instaladas as condições para uma existência desalienada da humanidade. De fato, o poeta retoma o debate de Platão e Rousseau sobre a função da arte e do teatro na pólis, bem como o de Schiller e Marx, realizando, inclusive, uma notável junção e um cruzamento entre as propostas de ambos, que lhe são por certo congeniais, não obstante o peso preponderante do marxismo no espírito de Brecht. Pois a preocupação com a pedagogia estética não só é recorrente nos textos sobre a teoria da peça didática, como o seu conceito aparece aí sempre intimamente ligado ao sistema de organização do Estado.

O *Lehrstück* (peça didática), foi concebido por Brecht com o fito de interferir na organização social do trabalho (infra-estrutura). Em um Estado que se dissolve como organização fundamentada na diferença de classes, essa pedagogia deixa de ser utópica. Por outro lado, é justamente o caráter utópico da experimentação com a peça didática – concebida para uma ordem comunista do futuro – o que garante a sua reivindicação realista no plano político. Ernst Bloch cunhou o termo "utopia concreta" para esta experimentação brechtiana. O componente metafísico, ritualizado no teatro de Artaud, é substituído, em Brecht, pelos poderes sociais, que passam a ser pensados e concretizados corporalmente, a fim de serem transmutados pela ação revolucionária.

Se a obra de arte perde, na era capitalista, segundo a conhecida concepção de Benjamin, a sua autenticidade (aura), em uma sociedade comunista (do futuro) teria de ocorrer uma "negação da negação" cuja caracterização levaria à instauração do ritual político. A realização do espetáculo estaria então condicionada à participação do espectador no ato artístico. Este não se daria mais mediante a "interpretação" de personagens e situações, anulando-se assim o princípio da identificação, substituído pela atuação que nasce das relações de jogo entre atuantes e espectadores.

De acordo com Lehmann, a peça didática está nos primórdios da performance, podendo ser caracterizada

34

como forma estética pós-dramática. E Heiner Müller, em meados da década de 1970, faz uma confissão: "Brecht estava consciente que o teatro épico só se tornaria possível no dia em que cessasse a perversão de transformar um luxo em profissão, a constituição do teatro a partir da separação entre palco e platéia"[2]. Ele denomina o seu texto pós-dramático, "Descrição de Paisagem", uma "paisagem para além da morte" e "explosão de uma memória dentro de uma estrutura dramática morta"[3].

Para esta evolução do teatro são determinantes a incoerência do diálogo no teatro do absurdo e a dimensão mítica e ritual da visão teatral de Artaud. O deslocamento dos diálogos nos textos de Heiner Müller, o discurso polifônico de Handke ou ainda o modelo de uma cena de teatro épico na "Cena de Rua" de Brecht, apontam para a superação do teatro dramático. Mas o teatro pós-dramático é um teatro pós-brechtiano. Ele se situa no espaço inaugurado pela problemática brechtiana do ator que "mostra que está mostrando" e pela exigência de uma nova arte do espectador. Ao mesmo tempo, o novo teatro abandona o estilo político, a tendência à dogmatização e a ênfase do racional, presente nas peças épicas de espetáculo. Redigido ao mesmo tempo que o *Fragmento Fatzer*, encontra-se, entre o material para o fragmento *De Nada, Nada Virá*, o seguinte escrito de Brecht:

> O maior erro seria o grotesco. Seriam pessoas em roupas brancas de trabalho, às vezes duas, às vezes três, tudo muito sério, assim como acrobatas são sérios – eles, não *clowns* são os modelos – então os acontecimentos poderiam ser absorvidos simplesmente como cerimoniais: raiva ou arrependimento como práticas. O "terrível" não pode ser, de forma alguma, um personagem, mas sim eu ou qualquer outro, da maneira como qualquer um se encontraria na situação. Assim como leitores lêem, esses jogadores devem jogar, sendo que nenhum deles interpreta algo determinado para si ou para o outro, mas todos se esforçam em expor algumas idéias

2. Cf. H. Müller, *Gesammelte Irrtümer*, p. 32.
3. Cf. R. Cerqueira de Oliveira, *O Teatro de Heiner Müller*, p. 18.

básicas, como um time de futebol. É permitido que determinadas partes, que propõem apenas pressupostos, sejam faladas e declamadas rapidamente, quase que fora da apresentação em si. Todos devem agir como se pensassem diferente, ou seja, o todo[4].

Perguntado como seria o teatro do futuro, Brecht afirma: "sagrado, cerimonial, ritual [...] espectadores e atores não devem se aproximar mas sim estranhar-se de si mesmos, senão não ocorre o espanto, necessário ao reconhecimento"[5].

Autoconhecimento, exercício artístico coletivo, participação ativa, são preceitos que podem ser encontrados, já em 1930, na teoria da peça didática. A sua dramaturgia prevê uma parte fixa e possibilidades de variantes; o controle sobre a aprendizagem não ocorre de forma fechada – o texto é estímulo para transformações. Esta concepção de ensino/aprendizagem assemelha-se às propostas de ensino através de projetos, formação e ação. Este caráter é ainda reforçado pela tentativa de combinar elementos indutivos e dedutivos na aprendizagem. Através da teoria e prática do *Lehrstück*, Brecht cria um exame da realidade social. Trata-se também de uma forma de teatro que abriga o compromisso conceitual de instruir seus participantes na "alegria da libertação", na formulação de Paulo Freire e tornar-lhes apreensível o ato da liberdade.

Um indicador importante é o próprio termo "teatro dramático" escolhido por Brecht para qualificar a tradição com a qual iria romper através do seu "teatro da era científica". De acordo com Lehmann, este termo pode, em um sentido alargado, definir o cerne da tradição teatral européia. O teatro dramático é subordinado ao primado do texto. Nesta medida, recursos como o coro, o narrador, metateatro, prólogo e epílogo ou apartes compõem o cosmo dramático, incluindo-se aí o repertório brechtiano da peça épica de espetáculo que ainda está pautada na cria-

---

4. R. Steinweg, *Das Theater der Zukunft*, em *Korrespondenzen*, p. 54.
5. Bertold Brecht, *Gesammelte Werke*, v. 15, p. 189.

ção de ilusão e no princípio da representação e da relação palco/platéia.

O teatro pós-dramático é também um teatro político? O que é teatro político? Estamos frente a uma questão de múltipla escolha? Qual é o critério que afere ao teatro a categoria de politizado, apolítico, despolitizado, engajado etc.? Podemos ainda deslocar o eixo da questão: como o teatro, por exemplo o teatro pós-dramático, é político? De que forma, sob quais pressupostos e condições o teatro e a arte podem ser ou tornar-se políticos? Essas perguntas, formuladas por Lehmann em *Das Politische Schreiben* (A Escritura Política no Texto Teatral) são intrincadas e analisadas através dos ensaios sobre Sófocles, Shakespeare, Kleist, Büchner, Jahnn, Bataille, Brecht, Benjamin, Müller e Schleef.

Faz-se portanto necessário esclarecer o que se entende por político para que a discussão possa se tornar produtiva. Segundo Lehmann, será necessário tematizar o "como" se quisermos compreender a ação do político no teatro experimental, tantas vezes também apelidado de pós-moderno. As terminologias teatro de vanguarda, teatro pop, teatro visual, performance, pós-épico ou teatro concreto designam determinadas tendências do teatro mais recente e podem ser sintetizadas através do termo *teatro pós-dramático*, que deve ser compreendido como uma relação polêmica do novo teatro com a tradição dramática. Essa negação do dramático se inicia com as vanguardas históricas das décadas de cinqüenta e sessenta do século xx.

De acordo com Lukács, citado por Lehmann em *Das Politische Schreiben*, o que é verdadeiramente social na arte é a forma. É preciso partir do pressuposto que teatro e arte não são, desde o seu início, política, mas algo muito diferente.

É comum a reprimenda de que falta a perspectiva política no teatro pós-dramático. Este seria apenas um exercício formal (Jan Fabre), jogo estético (Robert Wilson)

37

atingindo no máximo qualidades líricas. Já as questões políticas como justiça, solidariedade e moral não se fazem presentes. O termo "político" age aqui como argumentação, defendendo que problemas éticos ou morais devem ser apresentados em cena na forma de fábulas adequadas. No entanto, o fato de os oprimidos aparecerem no palco como personagens não torna o teatro político, de acordo com Lehmann.

A formulação de Heiner Müller, que a tarefa da arte é tornar a realidade impossível, aponta para o potencial do teatro como espaço que trabalha de mãos dadas com as impossibilidades da realidade, oferecendo assim um gesto no qual o político reassume a sua força. Como práxis talvez esse gesto seja impotente, mas o espaço vazio, assim aberto, assume significado político.

De acordo com Lehmann, a perspectiva do teatro político como mimese da realidade é relativizada ao nos confrontarmos, por exemplo, com a poética da catástrofe de Kleist, com a lógica do espanto em Shakespeare e Müller e com o ensinamento sem resposta nas *peças didáticas* de Brecht, cuja pergunta sobre o teatro político o leva ao limite do próprio teatro.

O político só pode aparecer no teatro de forma indireta, através de um viés oblíquo. Ou seja, o político só se torna efetivo no teatro quando não é mais passível de ser traduzido ou vertido em lógica, sintaxe e conceituação do discurso político na realidade social.

A fórmula sugerida por Lehmann é aparentemente paradoxal – o político no teatro não é mimese, mas sim interrupção do político. Com a ajuda desse conceito será possível descrever versões ou aspectos de uma cesura teatral do político. O teatro político não é uma práxis da regra (o que o tornaria didático e moralista), mas uma práxis da exceção. É a interrupção da regularidade o que mostra a regra e lhe confere novamente, embora de forma indireta, o seu caráter de questionamento radical.

Na forma dramática, a interrupção do político assume a forma de um abalo do costume ou decepção de um desejo. No teatro pós-dramático, há uma dissolução do simulacro dramático. A desconstrução do simulacro político no teatro significa sobretudo a negação da cilada moralista. Frente à ambigüidade e corrupção do discurso oficial e à desvalorização dos gestos de autenticidade socialmente legítimos, é compreensível que um neomoralismo seja instaurado pelo senso comum, que busca uma moralidade espontânea. Mas se os problemas do poder foram durante muito tempo concebidos no domínio do direito, com seus fenômenos limite que representam a revolução, a anarquia, a guerra, o estado de exceção, hoje a sociedade organiza o poder mais como microfísica, como um tecido em que mesmo a elite política dominante não dispõe quase mais de poder real sobre os processos econômicos e políticos. O conflito político como tal tem tendência a tornar-se abstrato, fugindo a toda representação concreta e portanto cênica.

O choque dos acontecimentos mundiais recentes dentre os quais está o colapso dos grandes impérios, tiraram de curso uma série de conceitos políticos, sem que haja novos para substituí-los. As questões políticas, que se colocam de forma radicalmente nova são discutidas sem amparo, não encontrando respostas e contextos de discussão.

É difícil julgar a influência política exercida, por exemplo, pelo Teatro Oficina, que se inscreve na tendência de um teatro pós-dramático, na encenação de *Os Sertões* de Euclides da Cunha por José Celso Martinez Correia. Ou o teatro cosmopolita de um Gerald Thomas. *A Missão*, de Heiner Müller, que se insere na produção literária e teatral contemporânea como documento de um tempo de crise, em que "tudo espera por história", aponta para o Terceiro Mundo como um estado em suspenso. "E a história é agora a história do Terceiro Mundo com todos os problemas de fome e superpopulação". De um lado, objeto de colonização, exploração e refugo, de outro, lugar de caos e desordem, o terceiro mundo é visto por Müller como fermento do novo – "ilhas de desordem", espécie de tumores benignos na medida em que, forçando o convívio com camadas diversificadas de história e cultura, prepararam o solo para a mudança.

Na montagem dirigida por Müller, em 1980, os papéis de Debuisson, Antoine e do europeu no elevador, nosso contemporâneo em busca de sua missão, são representados pelo mesmo ator, o que põe em discussão o ato de traição e sobretudo a validade da exportação do modelo revolucionário hegemônico. Já na encenação dirigida por Marcio Aurélio, o monólogo no elevador foi pronunciado por Sasportas como se ele fosse transportado num elevador que atravessasse o tempo. Sasportas assume o Estado e é destruído por ele. Fazendo frente a um novo moralismo, que apela a certezas como bom e mal, é que a radicalidade da atitude de Müller se faz presente, conferindo à arte a tarefa de tornar a realidade impossível.

O espanto não é indigesto por atacar extremos, mas por desnudar com a ajuda do extremo o próprio núcleo da sociabilidade. A interrupção daquilo que pode ser calculado politicamente abre o abismo da racionalidade e da discursividade política. Assim, segundo Lehmann, pode se dar a explosão da consciência em uma estrutura dramática moribunda!

Sabemos que o teatro, apesar de tudo, é uma questão social do ponto de vista de sua gênese e na práxis de sua produção e recepção através do espectador. A perspectiva estética do teatro engloba, em seu sentido mais amplo, questões de ordem ética, moral e política. A arte em geral e particularmente o teatro, intrincado na sociedade por meio de formas variadas, que vai do fator social da produção até o modo de recepção coletivo, passando pelo financiamento público, faz parte do campo da prática real sócio-simbólica. Nesta ótica, o conceito de pós-dramático, contrariamente à categoria pós-moderno, ligado à época em geral, representa uma problemática de estética teatral concreta. O político lhe é inscrito estruturalmente e independe de suas intenções. A pergunta é como essa inscrição pode ser desenvolvida.

O teatro se modifica ao incorporar o político? Hoje se consuma aquilo que Guy Debord previu como a "sociedade do espetáculo". Nessa definição, o cidadão é o espectador para quem toda a vida política se tornou um espetáculo como pudemos testemunhar na carne, no Brasil dos últimos tempos. Diríamos que cabe ao teatro executar a interrupção de si mesmo como espetáculo. O teatro pode criar situações nas quais a inocência do espectador é perturbada, colocada em questão. Trata-se de um trabalho (político) através do qual a estética do teatro ilumina as implicações do espectador, sua responsabilidade latente pelo aqui/agora da cena.

A realidade do novo teatro começa com o desaparecimento do triângulo drama/ação/imitação, por meio do qual o teatro se torna vítima do drama e o drama sucumbe ao conteúdo dramatizado. É preciso se dar conta que a formulação estética inventa imagens, percepções e esferas do afetivo e do sentimento extremamente diferenciadas, que atravessam as tramas conceituais não existentes antes e fora de sua articulação. A sensação humana imita a arte assim como inversamente a arte imita a vida[6]. Neste sentido, se autores como Beckett, Handke ou Heiner Müller evitaram a forma dramática é também por causa de sua implicações histórico-teleológicas.

Bibliografia

BRECHT, Bertold. *Gesammelte Werke*. Frankfurt: Suhrkamp, 1994.
GUINSBURG, J.; KOUDELA, Ingrid D. (orgs.). *Büchner: Na Pena e na Cena*. São Paulo: Perspectiva, 2004.
_____. O Teatro da Utopia: Utopia do Teatro? In: SILVA, Armando S. (org.). *Diálogos sobre o Teatro*. São Paulo: Edusp, 1992, p. 141-160.

6. H.-T. Lehmann, *Das Politische Schreiben*.

HABERMAS, Jürgen. *Der philosophische Diskurs der Moderne*. Frankfurt: Suhrkamp, 1985.

KOUDELA, Ingrid D. *Brecht: Um Jogo de Aprendizagem*. São Paulo: Perspectiva/Edusp, 1991.

_____. (org.). *Um Vôo Brechtiano: Teoria e Prática da Peça Didática*. São Paulo: Perspectiva/Fapesp, 1992.

_____. *Texto e Jogo: Uma Didática Brechtiana*. São Paulo: Perspectiva/Fapesp, 1996.

_____. Das TheaterSPIEL bei Brecht. In: *Korrespondenzen* 8 (1993), Heft 15.

_____. Das Lehrstück: Bestandaufnahme und Entwicklungsperspektive in der brasilianischen Theaterpädagogik. In: *Korrespondenzen* 9 (1994), Heft 19/20/21.

_____. Der Kollektive Kunstakt. In: *Korrespondenzen* 10 (1999), Heft 34.

_____. *Praxis: Nachwort*. In: STEINWEG, Reiner. *Lehrstück und Episches Theater: Brechts Theorie und die theaterpädagogische*. Frankfurt: Brandes & Apsel, 1995.

_____. *Brecht na Pós-Modernidade*. São Paulo: Perspectiva, 2001.

_____. (org.). *Heiner Müller: O Espanto no Teatro*. São Paulo: Perspectiva, 2003.

_____. Zum Politischen. Theater in Zeitschrift für Theaterpädagogik. In: *Korrespondenzen*, Heft 53.

LEHMANN, Hans-Thies. *Postdramatisches Theater*. Frankfurt: Verlag der Autoren, 1999.

_____. *Das Politische Schreiben: Essays zu Theatertexten*. Berlin: Theater der Zeit, 2002, (Recherchen 12).

_____. Teatro Pós-Dramático e Teatro Político. *Sala Preta: Revista do Departamento de Artes Cênicas da ECA/USP*, São Paulo, n. 3, 2004.

MÜLLER, Heiner. *Gesammelte Irrtümer: Interviews und Gespräche*. Frankfurt: Verlag der Autoren, 1986.

OLIVEIRA, Ruth Cerqueira de. *O Teatro de Heiner Müller: Modernidade Pós-Modernidade*. São Paulo: Perspectiva, 1997.

SCHILLER, Friedrich. *Cartas sobre a Educação Estética da Humanidade*. Tradução de Roberto Schwarz. Introdução e notas de Anatol Rosenfeld. São Paulo: Herder, 1963.

STEINWEG, Reiner. Das Theater der Zukunft: ein Politaeum über die Arbeit der Theatergruppe Angelus Novus, Wien, mit Brechts Fatzerfragment. *Korrespondenzen*, Frankfurt, 1986.

▲ *Jerzi Grotóvski.*

3. O PÓS-DRAMÁTICO NA DRAMATURGIA

Rosangela Patriota

> *E a questão que agora se coloca é saber se neste mundo em declínio, que está se suicidando sem perceber, haverá um núcleo de homens capazes de impor essa noção superior de teatro, que devolverá a todos nós o equivalente natural e mágico dos dogmas em que não acreditamos mais.*
>
> ANTONIN ARTAUD [1]

Refletir sobre a dramaturgia pós-dramática é, sem falso exagero, caminhar sobre uma região movediça, na qual as afirmações iniciais esvaem-se perante o próximo texto. Provavelmente, tais dificuldades sejam decorrentes da diversidade de trabalhos, aliada às múltiplas proposições que

1. *O Teatro e seu Duplo*, 2. ed. São Paulo: Martins Fontes, 1999, p. 29.

cada um deles acolhe em seu processo criativo e, em última instância, no campo da recepção. No que se refere ao universo da criação, das interlocuções com as vanguardas artísticas (futurismo, expressionismo, cubo-futurismo, dadaísmo, surrealismo) do início do século xx, mais especificamente com artistas como Alfred Jarry, Antonin Artaud, André Breton, entre outros, estão presentes os questionamentos às ordens estabelecidas, às rupturas formais e temáticas que redimensionaram perspectivas sociais e artísticas da modernidade[2].

Ao lado disso, não se deve ignorar que os estudos teatrais dessa perspectiva estética geralmente são construídos a partir da performance, dos espaços das apresentações (muitas vezes alternativos aos teatros tradicionais), da iluminação, da cenografia, da indumentária e da estrutura narrativa organizada não necessariamente pelo texto.

Esse foi o caminho adotado por Hans-Thies Lehmann, que também se debruçou sobre o que pode ser qualificado como um texto pós-dramático[3]. A fim de dar inteligibilidade ao tema, referenciou-se nas discussões de Peter Szondi sobre o drama[4], com a intenção de destacar suas contribuições para o estudo do desenvolvimento histórico das formas e para o estabelecimento de outra dimensão artística:

> Eu acho que é uma vantagem do conceito do teatro pós-dramático que ele mantenha no nosso inconsciente esse conceito de drama do qual ele saiu. A gente fala de teatro experimental, de novo teatro, ou de teatro de vanguarda. Mas ele se refere a uma coisa que é bem posterior, pois hoje já não existe teatro de vanguarda. Afinal a *avant-garde* só existe quando você sabe qual é a direção em que você está indo. Mas essa palavra, esse conceito pós-dramático remete ao conceito anterior, da tradição para trás. Ele mostra que os

2. Acerca das vanguardas artísticas no teatro, consultar Silvana Garcia, *As Trombetas de Jericó: Teatro das Vanguardas Históricas*, São Paulo: Hucitec/Fapesp, 1997.

3. Cf. Teatro Pós-Dramático e Teatro Político, infra p. 233-254.

4. *Teoria do Drama Moderno [1880-1950]*, São Paulo: Cosac & Naify, 2001.

artistas, consciente ou inconscientemente, remetem-se ou referem-se a uma tradição do teatro dramático[5].

Em verdade, essa caracterização, ao invés de se apresentar como um porto seguro, torna-se apenas um referencial em que o artista/pesquisador poderá alicerçar suas investigações preliminares, porque a tarefa, a quem se propõe apresentar elementos de composição da dramaturgia pós-dramática, é imensa, pois no nível formal, em relação ao drama moderno, várias transformações ocorreram desde o século XIX. Ao lado disso, é oportuno rememorar: ao longo da história do teatro dificilmente foram encontradas formas dramáticas puras. Acerca dessa questão, Anatol Rosenfeld fez a seguinte advertência:

por mais que a teoria dos três gêneros, categorias ou arquiformas literárias, tenha sido combatida, ela se mantém, em essência inabalada. Evidentemente, ela é, até certo ponto, artificial como toda a conceituação científica. Estabelece um esquema a que a realidade literária multiforme, na sua grande variedade histórica, nem sempre corresponde. Tampouco deve ela ser entendida como um sistema de normas a que os autores teriam de ajustar a sua atividade a fim de produzirem obras líricas puras, obras épicas puras ou obras dramáticas puras. A pureza em matéria de literatura não é necessariamente um valor positivo. Ademais, não existe pureza de gêneros em sentido absoluto[6].

Estabelecidas essas ressalvas, deve-se considerar que o mundo ocidental, a partir da segunda metade do século XX, viveu experiências que, observadas retrospectivamente, revelam indícios do que posteriormente reconheceu-se como pós-modernidade[7]. A dramaturgia do absurdo, os processos criativos de Bob Wilson, Jerzy Grotóvski, Tadeusz

5. H.-T. Lehmann, op. cit., infra, p. 248.
6. *O Teatro Épico*, São Paulo: Perspectiva, 1985, p. 16.
7. Para um maior aprofundamento do tema, consultar: J. Guinsburg; Ana Mae Barbosa, (orgs.), *O Pós-Modernismo*, São Paulo: Perspectiva, 2005; Fredric Jameson, *Modernidade Singular: Ensaio sobre a Ontologia do Presente*, Rio de Janeiro: Civilização Brasileira, 2005.

Kantor, John Cage, o *happening* constituíram-se em referências para o estabelecimento do pós-dramático.

Dentre esses importantes criadores, Bob Wilson ocupa um lugar de destaque no estabelecimento do que se conhece como "cena teatral contemporânea", ressaltado por Luiz Roberto Galizia na seguinte ponderação:

> Analisar o todo de sua produção requereria lidar com assuntos tão diversos quanto câmara lenta, ondas cerebrais, cochilo, *design* arquitetônico, pintura, rock progressivo, matemática, terapia, silêncio, teatro ambiental, computadores, poesia concreta, espaços e galerias de arte, drogas, sexo, performances, comunicação entre surdos-mudos, dança moderna e pós-moderna, autismo, religiões orientais, filmes mudos – tantos assuntos que uma síntese clara pareceria impossível.
>
> Por outro lado, após considerar o significado do trabalho de Wilson em relação a movimentos artísticos semelhantes do passado, convenci-me de que este tem, de fato, um valor essencial, e que o entendimento do teatro wilsoniano é fundamental para o entendimento do teatro atual [...]. Na sua maneira de lidar com várias artes, é possível reconhecer traços de todas as tendências, de Wagner, Craig, Mallarmé, Artaud a Cage, Kaprow e Crowley, só para citar alguns nomes; mas o trabalho de Wilson está longe de ser uma mera coleção de influências[8].

Em sintonia com essa multiplicidade de formas e referências, Wilson, admirador confesso da poesia de Gertrude Stein, fez com que seus roteiros e diálogos estivessem em sintonia com as expectativas das "peças paisagens"[9]. Por exemplo, em seus roteiros, organizados a

---

8. *Os Processos Criativos de Robert Wilson: Trabalhos de Arte Total para o Teatro Americano Contemporâneo*, São Paulo: Perspectiva, 1986, p. xix.

9. Sobre esse tema, ver Hans-Thies Lehmann, op. cit., infra p. 246-247. Luiz Roberto Galizia, cita alguns exemplos importantes, tais como: "*Dia-Log*, apresentado inicialmente no Public Theatre de Nova Iorque em junho de 1975, era uma *performance* muito simples, em que Wilson e Knowles ficavam cada um num lado do palco e assim desenvolviam seus jogos verbais, de maneira semelhante a *Um Homem Louco...* Desta vez, entretanto, tudo era feito de forma mais refinada e o tom geral evocava experiências literárias de Gertrude Stein, como na passagem abaixo:

partir de uma percepção arquitetônica da cena, todos os elementos que a compõem estão no mesmo nível – ator, cenografia, música, iluminação e texto – detém o mesmo grau de importância para a materialização do trabalho. Isso significa dizer: não existe uma hierarquia que defina a composição do espetáculo.

Porém, no que diz respeito à escrita pós-dramática, propriamente dita, foram os textos do dramaturgo alemão Heiner Müller as criações estéticas qualificadas como as iniciativas mais ousadas de ruptura com os padrões anteriores. Acerca de seu trabalho e das concepções que o norteiam, o mencionado artista assim se manifestou, em carta, ao editor da revista *Theater der Zeit*:

A necessidade de ontem é a virtude de hoje: a fragmentação de um acontecimento acentua seu caráter de processo, impede o desaparecimento da produção no produto, o mercadejamento torna a cópia um campo de pesquisa no qual o público pode co-produzir. Não acredito que uma história que tenha "pé e cabeça" (a fábula no sentido clássico) ainda seja fiel à realidade[10].

Em meio a essa citação, é oportuno destacar que esse artista, nascido em Eppendorf, aldeia da Saxônia, nos últimos anos da Alemanha de Weimar, vivenciou a experiência do Terceiro Reich, esteve nos campos de batalha, tornou-se prisioneiro das forças aliadas durante a Segunda Guerra e, após a divisão da Alemanha, estabeleceu a sua vida em Berlim Oriental. A atividade jornalística e os primeiros passos na vida literária o aproximaram de Bertolt Brecht e do Berliner Ensemble. Nesse sentido, fiel

---

Wilson: 'A! Where are we?' (A! Onde estamos?)
Knowles: 'We are in the world' (Estamos no mundo.)
Wilson: 'B!' (B!)
Knowles: 'Because we like it!' (Porque gostamos!); op. cit., p. 82.
10. Apud Ruth Röhl, Heiner Müller na Pós-Modernidade, em: Ingrid D. Koudela (org.), *Heiner Müller: O Espanto no Teatro*, São Paulo: Perspectiva, 2003, p. 34.

às premissas do dramaturgo alemão, Müller debruçou-se de forma questionadora sobre seu legado.

Apoiado em Benjamin e dando continuidade crítica à sua teoria da arte, Müller entende o artista como engenheiro da expropriação de si mesmo. Se Brecht ainda via o espectador no papel de "co-fabulador", o receptor no teatro de Müller deve ser entendido como "co-produtor" em um teatro transformado em "laboratório de fantasia social"[11].

Com essa proposição, foram confeccionadas peças como *Hamletmaschine* (Hamlet-Máquina, 1977), *A Missão* (1979) e *Quartet* (Quarteto, 1980), entre outras, a partir de obras já consagradas pela história do teatro. Por exemplo, em *Hamletmaschine*, o clássico de William Shakespeare foi retomado por meio de um processo de desconstrução. Assim, o Príncipe da Dinamarca, atormentado pela morte do pai e pela necessidade de fazer justiça, surge aos olhos do século XX em um texto constituído por cinco fragmentos, dos quais participam Hamlet, o ator, como personagem, e Ofélia.

A peça inicia-se com uma situação denominada "Álbum de Família", na qual o ator narra a cena do cortejo fúnebre do rei, o encontro de Hamlet com o espectro e a chegada de Horácio. Para além da mera descrição, apresentam-se, por meio da interlocução entre cultura e barbárie, percepções críticas do trágico, pois se em Shakespeare há o luto e um decoro público estabelecido, em Müller, o ritual dessacraliza o acontecimento e o apreende como um instante de júbilo e prazer, seja pelo coito do casal real sobre o caixão, seja pelos restos mortais consumidos pelos miseráveis.

O narrador afirma também que cabe ao fantasma retornar à tumba, porque já não há mais galos cantando ao alvorecer, que já não mais existe. Dessa feita, se na tragédia

---

11. Ingrid D. Koudela, Brecht e Müller, em I. D. Koudela (org.), op. cit., p. 24.

do século XVII havia uma ordem e um equilíbrio a serem restaurados, a Europa do século XX tornou-se sinônimo dos escombros que alguns identificaram como progresso:

> Intérprete de Hamlet: Arrombo a minha carne lacrada. Quero habitar nas minhas veias, na medula dos meus ossos, no labirinto do meu crânio. Retiro-me para as minhas vísceras. Sento-me na minha merda, no meu sangue. N'algum lugar são rompidos ventres para que eu possa morar na minha merda. N'algum lugar ventres são abertos para que eu possa estar sozinho com meu sangue. Meus pensamentos são chagas em meu cérebro. O meu cérebro é uma cicatriz. Quero ser uma máquina. Braços para agarrar, pernas para andar, nenhuma dor, nenhum pensamento[12].

O ator alterna-se entre narrativa e interpretação de um Hamlet que busca libertar-se da tradição, mas se recolhe para dentro da couraça. Já Ofélia transforma seu discurso na possibilidade da indignação e de se insurgir contra o *status quo*:

> (*Mar profundo. Ofélia na cadeira de rodas. Passam peixes, ruínas, cadáveres e pedaços de cadáveres*)
> Ofélia: (*Enquanto dois homens com batas de médico a enrolam de baixo para cima na cadeira de rodas em faixas de gaze*).
> Aqui fala Electra. No coração das trevas. Sob o sol da tortura. Para as metrópoles do mundo. Em nome das vítimas. Rejeito todo o sêmen que recebi. Transformo o leite dos meus peitos em veneno mortal. Renego o mundo que pari. Sufoco o mundo que pari entre as minhas coxas. Eu o enterro na minha buceta. Abaixo a felicidade da submissão. Viva o ódio, o desprezo, a insurreição, a morte. Quando ela atravessar os vossos dormitórios com facas de carniceiro, conhecereis a verdade[13].

Se as explicações históricas e culturais perderam a perspectiva de totalidade e assumiram o fragmento como

---

12. *Hamlet-Máquina*, *Quatro Textos para Teatro*, São Paulo: Hucitec, 1987, p. 31.
13. Idem, p. 32.

a possível percepção do processo, por que cenicamente manter a idéia de unidade e narrativas totalizantes?

Em resposta a esse questionamento, em sua elaboração estética, *Hamletmaschine* abriu mão dos diálogos. As personagens apresentam opiniões e comentários críticos. Não possuem dimensões psicológicas nem traduzem, no nível simbólico, o coletivo (classe, grupos sociais e/ou étnicos etc.). Em tal composição predomina o indivíduo isolado, destituído de identidade.

As referências são multifacetadas e díspares (Hamlet, Macbeth, Marx, Lênin e Mao). Todavia, isso não importa porque o mundo contemporâneo faz jorrar cotidianamente uma quantidade incomensurável de informações. Por isso, o que privilegiar?

Cabe ao espectador co-produzir significados próprios. Contudo, ele deve também ter a certeza de que sua interpretação é apenas uma entre tantas outras e não a chave para o entendimento do texto e conseqüentemente do espetáculo. Metáforas da pós-modernidade: "numa cadeira de balanço, a madona com câncer no seio"[14]. Cultura e barbárie. O belo acolhendo aquilo que o devorará e o fragmento assumindo explicitamente a condução do pensamento e da investigação.

Nesse sentido, a peça de Heiner Müller expõe recursos tornados recorrentes na dramaturgia pós-dramática, isto é, soluções artísticas que se confrontaram com as narrativas do drama. Esses procedimentos foram acolhidos e reinterpretados em manifestações teatrais de diferentes países.

No Brasil, as proposições do pós-dramático foram bem recebidas, seja no nível da encenação, seja no exercício da escrita teatral[15]. No primeiro aspecto, indiscutivelmente, a presença de Gerald Thomas assume importância significativa, assim descrita por Sílvia Fernandes:

14. Idem, p. 29.

15. Para fins de um panorama exaustivo sobre o pós-moderno no teatro brasileiro, consultar Edélcio Mostaço, O Teatro Pós-Moderno, em J. Guinsburg; Ana Mae Barbosa (orgs.), op. cit., p. 559-576.

Acredito que ele sintetiza uma série de procedimentos criativos do teatro contemporâneo, que chegaram ao Brasil principalmente através de seu trabalho. O acesso a pesquisas internacionais faz de seus espetáculos a súmula de algumas tendências e processos que marcam a cena atual. A justaposição de elementos, a organização por cadeias de *leitmotive*, a desconstrução de linguagens artísticas, a substituição do drama pela espacialização e o abandono do texto dramático como núcleo estruturador do espetáculo são os principais traços dessa tendência, presente de maneira evidente em todos os espetáculos do encenador [...]. Acredito que Thomas, como vários encenadores contemporâneos, escreve um texto cênico. E para criar essa escritura leva o teatro a uma região de fronteira, onde a linha divisória entre os territórios da dança, da música, das artes plásticas ou mesmo do cinema, é muito pouco definida[16].

Sob esse prisma, criações como *Electra com Creta*, M.O.R.T.E., *Mattogrosso, Flash and Crash Days*, entre outras, ilustram a maneira pela qual a escritura cênica foi sendo composta à luz das diversas instâncias narrativas e cênicas que estarão atualizadas, mediante a realização do espetáculo. Esse processo de trabalho reporta ao diálogo entre Gerald Thomas e Bob Wilson que, efetivamente, nunca foi negado pelo brasileiro.

Por outro lado, no âmbito da dramaturgia pós-dramática, um exemplo de excelente realização dessa vertente estética pode ser encontrado no texto *Des-Medéia*, de Denise Stoklos. Ambientado em 431 a.C. e no presente (1993/1994), na Grécia e no Brasil, com as personagens-símbolos Medéia e Coro (ou Narrador), a peça trata da seguinte temática:

Desatar o nó da tradição de matança aos atos-filhos-sementes, causada pelo desgosto do abandono social-afetivo-espiritual em que nos encontramos no presente, é o tema desta modesta peça de teatro.

16. *Memória e Invenção: Gerald Thomas em Cena*, São Paulo: Perspectiva/Fapesp, 1996, p. xi. Cf., também, Sílvia Fernandes; J. Guinsburg (orgs.), *Um Encenador de si Mesmo: Gerald Thomas*, São Paulo: Perspectiva, 1996.

Metafórica como toda expressão artística, esta obra quer refletir através de personagens mitológicos sobre a possibilidade de opção pela vida, em qualquer época, de qualquer espécie, em qualquer situação (ideológica, comunitária ou amorosa), e acima de tudo sobre a relação prática de todos nós com a lealdade aos valores humanos[17].

Nesse trabalho, tal qual no de Heiner Müller, a relação passado/presente implode e as duas temporalidades se equivalem nas narrativas do Coro e de Medéia. O primeiro apresenta o mito grego e estabelece conexões com a sociedade brasileira da década de 1990.

Coro: O autor grego Eurípides escreveu a primeira peça sobre Medéia há muitos anos.

Medéia nasceu para o teatro em 431 antes de Cristo.

Contando regressivamente os minutos que nos restam até o ano dois mil falta pouco para completar muito tempo que assistimos a tragédias sobre traições, enquanto traímos incansavelmente, aprimoradamente, através dos séculos, todas as causas humanas.

Neste berçário de ventre de Medéia, que é este Brasil, nossas aspirações são cesarianas carpideiras que choram a possível reafirmação da morte.

Nos ganchos do açougue Brasil balançam os nossos sonhos traídos[18].

Questionar a idéia da tradição como repetição, com o intuito de recuperá-la como elemento crítico do tempo presente, é o pressuposto das narrativas de Medéia e do Coro que, por meio da reflexão da condição feminina, assumem a condução da tragédia, retiram-na das mãos do destino e a depositam nas possíveis escolhas da personagem que se apresenta indefinida em direção a um futuro.

Que futuro é esse? Na verdade, ele é uma construção em aberto, porque, à medida que o Coro articula distintas

17. *Des-Medéia*, São Paulo: Denise Stoklos Produções Artísticas, 1995, p. 4.
18. Idem, p. 26.

referências de tempo, cultura e temática, Medéia narra as desventuras do mito e as apreende criticamente, retirando-as de seu tempo original, para transformá-las em interlocuções contemporâneas. Tal perspectiva coloca a relação passado/presente em suspenso e acena a uma nova temporalidade que também se apresenta indefinida e nuançada.

Medéia: Como eu poderia assassinar meus frutos por vingança se não há sentimento a ferir?
O que há é a repetição do padrão de usurpador nato e destinado.
O que viu a usurpação muito cedo, como modelo, dela ficou marcado dentro.
E para fora não transformou a seta que te partiu.
Mas obrigou-a a traçar o mesmo alvo e assim mais uma vez repartir-se, cravar-se: usurpação.
Você se deita na cova cavada pelo vizinho.
Come o pão amassado pelo padeiro alheio.
Destrono-te Jasão do direito de permanecer em mim, que é só sobre o qual temos autoria: a liberdade de escolher o repertório do que me ocupa.
Este, você perdeu.
Nós aqui de outro lado não, nada perdemos.
Não podemos perder o que nunca foi nosso. Em você está o abandono, a traição, a deslealdade, a confirmação do *establishment*.
Saio desta história sem matar ninguém, nem sequer de um par pois descubro que nunca tive um[19].

Esses trechos, além de exemplificarem passagens de *Des-Medéia*, demonstram a inexistência de uma relação dialógica no palco e é, por intermédio do monólogo, que as situações são expostas ao público. Tal procedimento guarda aproximações com a estrutura de *Hamletmaschine*, mas este não deve ser visto como o modelo, pois a diversidade de recursos à disposição faz com que a escrita pós-dramática assuma diferentes formas. Um caso ilustrativo dessa afirmativa é a peça *Apocalipse 1,11*, criação do Teatro da Vertigem, elaborada por Fernando Bonassi.

19. Idem, p. 30-31.

Como em trabalhos anteriores do Teatro da Vertigem (*O Paraíso Perdido* e *O Livro de Jó*), *Apocalipse 1,11* tem seu texto marcado pela mescla entre o sagrado e o profano. A partir de passagens do *Apocalipse de João*, os diálogos e as imagens vão sendo construídos com referências aos orixás africanos e aos espaços da exclusão social no mundo contemporâneo (cabarés, baixo meretrício, prisões, sanatórios, preconceito, entre outros). O sagrado materializa-se de maneiras distintas (cristianismo, religião afrobrasileira) e desenvolve sua interlocução com o profano a partir da própria dessacralização.

As práticas de preconceito e de humilhação são exacerbadas. Imagens de tortura e de massacre ocupam outros espaços e, em meio a isso tudo, onde está Deus?

Do quarto de pensão, João é levado à boate New Jerusalém e nela assiste aos "testemunhos" (travesti, prostituta, negro, pastor) que remetem aos programas religiosos (neopentecostais) veiculados pela mídia eletrônica. A sociedade do espetáculo, o poder da imagem e o exercício da violência traduzem-se em mecanismos da coerção física, moral e social. O homem está só e as diversas situações e espaços cênicos, reinterpretando as passagens bíblicas (Primeira Leitura, Exorcismo, Destruição da Boite e Juízo Final), explicitam essa solidão e demonstram o seu caráter multifacetado e difuso.

No âmbito da estrutura – à semelhança das peças comentadas anteriormente, que fragmentaram clássicos da dramaturgia ocidental – o texto de Bonassi relê o Novo Testamento e a própria noção de religiosidade. Se, nesse aspecto, há proximidade, o mesmo não pode ser dito em relação à palavra, pois em *Apocalipse 1,11* existe a predominância dos diálogos. Todavia, eles não concentram nem a ação, nem unidades explicadoras dos acontecimentos narrados e vivenciados.

Por sua vez, as personagens, entre outras referências, materializam lugares (Babilônia, Talidomida do Brasil), símbolos (Besta), etnias (Negro) e religiões (Pastor Alemão),

54

sem que haja perspectivas de individualização. Pelo contrário, há uma exposição simbólica das bases culturais do mundo contemporâneo:

EXORCISMO DE BABILÔNIA
Pastor Alemão: Boa noite! Que a paz do Senhor esteja convosco e comigo...Tem alguém com Exu por aqui... Tem alguém com o diabo no corpo... Cadê?! Onde tá?!
[...]
Pastor Alemão: (*Empunhando o crucifixo*) Quem é que tá aí? É a Pombajira? Iemanjá?! A PUC do Rio? O BID? O FMI? O ACM? Sai, sai, cambada, que o tempo está próximo... Eu te exorcizo, mãe dos aflitos, esperta sem-vergonha, rainha da propina... Eu te exorcizo pelo dinheiro desviado, pelo caralho da dívida externa subindo sempre. Eu exorcizo a tua falta de futuro... perdida do país dos aflitos! Você vai ficar aí, deitada eternamente em berço esplêndido e puta desse jeito?
[...]
Besta: (*Retornando ao palco*) Amém, Jesus! Amém!
Agora nós vamos fazer um intervalo... mas antes eu queria aproveitar pra agradecer também aos patrocinadores da cultura deste país... Essa gente boa que, além de blindar as suas BMWs e abrir contas no Caribe, ainda acha tempo para investir em cultura... Deus lhe pague, viu! Ah! Eu gostaria de agradecer por todos os faxes e e-mails que eu tenho recebido... Obrigada, Françoise Fourton... Renée de Vielmond... Monique Lafond... Denise Milfond... e Narjara Tureta! Ah, eu também queria agradecer às loiras do nosso Brasil: obrigada, Adriane Galisteu... Angélica... Eliana... Xuxa... Miguel Falabella... Carla Perez.... Danielle Winits... Obrigada a todas vocês... Eu já fui loira, mas agora sou autêntica!![20].

O repertório religioso mescla-se não só ao universo dos excluídos, mas também ao mundo do entretenimento e da comunicação. Passado e presente, sagrado e profano, excluídos e integrados foram relidos sob a égide da cultura de massa.

Nesses processos criativos, cada vez mais ganha destaque a figura do dramaturgista. Embora somente na ficha

---

20. Fernando Bonassi, *Apocalipse 1,11*, em *Teatro da Vertigem*, São Paulo: Publifolha, 2002, p. 213-214.

técnica de *Apocalipse 1,11* haja destaque para esse trabalho, desempenhado por Lucienne Guedes, é oportuno ressaltar que a premissa de uma escrita cênica faz com que o texto teatral não seja confeccionado fora das discussões que envolvem a construção do espetáculo. Dessa feita, se muitas vezes a palavra pode orientar o trabalho de composição de ator, estimular experiências com a luz, direção, figurino, sonoplastia, o inverso apresenta-se como verdadeiro e com extrema legitimidade, na medida em que o texto é mais um componente e, na maioria dos casos, para seus contemporâneos, não pode ser divorciado de seus realizadores. Ou é possível pensar *Apocalipse 1,11* e/ou *O Livro de Jó* sem o Teatro da Vertigem? *Mattogrosso* sem a Companhia Ópera Seca e Gerald Thomas? Tudo indica que não.

Como se observou no decorrer desse ensaio, não há regras precisas que definam a dramaturgia pós-dramática, mas tais exemplificações, embora sucintas, demonstram a sua vitalidade nas últimas décadas do século xx no Brasil[21]. No entanto, essa periodização não significa, em absoluto, dizer que em outros momentos essa proposição estética esteve ausente do debate teatral.

Pelo contrário, para tanto, basta recordar o impacto que as idéias e os escritos de Antonin Artaud tiveram sobre o Teatro Oficina na década de 1960, que se manifestou não só em encenações tornadas ícones do teatro brasileiro (*O Rei da Vela, Galileu Galilei, Na Selva das Cidades*), como nas pilastras para o roteiro do espetáculo *Gracias, Señor* (1973). Ao lado dessas experiências, cabe lembrar de momentos instigantes desse diálogo, contidos na trajetória do ator Rubens Corrêa e, em especial, no espetáculo *Artaud*, escrito e protagonizado, por ele, em teatros, presídios, sanatórios, por mais de dez anos.

---

21. Nesse aspecto, deve-se recordar a vigorosa dramaturgia de Mário Bortolotto e o instigante trabalho de Michel Melamed, entre outros. No entanto, dado os limites desse texto, não foi possível analisá-los.

Apesar dessas iniciativas, as especificidades da história da dramaturgia no Brasil, em particular, dado o seu engajamento na luta contra a ditadura civil-militar (1964-1985), fizeram com que a narrativa dramática se tornasse, por excelência, a forma mais adequada à cena teatral do período. Com isso, outras proposições estéticas foram recebidas ora com reservas, ora dentro de um circuito limitado.

Em verdade, o embate pelo retorno à democracia constituiu-se em um *télos* a partir do qual a ação dramática forjou-se. Dramaturgos como Oduvaldo Vianna Filho, Gianfrancesco Guarnieri, Carlos Queiroz Telles, Chico Buarque de Hollanda, Paulo Pontes, Dias Gomes e Augusto Boal, entre outros, motivados pela dimensão histórica e política do momento que viviam, assumiram, à luz da politização da arte, as bandeiras da liberdade e da participação.

Entretanto, com o Estado de Direito restabelecido, a identidade instalada contra o arbítrio esvaneceu-se. Novos tempos surgiram e, com eles, outras indagações acompanhadas de abordagens que estavam, até então, relegadas a um papel secundário. O debate contemporâneo fragmentou-se. Os questionamentos são muitos, mas as respostas imediatas desapareceram. Com isso, o campo simbólico deixou de reelaborar possíveis desfechos da realidade e abriu-se despudoradamente às dúvidas e a outras possibilidades de percepção. Tempos de desdramatização? Sem respostas, apenas investigações!

4. PÓS DRAMÁTICO OU POÉTICA DA CENA?

Luiz Fernando Ramos

O conceito de um teatro pós-dramático vem galvanizando o interesse de pesquisadores e artistas do teatro contemporâneo como uma espécie de achado promissor, que resolveria problemas epistemológicos no enfrentamento do teatro como objeto de investigação e aplacaria angústias estéticas nos processos criativos em curso. A intenção aqui é, reconhecendo o inegável impacto que o livro de Hans-Thies Lehmann teve em práticas teóricas recentes e, mesmo, nas postulações criativas no âmbito da dramaturgia e da encenação contemporâneas, discutir a pertinência de se insistir na valorização desse conceito e problematizar sua utilidade como conceito operador.

▲*Bertold Brecht, em 1952*

A hipótese que se trabalha, e que é contraposta ao conceito, é de que Lehmann, na tradição do pensamento marxista, e, mais especificamente, estendendo a reflexão de Peter Szondi, projeta o pós-dramático como expressão histórica de uma evolução do paradigma dramático, enquanto os mesmos exemplos e fenômenos espetaculares de que se serve podem ser vistos como reflexo da transformação ocorrida no fim do século XIX, a partir da ópera wagneriana, quando o paradigma de uma poética do drama, ou da trama, como tinha sido traçada por Aristóteles, começa a ser substituído pelo de uma poética da cena. Nesse sentido, sem negar o desenvolvimento histórico, mas não aceitando o pressuposto cumulativo e evolutivo implícito no pós-dramático, é possível contrapor que o paradigma novo, impondo-se ao longo do século XX, é o do espetacular. Nessa medida, é possível pensar toda a tradição moderna e o próprio conceito de pós-dramático, como expressões de uma tensão crescente entre uma poética do espetáculo e uma poética do dramático.

Pós-Dramático e Pós-Épico

O modelo analítico, proposto por Peter Szondi em *Teoria do Drama Moderno*, que tanto fecundou a reflexão teórica sobre o teatro no século XX, pressupõe uma forma dramática pura, fechada em si mesma e constituída por relações dialógicas e interpessoais que expressariam os temas e as tramas a serem narradas. Implícito nesse raciocínio está o reconhecimento que mesmo as formas dramáticas antigas, digamos da tragédia grega, não eram puramente dramáticas, e que só o drama renascentista – e mesmo ele com uma grande dose de boa vontade – poderia ser considerado estritamente dramático, até porque expressaria as grandes transformações históricas, que inseriram os homens numa relação mais horizontal de troca entre si, contra a situação anterior, medieval, de verticalidade frente a Deus e a seu representante terreno, a igreja. Pois bem, a forma dramática que se desenvolve nos séculos seguintes, até a constituição do chamado drama burguês, vai ser objeto, no fim do século xix, das pressões internas e externas de conteúdos e temáticas que já não encontravam no intercâmbio dialético de sujeitos falantes o meio mais adequado de expressão: as internas, situadas aquém do confronto interpessoal entre os personagens, nos seus inconscientes e nas suas subjetividades; as externas, pairando além dos diálogos entre pares, num plano ideológico e na abstração de uma coletividade. Szondi vai detalhar esse processo de acomodação da forma dramática aos novos conteúdos históricos nos principais dramaturgos que, desde o fim do século xix até meados do século xx, ainda utilizaram o drama, ou seus elementos constitutivos, como veículo narrativo. Curiosamente, até pela pretensão de modelo teórico que não se preocupava em fazer a história do drama, mas sim em mostrar como a história se manifestava na forma dramática, em nenhum momento Szondi discute os aspectos históricos da transformação radical, que se anuncia já em Wagner, em termos dos processos constitutivos da materialidade cênica a partir de pressupostos externos ao drama e relativos às suas relações com outras artes, como a música e a pintura, nem as conseqüências que essas transformações teriam sobre o próprio drama. De uma certa maneira, Lehmann retoma esta questão em outros termos, para, exatamente, ampliar a noção de forma dramática até a de forma espetacular.

Diante das evidências que a produção espetacular dos anos 80 e 90 do século xx lhe ofereciam, antidramática por excelência, Hans-Thies Lehmann vai, de alguma forma, abrir o modelo instaurado por Szondi à aceitação do plano espetacular da materialidade cênica, tomada agora como relevante, senão decisiva, na consideração da "forma dramática", ou do que tivesse restado dela depois de tantos embates com o épico. Mais do que isso, há o reconhecimento e o detalhamento de uma produção que tanto se distingue daquela gerada pela fase imediatamente anterior, que inclui Brecht, como pretende se revelar mais completamente pós-dramática que a produzida no início do século xx, com os seus diversos tipos de radicalização antimimética, antidramática e antiteatral. Assim como a tragédia grega, que é vista nessa linha do tempo como pré-dramática, só o teatro posterior às vanguardas, ao drama moderno e à sua contra-face, o teatro épico, será pós-dramático.

Esse novo teatro, que não mais se constrói pelos princípios estruturais do drama, ou de qualquer narrativa racional, e que se afirma pela presença física e simbólica, impondo-se menos pelas falas que pelas imagens e sons, menos pela cognição que pela sensação, será para Lehmann também pós-brechtiano e pós-épico. É preciso que assim seja, talvez, para que se possa salvar Brecht, ou o projeto de um teatro progressista em que ele implica. Se o seu teatro científico aparentemente se desmanchou nos ares pós-estruturalistas, suas cinzas ainda foram veladas de algum modo, por exemplo, em Heiner Müller. É possível dizer, inclusive, que a própria obra de Heiner Müller foi uma tentativa de continuar puxando a carroça de Brecht na floresta inóspita de irracionalidade e de pulsões inconfessáveis que se impôs. E faz todo sentido pensar o conceito de Lehmann como projetando principalmente uma compreensão profunda de Müller, como um drama que se auto-extingue e que se reinventa, entre os escombros, resistindo como fragmento e acidez incontida. O fato de serem arrolados vários exemplos de artistas que de diversas maneiras são mais espetaculares que dramáticos, não esconde que no eixo da reflexão de Lehmann o modelo mais acabado do pós-dramático seja mesmo Müller. Quer dizer, já não há mais drama, mas a matriz ainda é dramática.

Mas por que salvar Brecht? Salvar de quê? Quando Lehmann empenha todos os esforços argumentativos para definir o que há de específico e genuíno nessa produção dos últimos vinte e cinco anos está provavelmente reafirmando o peso da história e sua inexorável pressão na determinação das formas, agora transformadas em pós-dramáticas como antes jamais o tinham sido. Essa constatação, além de dar prosseguimento à tradição hegeliana e marxista, que passa por Lukács, e pelo próprio Szondi, evita o reconhecimento dessa valorização excessiva do espetacular não como resultado necessário do desenvolvimento das forças produtivas e de seus reflexos na superestrutura cultural, mas, sim, como uma velha questão do teatro, que sempre esteve latente no debate teatral e que, já no começo do século xx, alcançou a plenitude de uma formulação teórica e estética. Por isso mesmo, pensar o pós-dramático como um modelo que caracteriza um tipo de teatro exclusivamente pertinente à nossa época, ou característico dela, torna-se uma pretensão difícil de aceitar. De alguma maneira, depreende-se, Lehmann acha o teatro épico um desenvolvimento relevante que ficou para trás, superado pela potência de uma teatralidade antidramática como a de Robert Wilson, ou de uma dramaticidade antiteatral como a de Richard Foreman. Mas admitir isso permite ignorar que antes de Brecht, e contemporaneamente a ele (Beckett, por exemplo), essa outra tradição do espetáculo já tinha se radicalizado e se imposto de diversas formas, e que por trás do teatro épico, e de sua suposta ruptura com o dramático, havia um imperativo de racionalização, que só era capaz de pensar a materialidade cênica como abstração racionalizada, *modelbuch*, e como ação dramática impregnada de historicidade, *gestus*. Assim como Müller assimilou Wilson, ou interagiu com ele, de nariz empinado, Lehmann identifica aquele "teatro de imagens" como emblema do pós-dramático, para não ter que reconhecê-lo como concretização de um paradigma que já se colocara historicamente há muito tempo, o que enfraqueceria a relevância do teatro épico como passo necessário de um desenvolvimento progressivo.

A Teatralidade e o Antiteatral

Um possível ponto de inflexão no sentido de uma poética da cena, ou do espetáculo, aparece na ópera e na reflexão estética de Richard Wagner, no século XIX, mas já está presente no teatro elisabetano e no barroco espanhol, e se consolida técnica e materialmente no século XVII, com as maravilhas cenográficas e cenotécnicas que os artistas italianos ofereciam aos freqüentadores das primeiras óperas nos intervalos entre os atos. Numa perspectiva mais radical, a poeticidade do espetáculo nunca esteve ausente da reflexão sobre o teatro, desde suas formas primitivas às mais acabadas, e mesmo na *Poética* de Aristóteles ela já está apontada. Verdade que aparece ali apenas como um dos elementos da tragédia, *opsis*, e que é minimizada frente à trama, *mythós*. Mas estudiosos vêm recentemente reconsiderando o consenso sobre o caráter de estudo literário da *Poética*. É o caso de Gregory Scott, que não só afirma o oposto, ou seja, que a *Poética* é um tratado sobre o espetáculo da tragédia grega, como chega a comparar aquela teatralidade, na busca do exemplo moderno mais próximo daquele fenômeno espetacular, aos musicais da Broadway[1]. Independente do estatuto que se reconheça ao espetáculo na *Poética* de Aristóteles, é difícil não concordar com Nietzsche quando, em um texto pouco conhecido do mesmo período de *O Nascimento da Tragédia*, aponta o aspecto escultural e plástico da tragédia de Ésquilo como crucial não só para a consolidação da tragédia, como mesmo para a emergência da estatuária grega:

> A tragédia é um ato religioso para o conjunto das pessoas, quer dizer, para uma comunidade cívica; e é inteira; ela conta com uma ampla audiência. Mas isso faz com que a distância entre

1. The Poetics of Performance: The Necessity of Spectacle, Music and Dance in Aristotelian Tragedy, *Performance and Authenticity in the Arts*, Edited by Salim Kemal and Ivan Gaskell, Cambridge: University Press, 1999, p. 15-48.

64

Nietszche

atores e público seja maior que hoje. Em razão dessas diferentes condições de visão, o ator tem que ele próprio se introduzir em passos lentos e poderosos e permanecendo nos coturnos. É por isso que a máscara tomou o lugar da face emotiva. Mas é também a razão mais direta porque a disposição escultural deveria ser utilizada somente com formas grandes e estáticas. Aqui as leis que governam o alto estilo emergem completamente em suas próprias bases: a simetria rígida dissolve-se em contraste. A restrição a dois ou três atores era também motivada por considerações do registro escultural, pela relutância em tentar trabalhar com grupos maiores em movimento. Pois aqui há muitos riscos de se cair no horroroso. Contudo, aquela simples disposição escultural praticada por Ésquilo deve ter representando um estágio preliminar para Fídias: pois as artes plásticas sempre seguem, com passos lentos, atrás de uma realidade bela[2].

Neste texto, escrito no inverno de 1872-1873, Nietzsche atribui ao poeta dramático Ésquilo, também, a condição

2. *Unpublished Writings, Complete Works*, trad. de Richard T. Gray, Stanford: University Press, v. II, p.138-142. Tradução minha.

de encenador, que prescrevia indiretamente nos seus versos os grupos esculturais, e os movimentos de atores pretendidos:

O número de linhas dos versos é estruturado simetricamente, o que só pode ser explicado através de movimentos esculturais. Em geral o ator permanece parado enquanto fala: a cada passo ele demarca um grupo de versos com equivalente número de linhas. Em qualquer circunstância seu comportamento corporal deve submeter-se ao conceito do conjunto, e o *chorodidaskalos* – que é, originalmente, o poeta – teve que pensar em tudo e fez prescrições ao ator. Pois no período esquiliano, que era habituado com um estilo hierático estrito, nós vamos ter de assumir também um estilo freqüentemente influenciado por esses elementos hieráticos. Nós nos colocaríamos, então, a questão de entender Ésquilo como um compositor escultural, tanto no movimento escultural da cena individual como na inteira seqüência de composições esculturais na obra de arte como um todo. O principal problema que surge nesta concepção seria o entendimento do uso escultural do coro, e suas relações com os personagens no palco; além disso, a relação do grupo escultural com a arquitetura circundante. Aqui um abismo de poderes artísticos boceja para nós – e o dramaturgo aparece, mais do que nunca, como o artista total[3].

A coincidência temporal com o momento em que Nietzsche ainda projetava sua esperança de reviver o *grandeur* da tragédia grega na ópera wagneriana, não deixa dúvidas sobre a que "artista total" ele se referia. É interessante apontar, contudo, neste primeiro movimento de formulação conceitual de uma poética da cena, que efetivamente iniciava a emancipação do espetáculo frente ao drama, como rapidamente Nietzsche vai inverter sua crítica a Wagner, passando, já em *Humano Demasiado Humano*, seis anos depois do texto citado, a condenar sua ópera pela valorização do gesto e do histriônico, pelo que havia nela de teatral e que subordinava as potências dionisíacas da música. Retomada nos últimos anos de lucidez do filósofo, com *O Caso Wagner, Nietzsche contra Wagner* e *Ecce Homo*, esta crítica inaugura,

3. Idem.

paralelamente à tradição da teatralidade, e da emergência de uma poética da cena no início do século xx, uma tradição oposta de antiteatralidade. Em linhas gerais, essa crítica ao teatral tende a valorizar não exatamente o dramático, mas o autêntico, o que estiver mais perto da vida real, ou da verdade, ainda que metafísica. Assim, é possível identificar essa tendência de uma antiteatralidade tanto no ramo simbolista como no naturalista do teatro moderno. O certo é que a poética da cena tanto se explicitou no século xix como também estabeleceu ali o seu antídoto, que se desdobrou pelas vanguardas e hoje ainda é percorrido, por exemplo, pela tradição da performance e em certas poéticas do ator que, a partir de Grotóvski, passaram a ver a arte do teatro como veículo de transcendência e a negar a necessidade do espetáculo e da interação com o público. Essa tensão entre o teatral e o antiteatral é o tema da pesquisa de Martin Puchner, que propõe uma genealogia da teatralidade e demonstra como as principais inflexões do teatro, no fim do século xix e início do xx, representaram ou a adesão ou a rejeição a Wagner[4]. É nesta perspectiva, confundida não só com o modernismo, mas também com as tendências contemporâneas, quando as artes cênicas se imbricam em formas ditas transgênicas ou bastardas, que se contrapõe o paradigma de uma poética da cena ao conceito de pós-dramático. Quer dizer, o que se projeta como pós-dramático poderia ser pensado como a plena assimilação de uma tendência já explicitada no fim do século xix e que teve nas primeiras décadas do século xx um florescimento inequívoco. Se a tensão entre o dramático e o espetacular, ou entre o teatral e o antiteatral, gerou tanto manifestações radicalmente antidramáticas e antimiméticas como reações opostas, seria mais adequado, antes de perceber a contemporaneidade como superação do paradigma dramático, reconhecer como essa tensão adquiriu, hoje,

---

4. *Stagefright: Modernism, Anti-theatricality & Drama*, Baltimore/London: The John Hopkins University Press, 2002.

características próprias, por certo históricas, mas que não chegam a configurar o coroamento de uma progressão necessária.

Poéticas da Cena e Resistências Dramáticas

Talvez as provas mais contundentes do artificialismo de uma compreensão do pós-dramático, como um estágio necessário e inédito na evolução da forma dramática, estejam nas poéticas de alguns artistas que, já no começo do século xx, propuseram, tanto em espetáculos e performances como em dramaturgias, explodir a própria forma dramática. Hans-Thies Lehmann é pródigo em arrolar exemplos do que vai chamar de pré-história do pós-dramático. Na exigüidade deste espaço, valeria resgatar apenas um deles, para efeito de contraposição. Trata-se de Edward Gordon Craig (1878-1966), ator e encenador inglês que tanto influenciou decisivamente o teatro moderno como antecipou, em seus textos, gravuras e tentativas frustradas de encenação, a realidade de uma cena completamente autônoma do dramático, fundada estritamente em sua própria materialidade, e numa sintaxe composta a partir da arquitetura cênica e de sua movimentação. Lehmann cita Craig apenas duas vezes no livro, para referir-se ao fato de ele ter em um de seus textos dito que Shakespeare nunca deveria ser encenado[5]. Considerando que Craig, ao lado de Appia, foi o artista que primeiro, e da forma mais radical, conceituou a arte do teatro para além do dramático e assentada estritamente no espetáculo,

5. Lehmann cita Craig nas páginas 71 e 88 de *Le Théâtre postdramatique*, Paris: L'Arche, 2002. Além do trecho mencionado por Lehmann, de 1907, Craig volta a esta questão e a aprofunda em dois ensaios posteriores de *Da Arte do Teatro: Peças e Autores Dramáticos, Pinturas e Pintores no Teatro* e *Do Teatro de Shakespeare*, ambos de 1908. Cf. Edward Gordon Craig, *Da Arte do Teatro*, 2. ed., Lisboa: Ed. Eugênia Vasques, 2004, p. 140-147, p. 164-168. E-book da Escola Superior de Teatro e Cinema. Sebentas/Coleção Teorias da Arte Teatral.

não deixa de ser surpreendente que na formulação do conceito do pós-dramático ele apareça de forma tão lateral. A surpresa é ainda maior pelo fato de o artista eleito como exemplo acabado de pós-dramático, Robert Wilson, ser aquele que, mais do que qualquer outro encenador no século XX, realizou plenamente o projeto de Craig, constituindo já no início dos anos de 1970 uma cena totalmente autônoma do dramático e abstrata. Ao mesmo tempo, o próprio Robert Wilson, na medida em que passou nas últimas décadas a optar por textos dramáticos clássicos como ponto de partida de suas encenações, enfraquece a argumentação de Lehmann. É certo que o processo construtivo de Wilson nunca passou pela dissecação dramática e que os textos podem ser vistos como meros pretextos. Mas de qualquer modo, é impossível não reconhecer uma inflexão que aponta, talvez, as tensões irreprimíveis de um plano dramático que ainda pulsa, ou que volta a pulsar, cada vez mais insistentemente, nas obras dos artistas incluídos no rol do pós-dramático. O melhor exemplo neste caso seria o artista canadense Robert Lepage, que, ao lado de sua companhia, a Ex-machina, se tornou uma referência de espetáculos construídos diretamente no plano espetacular e incluído por Lehmann na lista dos pós-dramáticos. Se há uma característica inegável no teatro de Lepage é a de, a despeito dos processos construtivos da cena, voltar a narrar histórias, e desenvolver ações dramáticas, ainda que construídas em parâmetros absolutamente cênicos.

No caso do panorama brasileiro essa recidiva do dramático também se manifesta. Os criadores mais radicais – sejam os mais antigos e que permaneceram comprometidos com pressupostos dramáticos, sejam os mais novos, e que já emergem como que imbuídos de um novo paradigma – procuram novas formas de construção cênica, mas não recusam completamente a perspectiva de utilizarem ou produzirem algum drama. É o caso, por exemplo, de José Celso Martinez Correa, que não só encenou autores clássicos na década de noventa – Shakespeare,

Oswald de Andrade, Jean Genet, Nelson Rodrigues – como vem desenvolvendo, nos últimos anos, o projeto de montagem integral de *Os Sertões*, que, se não remete à idéia de uma dramaturgia prévia, e se enquadra no tipo de aproveitamento de textualidades não dramáticas característico do pós-dramático, não deixa, de alguma maneira, de dramatizar a saga de Canudos. Outro exemplo é o de Gerald Thomas que vem buscando, depois de espetáculos eminentemente plásticos, cada vez mais, desenvolver sua própria vocação de dramaturgo.

A aceitação do conceito de pós-dramático está ligada, portanto, à crença de um desenvolvimento progressivo das formas artísticas que reflete as condições estruturais da sociedade a cada momento da história. Sem esse pressuposto fica difícil levar a sério o conceito até pela sua pretendida abrangência, reunindo artistas muito diferentes entre si e acomodados simplesmente pela simultaneidade de suas produções. Isto para não falar da exclusão de muitos artistas radicalmente antidramáticos, como é o caso já citado de Gordon Craig, ou de Gertrude Stein, projetados a uma pré-história que antecederia o aparecimento de um "verdadeiro" pós-dramático. Talvez fosse mais produtivo admitir que, a despeito do desenvolvimento histórico que gerou um paradigma novo como o da poética da cena, a tensão entre o dramático e o espetacular não se extingue por decreto e que, como no caso do hipódromo de Nietzsche, ainda se trata, finalmente, de um avançar retrocedendo.

5. A ENCENAÇÃO NO TEATRO PÓS-DRAMÁTICO *IN TERRA BRASILIS*

Marcio Aurélio Pires de Almeida

Tendo como referência a obra *O Teatro Pós-Dramático* na qual Hans-Thies Lehmann, de reconhecida autoridade sobre o assunto, apresenta as variáveis que levam aos caminhos e ao possível entendimento da configuração do enunciado *teatro pós-dramático*, ficou-nos a questão: é possível reconhecer ou não esse diálogo com o teatro brasileiro? Quando esses temas aparecem, normalmente temos a sensação, num primeiro olhar, que nada têm a ver conosco. Que essa questão está completamente longe de nossa realidade. Duvidamos. Porém, como interessados, nos debruçamos sobre o tema e buscamos criteriosamente nossas referências. Assim sendo, encontramos um viés

▲Hamletmaschine, *com Marilena Ansaldi, 1987.*

que pode proporcionar entrada dentro de nossa trajetória. Esperamos não estar reduzindo o tema, mas estar proporcionando novas possibilidades para olhá-lo sob outra ótica. Dado o reconhecimento abre-se o universo em transformação. Começamos o diálogo com a realidade de nossa produção.

Pareceu-nos importante fazer um recorte. Destacamos aquele ponto em que para nós se coloca a grande mudança. A mudança do fazer teatral. A mudança sobre o fazer teatral. A ela está estruturalmente ligado o termo *theaterwissenchaft*, ciência do teatro. Esta nomenclatura faz sentido no teatro alemão, por estar intimamente vinculada a um histórico processo cultural que remonta a Lessing, Goethe e aqui no Brasil começa, dia a dia, a ganhar novos horizontes. Uma nova pedagogia. O fazer teatral em toda a sua complexidade, buscando novas possibilidades para a construção do discurso da cena. Não se trata mais de uma literatura dramática, mas da própria construção poética da cena a partir de novos paradigmas. Sua proposta vai além do estudioso ou teórico, que reflete sobre a produção artística de fora para dentro. Hoje, também no Brasil, é possível encontrar outra realidade sobre a questão. A discussão sobre Teatro foi trazida para dentro do fazer teatral. Nova estética. Nova ética.

A realidade do nosso processo de criação provocou e estimulou prática semelhante e hoje já são produzidas matérias que proporcionam verdadeiro redescobrimento de nossa criação cênica. Temos, em diferentes pontos do país, pessoas de teatro estudando e recriando nossa realidade teatral, seja na Bahia, São Paulo, Goiás ou Rio Grande do Sul. Ousaríamos dizer, pessoal qualificado que forma, a partir de seus projetos e realizações, verdadeiro manancial sobre nossa produção artística e cultural. A produção busca diálogo com outras mídias. Acreditamos que muito se deve aos cursos de formação, que estão provocando grandes transformações nos núcleos produtivos, tanto tecnicamente como artisticamente, e porque não, teoricamente. É a mudança de mentalidade. É o fim dos Conservatórios com suas visões tradicionalistas e início de novas investidas. Nova pedagogia. Nova cena.

Entretanto, ficamos sempre em dúvida sobre nossos caminhos percorridos e possíveis equívocos. Isto nos parece saudável. Este parece ser o ponto de transformação, o fomento ao juízo crítico e poético.

Precisamos enfrentar as estruturas e continuar redimensionando as normas e armadilhas que inviabilizam o avanço no teatro contemporâneo. A semiótica possibilitou avanços, mas hoje podemos utilizar novas formas de análise e reforçar a ação crítica no diálogo com o espetáculo.

A partir desse novo conceito de organização do material já podemos contar com outras entradas para o diálogo com o espetáculo por parte do espectador. Programas sociais e culturais organizam projetos de integração da comunidade com os espetáculos.

As provas dessas mudanças podem ser constatadas pelas diferentes entradas para leitura e interpretação dos espetáculos, como os materiais teóricos, analíticos, que instigam e permitem a aproximação do espectador com as produções, algumas das quais, a partir dessa relação, chegam a transformar o resultado final do trabalho cênico apresentado. A prática de ensaios abertos, por exemplo, define outros modelos de relação com a produção. É o fim da relação passiva diante da produção acabada.

Com isto também colaboram os *sites* e novos canais de comunicações implementando novas matérias. Nisto também está uma aproximação com a realidade do pós-dramático, ou seja, sua articulação além dos veículos e suportes tradicionais. Esta nova realidade mudou internamente as relações de trabalho, estimulando e provocando os fazedores para novas descobertas expressivas, rompendo com a atitude passiva que o teatro mantinha com os realizadores. Nesse sentido, o conhecimento da evolução da história do espetáculo vem contribuir muito para essas mudanças paradigmáticas. O ponto de partida. Você faz teatro para alguém ver. Já está na raiz da palavra Teatro. Qual seria então a questão? Diálogo com o público de seu tempo. Levar em consideração as transformações da linguagem no tempo.

Mudança de Paradigma

Para nós, onde começa esse percurso do chamado novo teatro? A resposta aparece rapidamente: nos anos de 1970, também para nós, como nos demais lugares do mundo. Com isto não queremos dizer que não se reconheçam elementos em outras épocas que se identifiquem com o pós-dramático, mas é nesse período que, a nosso ver, constata-se a mudança de forma concreta.

Diagnosticamos então o ponto nevrálgico dessa transformação. A questão é o texto. E em se pensando o texto, a sua tradição fabular. Como diz Lehmann, o fim da era Gutenberg. O palco passa a ser o texto, não a literatura. Esta se encontra amalgamada com outros materiais para dar conta da nova escrita: a escrita espetacular.

Anatol Rosenfeld, em 1973, deixou-nos um texto por demais significativo para a época, como para a reflexão contemporânea, sobre o tema: "Mais Respeito ao Texto"[1].

Fica evidente a transformação e a provocação do teatro para com os espectadores e teóricos. Fala-se do fim do texto. Mas de qual texto? Lembramos sempre desse período em que os espectadores se ressentiam da mudança da literalidade do texto dramático original pela grafia do novo texto escrito pelo espetáculo. Anatol analisa a situação a partir de uma carta que um leitor manda para o jornal *O Estado de S. Paulo* reclamando sobre a atitude da encenação diante de um texto reconhecido, no caso,

---

1. Publicado em *Prismas do Teatro*, São Paulo: Perspectiva/Edusp/Editora da Unicamp, 1993, p. 237-242.

Galileu montado pelo Grupo Oficina. O texto do crítico evidencia a verdadeira revolução que ocorria naquele momento no teatro e fora dele. Para os realizadores do espetáculo isto era claro, mas para o público não! Não se tratava da arqueologia do texto, evidentemente, mas da descoberta de um novo mundo a partir da experiência do carnaval do povo, inspirado por *Galileu* de Brecht. Fica evidente que não se tratava mais de ilustração fabular do texto brechtiano, mas da vivência na convivência com o novo. Com o desconhecido. Mudava-se o estatuto da cena. Aqui mora a ruptura. Deixa de ser a fábula, contada pela tradição e lida como literatura, passando a ser provocação para a descoberta do novo. Trata-se de nova abordagem do foco do mito. São dois tipos de desestabilização do controle: a do controle político social da realidade daquele momento, na vida real, e a da vivência na convivência carnavalizada da realidade, na cena. Viva o lúdico, o sensório, o crítico, esse era o grito de carnaval. É claro que o texto ganhou outro sentido, o que também Anatol reconhece:

> O texto, no caso, se funde completamente com a expressividade da voz do ator (o que implica dados individuais de inflexão, ritmo, dinâmica, intervalos, timbre etc.) e, ainda, com a expressividade visual de movimento, gesto, mímica formando com todos esses momentos (e ainda com a cenografia, os figurinos, a iluminação etc.) uma totalidade nova, indivisível. Todos esses dados não são "marginais"; juntamente com o texto formam uma nova unidade que, precisamente como tal, "encontra a sua realização completa" na alma do espectador[2].

Não foi à toa que o próximo espetáculo do Grupo Oficina tenha sido *Na Selva das Cidades* de Brecht. Rupturas. Fragmentos. Justaposições. Concordo com Lehmann quando considera Brecht o grande estimulador do teatro pós-dramático. Ele abre esta possibilidade. Quando me

2. Op. cit., p. 240.

lembro dessa passagem, na história do Teatro Oficina, não tenho como não lembrar de Heiner Müller, que disse: "fazer Brecht sem criticá-lo é traí-lo". O Teatro Oficina já era uma práxis desse melhor aprendizado, em tempos onde nem se falava de Müller por aqui. Mas o Oficina abria esse diálogo e provocava essa transformação a partir de Brecht. Lição compreendida. A encenação, anos antes, de *O Rei da Vela*, já dialogava com os princípios legados por Brecht e, segundo o crítico francês Bernard Dort, avançava. O Oficina – todos os fazedores – tinha aprendido a necessidade de transformação com a poesia da realidade. Fora ela o estímulo. Não a teoria. Nisto nova concepção e construção do real na cena. O teatro metonímico.

Voltemos à montagem de *Na Selva das Cidades*. Aqui, realmente, atinge-se a radicalidade e a ruptura. Uma análise mais apurada pode tecer várias considerações sobre quanto o espetáculo já estava completamente engajado em outras possibilidades expressivas. Narrava-se a luta metafísica do pequeno burguês, que eram eles atores e espectadores. O ar era o mesmo, ritualisticamente, dos atores, do público, da cidade. Apresentava-se o esfacelamento de um movimento de nossa história. Ia além das palavras. Os silêncios falavam. Novo texto.

A ruptura com o texto, usado de forma autoral, da cenografia que era violentamente destruída todos os dias, dialogava com a destruição da cidade em processo de reurbanização. "A cidade que se humaniza" era o *slogan* da época. Esse era o texto. Plenamente colocado em cena em todas as suas contradições. Recolocava Brecht, que se renovava pela dimensão da associabilidade urbana de convivência social a cada cena mostrada. Não há fábula possível nesse processo demolidor. Só fatos. Só poesia do cotidiano expressa em cada ação violentamente mostrada. Tem a indignação. A musicalidade criava novo texto, completamente imbricado em desmontes culturais que passavam de Dalva de Oliveira a Kurt Weill e a hinos religiosos. A cada *round* os odores se misturavam criando uma pestilenta sensação de destruição e morte. Era o fim. E era só o começo. Quando a personagem Garga encerrava o espetáculo dizendo: "O caos está consumido. Foi o melhor dos tempos", explodia a contradição histórica daquele momento. Ficava-se perplexo. Os piores momentos, pois, duram por muitos anos e, contraditoriamente, estavam apenas começando com o caos social que pede ainda por equilíbrio. É a cena que permanece. É a cena que se transforma diuturnamente. É outro teatro.

Pedagogia/Cena

Sem dúvida foi o melhor curso sobre encenação de que participei na minha juventude. Eram outros princípios didáticos. Eram grandes ciclos de discussões e buscas. As regras clássicas da direção teatral já não davam conta dessas novas necessidades. Não se tratava mais de uma visão comandando o percurso dos atores na construção de uma lógica do discurso psicológico cenicamente coerente. Era outra a construção narrativa. Não a evolução dramática do discurso, mas o dramático questionamento do discurso.

Necessitava-se de novas possibilidades no fazer. Outras percepções do sentido poético. O texto não era mais o balizador do discurso estético, mas, às vezes, a referência relativizadora das possibilidades, já que tínhamos aprendido a olhar outras realidades além da literária. O discurso visual formal, também em Brecht, questiona a falta do olhar crítico para o *gestus* mostrado, que vamos encontrar como texto cênico tão vigoroso.

O processo se instaurava a cada dia renovado. Toda nova gramática da cena já se apresentava lá. Às vezes acho que de forma incipiente, outras, reconheço que já se fazia presente todo o quadro de transformações que vai ser construído nesse novo momento da história do teatro contemporâneo. O hiper-naturalismo, à sua moda, já estava presente. A autobiografia, já se fazia revista pós stanislavskiana/kusneteana, o musical, o rock, a revista, o circo, o fim da história vivida e o início da estória narrada, que chega até hoje em *A Luta*!

A falta das condições técnicas proporcionando o encontro de novas possibilidades na luz, no esclarecimento, gera nova estética. A falta gera nova ética. A imagem construída em novas perspectivas passa pela visão carnavalizadora da avenida do samba e terreiro eletrônico de Lina Bo. O cortejo passa. E nele gerações. E poesias.

Hamletmaschine – O Início

A Outra Cena

Minhas primeiras experiências como encenador remontam aos anos de 1970 e ao aprendizado em que, uma e outra vez, apareciam algumas dessas características. A cada trabalho como encenador, um exercício renovado da construção da cena. Finalmente, em *Hamletmaschine*, espetáculo realizado com Marilena Ansaldi em 1987, se concretizava todo esse ideário da cena segundo os novos paradigmas. Fundamental foi o fato de juntos processarmos a busca da expressão poética própria. A relação como criadores extrapolava a forma tradicional entre diretor do espetáculo e ator. Éramos autores. Cada etapa do trabalho era uma nova proposta a vencer. Parceiros.

Com esse espetáculo tem início uma nova etapa do trabalho como encenador na construção da cena. Havia um texto. Um texto que, pela sua configuração formal, pedia outra abordagem. São blocos. Estruturas construídas/organizadas. A escrita já é em si provocadora e instigadora. A estrutura tradicional já foi rompida.

O avanço está na abordagem da mitologia, na medida em que o teatro até então estava interessado na narrativa fabular. Realmente, tratava-se de outra proposta. Aqui a ruptura. Agora interessava a apresentação formal de questões problematizadas poeticamente. Não importava a evolução dramática. Importava a formulação de questões poéticas que estimulassem o imaginário no questionamento do papel do sujeito. A mudança de sujeito em objeto. Importa a suspensão poética do momento, a cristalização do instante único em que ambos – palco e sala – se reconhecem como sujeitos de uma ação poética. Cada um a seu modo. Teatro. Este é o teatro provocador que me interessa, aquele que confia na inteligência e sensibilidade do espectador. Não um teatro que resolve questões, mas que formula propostas.

Segue, à guisa de roteiro de uma reconstrução da configuração espetacular, o texto abaixo. Há que se considerar a existência de um texto anterior, *Hamletmaschine* de Heiner Müller, que foi tomado como material da investigação. Deve ser lembrado para melhor compreender o argumento que segue.

Não se trata de um receituário do percurso para a criação do espetáculo. Trata-se de uma tentativa de resgate do movimento poético que o orientou, talvez não exatamente com as palavras aqui usadas, mas como tradução do processo de busca e materialização espetacular. O texto de Müller pede o jogo de busca e opções. É isto que muda a atuação por parte do encenador, trabalhando de forma diferenciada e funcionando como dramaturgo na seleção e eleição do material processado. Naquele momento, um novo conceito de dramaturgia. A dramaturgia da cena. Não se tratava simplesmente de colocar um texto em cena. Tratava-se de construir, a partir dele, um outro texto – o texto espetacular.

Ponto de Partida
Localizar o mito. O que dele interessa.
O ponto de vista.

Um: A cena se constrói. A partir de quê? A partir de um objeto. Uma cadeira de balanço. Ela era sujeito do novo objeto/cena a ser construído. O objeto/sujeito tronoleitoútero. Objeto a ser manipulado como tentativa de reencontro da identidade. Prisão. Morte.

Dois: Performer na ação direta com a construção da cena e com tudo o que a compõe. Luz. Som. Espaço. Hamlet revisitado. Texto sem sujeito. Identificação do drama como significado. Onde está o sentido. A questão política.

Três: Questionamento coreográfico – outra linguagem – na busca do significado ontológico, ancestral, espectral do sujeito. O sangue como identificação e rejeição da natureza do drama Hamlet. Ele não se realiza mais. O fim da história?!!!

Quatro: Visita e revisita ao universo de representação dos personagens para a contracena: – Gertrudes e seus diferentes pontos de vista representados, Ofélia, Polônio, Horácio – Galeria de personagens mortas.

Entre/Ato: O Relato como experiência e matéria do novo drama, ou idéia dele. A identificação do Autor x Performer. Quem "está onde" na ação política do relato.

Eu sou o sujeito atrás da porta de vidro blindado...

Cinco: Evocação mítica da trágica condição da traição: Electra-Ofélia.

Plasma a Teatralização.

Ainda os aplausos. Remontagem rigorosa da cena até a saída do último espectador. O esvaziamento. A saída do público. A recolhida do privado pelo espanto. O horror ao desconhecido.

O texto como matéria a sonorizar o drama.

O texto como suporte de revisitação mítica da ancestralidade. A história.

O teatro como ritualização dos significados.

O fim da teatralização do teatro.

Visto assim à distância, vejo com clareza como verdadeiramente são sólidos os pontos de intersecção e o diálogo que se instaurava na construção da cena. Vejo como se distanciava da cena moderna, com suas regras e normas.

A idéia do espanto diante do novo, enunciada por Müller, era matéria básica para a construção da poesia da cena. A provocação colocada sobre o prisma da estética. O jogo sensual abrindo diálogo para o conceitual. Formas de representação. Contrapunham-se. Completavam-se. O grotesco ligando-se ao neo-expressionismo. A hiper-representação como anulação de um ideal de representação.

O clichê como derrota do drama e a epifania da instabilidade e fragilidade da representação.

Com que contávamos para a construção da cena? Uma cadeira. Oito refletores com seus controles individuais acoplados. Equipamento de som. Em suma, um estúdio de trabalho. Um artista e seus temas. Esta era a questão. Diferentes elementos constitutivos de linguagem. Trabalhar com uma pessoa com formação de balé clássico. Que, em seu histórico, trazia a ruptura com essa linguagem. Que, tendo sido uma introdutora da dança-teatro no Brasil, já dialogava e estabelecia uma diferença de abordagem na idéia de construção da cena. Os pontos de vista eram diferentes, ou seja, não se partia do texto mas da fisicalização das idéias e sua desconstrução oral. Embate entre as idéias dos textos e rejeições físicas das mesmas. Ou o contrário. Ou simplesmente a apresentação formal do discurso. A inexpressividade do corpo como expressão. O uso de sua potencialidade sonora para emprestar significado ao discurso e, em decorrência dele, mera musicalidade ou sentido para ações. A materialidade da fala e a desmaterialidade da representação com a construção do relato. A hiper-representação do teatro como teatro. A ópera. As outras linguagens e sua intersecção com várias mídias, construindo nova possibilidade a partir do ruído. O próprio corpo negado. O corpo como território a ser invadido por uma idéia de representação que é a negação do sujeito. A transexualidade como possibilidade do gozo. Hamlet-Ofélia, num corpo feminino transexuado de masculino para feminino. A caricatura. A máscara.

O discurso anunciado: "os atores dependuraram as máscaras nos camarins... O meu drama não se realiza mais".

Agreste: *O Novo Texto*

Creio ser importante relatar também a experiência do processo de montagem deste espetáculo. Por quê?! Várias são as questões, mas partamos do texto. É o primeiro texto brasileiro com tais características com que tomo contato e que pudemos experimentar dentro de determinados preceitos estéticos. Foram oito meses de trabalho e, depois de um ano de apresentações públicas, estamos sistematicamente revendo e tecendo considerações na prática do espetáculo com o público. O teatro vivo.

Newton Moreno, autor do texto, é natural da região do agreste brasileiro. Traz em seu texto um universo poético que transborda aos limites geográficos. Seu trabalho como dramaturgo leva em consideração não o regionalismo e a sua exploração folclórica como expressão, mas o arranjo disto como idéias sonoras. São blocos temáticos que se agrupam para falar da condição trágica da ignorância. De seu próprio corpo. Do seu próprio organismo. Estrangeiro. E ignorante.

É possível pensar a dimensão trágica pelo viés da ignorância. Nela habita a matéria a ser poetizada cenicamente. São sugestões, que são textos, que podem ser recortados e inutilizados como armação dramática ou reforçados como símbolos a serem apresentados como cena. Ou também material a ser considerado como informação para transformação em outra matéria cênica.

O *Agreste* enquanto projeto cênico vem somar-se aos trabalhos realizados com a Companhia Razões Inversas, decantando as experiências de atuação como diretor artístico há quinze anos. Nele temos a depuração de uma pesquisa que agora ganha total reconhecimento do público e da crítica especializada. O último número da revista *Sala Preta*, publicada pela ECA/USP, foi dedicado grande parte a esta encenação. O chamado *Dossiê Agreste* é composto por vários artigos que abordam o espetáculo sob diferentes olhares.

Trajetória/Processo de Criação
Análise do material-sistematização poética

Lutadores-performers-atores
Paramentação.
Os três sinais.
(Preparação do ritual – contação de estória)

Diferentes abordagens do texto-relato.
Descoberta das diferentes etapas da construção do relato – radiofonização.
Microfones.
Lembranças de Beckett – Romance *Meu Primeiro Amor*. Reconstrução da história.
Ritualização do tempo contado.

Construção e instalação do espaço.
Elementos urbanos como base para retorno ao primitivo/ pedra. Paralelepípedos
Varais. Cercas. Estacas e panos nos varais. Cortina para representação mambembe. Suporte para projeção de diapositivo.
Paisagem. Espaço criado no imaginário.
Imagem concreta projetada.
Clown de pista. O círculo, espaço de apresentação espetacular.
O contado e o vivido.
A montagem e as desmontagens de situações.
A não ilustração.
A composição e a decomposição. A sacralização e a dessacralização do rito.
O fogo.
A projeção – contemporaneidade
A sombra – a tradição.

Fica o registro do espetáculo e o apontamento de sua importância em nosso trabalho, refinando a linguagem e depurando o nosso fazer teatral. Digno de nota é o alto grau de comunicação nos mais diferentes pontos onde o espetáculo tem se apresentado, tanto no Brasil como no exterior, revelando o quanto já está incorporada no universo do teatro a encenação pós-dramática. Assim sendo, abre espaço para reconhecermos a importância e a necessidade de avanço e transformação, para que não se estacione e não se emperre a linguagem da cena brasileira. Acreditamos não ser obra de exceção por reconhecermos no panorama teatral outros espetáculos que dialogam com esta prática.

Última Experiência: Desassossego

Volto a trabalhar com Marilena Ansaldi depois de dezesseis anos. Ela retorna depois de ficar doze anos parada e negando-se a voltar à cena. Vários e legítimos são os argumentos para sua parada. Entretanto, ao vê-la hoje em sua performance neste novo espetáculo fica evidente o descaso das autoridades brasileiras em relação a esta artista que pode ser considerada patrimônio cultural do Brasil. O espetáculo fala disso.

Depois de muitos anos sem nos falarmos, recebo um telefonema seu para criarmos novo espetáculo. Proposta: roteiro por ela elaborado a partir de *O Livro do Desassossego* de Fernando Pessoa. Topei imediatamente.

O material processado desloca o foco. Não se trata mais do funcionário público da obra de Pessoa. Trata-se do relato reprocessado e apropriado por Ansaldi para falar da condição do artista (ela mesma). Autobiografia de uma condição da arte e do artista dentro da realidade.

CENA: Espaço neutro/folha em branco. Corpo-tinta-negra a inscrever no espaço abstrato uma biografia cênica/espacial.

A cena pede: A busca de nova identidade ou expressão para o teatro.

Qual o ponto, ou pontos que interessam dentro deste relato?

– Como ponto de partida aceitar a forma e tematização do texto. Mitologia.

– Marilena seleciona materiais que lhe interessam e reorganiza o seu discurso usando o texto de Fernando Pessoa. Um novo heterônimo. Isto provoca dois afastamentos ao leitor do espetáculo, e, ao mesmo tempo, o aproxima como confidente nesta busca expressiva.

– O argumento, diferentemente de *Agreste*, não tem fábula, é só relato. Cênico.

– O arranjo do material busca lógica interna, embora fragmentada. Mesmo assim constrói narrativas ora físicas, ora sonoras, ora pela ausência de outros significados a não ser o da luz transformando a realidade visual.

– A retomada, repetidas vezes, da mesma narrativa fragmentada, como reforço e desconstrução do próprio cotidiano esvaziado de significados.

– O espaço neutro de representação metonimicamente se representa, reteatralizando o discurso da ausência de interlocutor. Teatro esvaziado.

– Texto poesia, lírica sobre a busca da saúde, do abandono da arte tendo a arte, ela mesma, como matéria para a sobrevivência.

– Poética do abandono.

– A lembrança como resgate de uma idéia de representação.

– A consciência do desejo da expressão como forma ideal de vida.

– Retorno ao final.

– O ritual se realiza. A cobra come seu próprio rabo.

– Papel do encenador durante o processo: diálogo viabilizando a arquitetação e formalização tridimensional do discurso.

Estas são as anotações que nortearam a busca do trabalho cênico.

Anotações Finais

Pretendo ter mostrado a sistematização do trabalho do encenador ao longo do tempo e seu processo de busca e transformação. O Teatro Oficina sem dúvida serviu como baliza e primeiro aprendizado sobre o novo depois do teatro moderno.

Exigentes mudanças a cada novo momento. Durante os anos de 1980 e 90 ocorreram mudanças estruturais no teatro, dadas as transformações do mundo. Construção e desconstrução serviram como novas possibilidades de encontrar e resgatar elementos estruturais da comunicação. O fazer artístico, em todas as áreas, foi além do arco do desejo pequeno burguês de consumo e retaliação e avançou em outras direções. Outra busca. Aprendeu-se a recolocar o mito em discussão. Heiner Müller elegeu o ritual da morte para confrontar a história e sua mitologia. Tudo estava morto. Precisava-se "olhar o branco do olho da história" para, a partir do reencontro, teatro das situações vividas, constatar o caminho perdido. Volta para a *Odisséia*. Remasteriza com o terror de Hitchcock. Soma-se ao horror de Shakespeare. Pasma com o teatro Nô. Constatou que o próximo passo seria a barbárie. O levante do quintal. Do terceiro mundo no quintal. A teatralização do horror. Seu horror mostrado não era o final, assim como no Oficina não era o início. O processo é que interessa. Os mecanismos. Outra forma narrativa.

Contemporaneamente já se encontra novamente a idéia de fábula na construção do discurso da cena para narrar novas possibilidades encontradas e não para a evolução dramática do mito.

A relativização dos elementos depende da propriedade para colocá-los em questão cenicamente, e não teoricamente. Poeticamente. Dessa forma, não precisamos pensar no ciclo fechado de respostas em decorrência da ansiedade da sociedade de consumo, como nos alertou Pasolini e suas preocupações transculturais, mas precisamos buscar expressões poéticas que relativizem as questões e sirvam para repaginar o texto da tradição mítica da cena.

Arriscaria, com Lehmann, apontar desde já mudanças não nomináveis nesse novo percurso, que estão ainda em processo. Importante é o processo. O mais importante é reconhecer que o pós-dramático abriu novas possibilidades para os fazedores de teatro. Às vezes pode-se não conseguir identificar a nova expressão, principalmente porque retoma velhos paradigmas, agora renovados pela transformação. Nisto voltamos sempre ao exercício da busca.

6. O ATOR PÓS-DRAMÁTICO: UM CATALISADOR DE APORIAS?

Matteo Bonfitto

Quanto mais observamos algo especificamente, mais conseguimos perceber as suas diferenças internas. Tal afirmação pode ser reconhecida como sendo válida em muitos casos. De fato, nesse sentido um amplo *spectrum* de exemplos poderia ser considerado, desde complexos sistemas eletrônicos e mecânicos, até a textura da pele, fatos históricos etc. Porém, diante de alguns casos, as diferenças internas percebidas podem fazer com que a unidade presente no início do processo de observação se dilua, gerando assim uma dispersão, uma espécie de "desintegração do objeto". Como se a progressiva expansão de elementos e associações produzidos

▲ The Flash and the Crash Days, *de Gerald Thomas, com Fernanda Montenegro e Fernanda Torres, 1991.*

durante esse processo prevalecesse sobre o todo, destruindo desse modo as fronteiras que constituem, ou constituíam, a identidade do objeto observado.

Talvez esse seja um dos riscos que devem ser considerados quando examinamos um tema como o do ator pós-dramático. No entanto, esse risco não restringe a importância de tal exame, pois, se por um lado, o horizonte de elementos que caracteriza o ator pós-dramático é amplo, por outro, tal denominação institucionaliza a existência de um conjunto de manifestações expressivas teatrais, que inclui, se não todos, ao menos a grande maioria dos nomes mais representativos da cena experimental contemporânea.

Como sabemos, o conceito de teatro pós-dramático, formulado de maneira mais sistemática por Hans-Thies Lehmann[1], apesar de sua significativa relevância instrumental, ainda comporta, como mencionado acima, um horizonte de certa forma impreciso. Bastaria considerar, nesse sentido, as fronteiras entre o teatro e a performance, por exemplo. Desse modo, a análise dos processos e dos elementos de atuação do ator pós-dramático envolverá necessariamente zonas de ambigüidade e sobreposição. Diante da complexidade do tema a ser analisado aqui, três aspectos exercerão uma dupla função neste escrito: aquela de organizadores do discurso e, ao mesmo tempo, a de aglutinadores das diversas componentes reconhecíveis a partir das práticas realizadas pelo ator pós-dramático. O primeiro aspecto a ser analisado refere-se à relação entre presentação e representação.

Presentação e Representação

Antes de passarmos à análise desse primeiro aspecto, um esclarecimento se faz necessário, o qual diz respeito à terminologia que será utilizada neste escrito. As definições

---

1. Cf. *Postdramatisches Theater*. Passo a citar a tradução francesa, *Le Théâtre postdramatique*.

dos termos referidos aqui serão funcionais ao discurso. Em outras palavras, optaremos, em cada caso, pelas definições mais pertinentes, a fim de iluminar aspectos que julgo importantes para a compreensão do tema a ser abordado. Esse procedimento não tem como objetivo reduzir a complexidade da terminologia utilizada, mas, sim, de estabelecer um recorte a partir do reconhecimento das especificidades ligadas ao tema em questão, ou seja, os processos de atuação do ator pós-dramático. Além disso, tal opção deve ser considerada como reveladora de uma constatação: muitos termos e conceitos exigem um "ajuste semântico", quando deslocados do campo teórico para o prático.

Retomemos, assim, o desenvolvimento da análise em curso. Conforme colocado por Lehmann, um dos aspectos que definem o teatro pós-dramático é aquele da perda, por parte do texto, de sua função de matriz geradora privilegiada dos diferentes signos teatrais[2]. Se considerarmos a grande variedade existente de processos de atuação, a questão se complica, pois, na maioria dos casos, o texto, visto enquanto material oral a ser incorporado (*embodied*) pelo ator, não é necessariamente escrito *a priori*, antes do processo de atuação. De fato, o texto é muitas vezes criado a partir de processos improvisacionais, como no caso do assim chamado Devising Theatre[3], modalidade de criação teatral explorada há pelo menos quatro décadas na Grã-Bretanha, dentre outros países. Tal questão, por sua vez, remete diretamente à relação entre presentação e representação.

Como sabemos, o conceito de representação é amplamente utilizado em diferentes áreas do conhecimento: da matemática à lógica, das artes à psicologia e às ciências cognitivas. Aqui, tal conceito será visto a partir de uma de suas implicações, que é aquela que diz respeito à "referencialidade". Quando falamos em representação, estamos

---

2. Idem, p. 18, 20 e 66.

3. O Devising Theatre é caracterizado por seu processo improvisacional. Este modo de criação, em termos atuais, ganha uma progressiva adesão a partir dos anos de 1960.

na maior parte dos casos nos referindo a um objeto que contém um grau reconhecível de referencialidade. Refletir sobre a referencialidade envolve, por sua vez, o reconhecimento da existência no objeto ou campo de observação de códigos e convenções sócio-culturais. Sendo assim, no que diz respeito ao aspecto em questão, todo processo ou procedimento de atuação, que remeta a códigos e convenções reconhecíveis culturalmente, será considerado neste texto como manifestações da esfera de representação. Diferentemente, os processos e procedimentos que não são imediatamente reconhecíveis como patrimônio de códigos e convenções sócio-culturais, os quais comportam, portanto, um grau significativo de auto-referencialidade, serão considerados como constitutivos da esfera de presentação.

A partir das colocações feitas, é interessante notar que, no caso dos processos de atuação, não há uma relação de simetria entre "representação – texto dramático criado *a priori*" e "presentação – texto criado durante o processo criativo". De fato, se considerarmos, por exemplo, alguns procedimentos colocados em prática por Jerzi Grotóvski, ou por Tadeusz Kantor, vemos que, apesar de ter sido definido antecipadamente, o texto foi freqüentemente explorado de maneira a produzir resultados que, em termos de atuação, estão muito mais próximos da esfera de presentação. Dessa maneira, é possível dizer que a exploraração da capacidade de presentação não está relacionado com a existência de um texto escrito *a priori* ou não, mas sim aos modos empregados para a sua utilização enquanto material. Como colocado por Lehmann, o texto se reduz, no teatro pós-dramático, à condição de um elemento não privilegiado, ou seja, de um elemento que será utilizado no processo criativo, como um material dentre outros.

Ainda assim, poderíamos pensar que, de qualquer forma, a utilização de um texto, criado *a priori* ou não, aumentaria o grau de referencialidade da atuação, aproximando-o necessariamente da esfera de representação. E aqui cometeríamos um erro de julgamento, pois os processos de atuação podem fazer com que o texto utilizado perca toda a sua carga referencial a partir de sua relação com os movimentos, ações, gestos, com as possibilidades de utilização do aparato vocal etc.

Mas se não é a presença do texto que determina o grau de referencialidade dos processos de atuação, então quais seriam os fatores que definiriam a polaridade "presentação – representação" envolvida aqui? Como mencionado acima, a utilização de códigos e convenções socioculturais deve ser considerada nesse caso. Mas, ainda assim, tal reconhecimento pode responder somente parcialmente a essa questão. Basta pensar em alguns exemplos, tais como os espetáculos de Bob Wilson, Richard Foreman e Robert Lepage. Em tais casos, códigos e convenções teatrais são largamente utilizados. Porém, a partir deles podemos dizer que não é a utilização de tais códigos e convenções em si que determina o grau de referencialidade da atuação, mas sim os seus modos de articulação e reinvenção.

Por outro lado, a partir das elaborações feitas por Lehmann, podemos observar que há em certa medida uma relação de simetria entre "representação – dramático" e "presentação – pós-dramático". Contudo, como vimos, não é a utilização ou não de textos, códigos ou convenções teatrais, e portanto culturais, que determinariam as possíveis diferenças entre o ator dramático e aquele pós-dramático, mas sim os modos de elaboração, articulação e reinvenção de tais elementos[4]. Tal fato adquire na análise em curso, uma importância central, que nos leva, por sua vez, ao próximo aspecto a ser tratado aqui.

---

4. Cabe ressaltar, porém, que, internamente à esfera de presentação, procedimentos não codificados culturalmente podem adquirir um papel de grande relevância.

Processos Narrativos: do Linear à Parataxe

Além da existência de personagens, aspecto que será examinado mais adiante, outros constituem, digamos, o horizonte pragmático do ator dramático, tais como a improvisação e a presença de uma história, essa última na maior parte dos casos, linear. Já no caso do ator pós-dramático podemos perceber um deslocamento significativo no que diz respeito à utilização de histórias e tramas, e aqui emerge um ponto de contato com os aspectos já tratados.

Na medida em que o ator pós-dramático não deve mais necessariamente "contar uma história", uma gama perceptível de possibilidades se abre, as quais estão ligadas, por sua vez, à esfera de presentação. Cabe acrescentar, dessa forma, que uma das características constitutivas da esfera da presentação é justamente aquela de evidenciar, antes de tudo, qualidades ligadas à manifestação de uma presença, e todas as suas implicações. Desse modo, se pensarmos nos processos de atuação, o prevalecer da esfera de presentação geraria resultados que ultrapassariam a ilustração de situações e circunstâncias, para colocar em evidência, por exemplo, a corporeidade e suas qualidades expressivas. Poderíamos mencionar diferentes casos nesse sentido, tais como o trabalho desenvolvido por Grotóvski, Barba, Pina Baush, DV8, Richard Foreman, Robert Lepage, Bob Wilson etc. A partir de tal constatação, algumas considerações podem ser feitas. Podemos dizer, por exemplo, que os processos de atuação colocados em prática pelo ator pós-dramático envolvem um horizonte técnico e expressivo mais alargado, se comparado àquele do ator dramático[5]. De fato, idealmente

---

5. É importante enfatizar mais uma vez o caráter ideal em que o ator pós-dramático está sendo considerado aqui. Sendo assim, muitas vezes tal competência mais alargada, referida acima, pode não corresponder aos fatos. Em outras palavras, um ator pós-dramático pode saber dar vida aos materiais de atuação explorados em um determinado espetáculo, mas pode, ao mesmo tempo, não possuir determinadas habilidades que são características do ator dramático. Ou seja, não se quer estabelecer, aqui, uma hierarquia entre esses dois tipos de ator.

falando, e em sintonia com a abordagem de Lehmann, o ator pós-dramático deve possuir competências que transitam entre o teatro dramático, o circo, o *cabaret*, o teatro de variedades, o teatro-musical, o teatro-dança, e a performance, dentre outras manifestações que compõem o *continuum* das artes cênicas ou performáticas. Sendo assim, se o ator pós-dramático necessita possuir uma competência técnica e expressiva mais ampla se comparada em relação ao ator dramático, um elo poderia ser reconhecido entre os dois campos, que é o da construção de partituras.

Como sabemos, a construção de partituras de ações, sejam elas fixas, montadas a partir de improvisações, ou em constante transformação, é um procedimento que foi, e continua sendo, explorado por inúmeros criadores teatrais, desde Stanislávski até Bob Wilson, desde Craig até Peter Brook. Em termos de cultura Ocidental, poderíamos incluir aqui também os procedimentos de codificação do balé clássico e da dança moderna e, em alguns casos, também, a contemporânea. De qualquer forma, é importante estarmos atentos a um outro lado. Como mencionado acima, a construção de partituras não é um procedimento estranho ao teatro dramático. No entanto, devemos considerar o fato de que, na medida em que o ator pós-dramático não deverá necessariamente contar histórias e poderá rearticular, ou mesmo reinventar, códigos e convenções culturais, as suas partituras conterão, muitas vezes, materiais caracterizados por diferentes graus de abstração e subjetividade. Ou seja, ele não poderá, em muitos casos, apoiar seu trabalho em objetivos concretos, tal como aquele de materializar um significado preestabelecido. Ele deverá saber, sobretudo, como produzir sentido a partir dos materiais que estão à sua disposição. Sendo assim, além das competências já apontadas, o ator pós-dramático deverá saber reconhecer pragmaticamente a diferença existente entre os processos de produção de significado e os de produção de sentido.

Se observarmos as práticas de atuação exploradas na contemporaneidade, independentemente das especificidades estéticas que caracterizam tais manifestações, o ator/ performer deve saber como justificar, como preencher as próprias ações a partir de procedimentos e elementos que ultrapassam os recursos e instrumentos oferecidos pelos sistemas de atuação utilizados pelo teatro dramático ou épico, tais como aqueles elaborados por Stanislávski, M. Tchékhov, Brecht etc. O ator, em tais casos, muitas vezes, não dá corpo às próprias ações a partir de significados preestabelecidos, pois eles não são necessariamente constitutivos de tais linguagens. Sendo assim, um deslocamento se faz necessário, que é exatamente aquele que tem como objetivo a produção de sentido.

Portanto, a partir das considerações feitas acima, chamarei de "sentido" o efeito de um processo de conexão entre as dimensões interior e exterior do ator/performer, desencadeado a partir não de conteúdos previamente estabelecidos, mas a partir dos elementos que envolvem a exploração e a execução dos materiais de atuação. Ou seja, o processo envolve, específica e primeiramente, a relação entre o ator/performer, através da globalidade de seus processos perceptivos e tais materiais. É a partir dessa relação, que freqüentemente não é regida por uma rede semântica pré-determinada, que os sentidos podem ser produzidos. De qualquer forma, a conexão entre as dimensões interior e exterior, fator fundamental nesse caso, deve ser vivenciada pelos dois pólos, ator e espectador, que assim, interagem[6]. É em função de tal conexão que uma "ressonância" (qualidade de presença, dilatação, *bios*...) pode ser produzida pelo ator, fazendo com que a atenção do espectador se mantenha ativa. Já

6. Alguns aspectos relativos à conexão entre as dimensões interior e exterior do intérprete foram examinados anteriormente por mim em *O Ator Compositor*. Considerava a conexão como um aspecto fundamental do processo de produção de ações físicas. Já, neste escrito, diversamente, um reconhecimento merece ser destacado na medida em que ele alarga o horizonte examinado naquela obra: ações físicas podem ser produzidas a partir de processos de instauração de sentido, e não somente de significado.

no caso do "significado", a atuação do ator estará apoiada por uma rede semântica que o orienta, e que orienta, por sua vez, também o espectador[7].

Dessa forma, o nível de relação que o ator pós-dramático deve estabelecer com os próprios materiais de atuação se diferencia daquele explorado pelo ator dramático, envolvendo dessa maneira processos técnicos e subjetivos mais complexos, os quais podem estar relacionados, por sua vez, à esfera de presentação. Em muitos casos, será a partir das tensões interiores e exteriores que o preenchimento das próprias ações se dará. É importante notar ainda, que, na medida em que o ator não dispõe de uma história que poderia funcionar como eixo de seu trabalho, necessariamente o foco de sua atenção deverá ser deslocado da esfera do "quê" para a esfera do "como", e aqui emerge uma outra característica que pode definir, em certa medida, a identidade do ator pós-dramático, e que representa mais uma hipótese construída neste ensaio. Além disso, tal como colocado por Lehmann, os procedimentos de atuação estarão muitas vezes, no caso do teatro pós-dramático, em uma estrutura não-linear, onde não há mais hierarquia entre os elementos narrativos. O ator pós-dramático atuará em muitos casos em uma estrutura caracterizada pela parataxe[8].

7. A distinção reconhecida aqui entre "significado" e "sentido" foi elaborada inicialmente por mim em Sentido, Intensão, Incorporação: Primeiras Reflexões sobre Diferentes Práticas Interculturais no Trabalho do Ator, *Sala Preta*, n. 5, p. 68-75.

8. Em termos linguísticos, a palavra parataxe, tomada etimologicamente (*para* – proximidade / *taxis* – arranjo, ordem), opõe-se a hipotaxe (*hipo* – sob). Consiste na conexão de constituintes linguísticos (frases ou categorias sintáticas) por coordenação (ou coordenação assindética), enquanto na hipotaxe temos a conexão de frases por subordinação (o que implica numa relação de dependência sintática). O termo hipotaxe pode ser mesmo traduzido por "submissão" ou "sujeição", sinônimos de subordinação que trazem mais imediatamente à lembrança o sentido camuflado pelo uso gramatical dessa última. Por contraste, parataxe adquire uma conotação de liberdade, de desprezo à hierarquia, a princípio sintática, que pode ser expandida, como metáfora, para outros domínios. A não ser no estudo formalista e estilístico da poesia, entretanto, a

O Ator e os Seres Ficcionais

Uma vez examinados os dois aspectos anteriores – presentação/representação e os processos narrativos – podemos agora centralizar o discurso sobre a relação entre o ator e os seres ficcionais. De fato, quando pensamos sobre as práticas do ator pós-dramático, não podemos mais fazer referência somente à existência de personagens, em função de suas conotações culturais, ao menos no Ocidente. Dessa forma, devemos utilizar um termo mais abrangente, tal como actante (ou atuante) ou ser ficcional.

Apesar da grande quantidade de manifestações artísticas existentes, portadoras de características expressivas do pós-dramático, vemos ainda prevalecer em muitos contextos culturais estruturas narrativas lineares, exploradas largamente pela dramaturgia televisiva e por larga parte da produção teatral e cinematográfica. Sendo assim, o pós-dramático ainda é visto como uma manifestação expressiva alternativa, *cult*, autoral. É a partir, sobretudo, dessa última qualidade que o discurso será brevemente desdobrado.

De fato, baseado no percurso traçado até aqui, vemos que a auto-referencialidade e a ausência de uma narrativa linear, desencadeiam um deslocamento necessário em termos de atuação, no caso do ator pós-dramático, processo esse que gera algumas implicações. Na medida em que os seus materiais de atuação não se fazem prevalentemente referenciais, nem constitutivos de uma personagem (entendida como representação de um indivíduo ou tipo) e não são estruturados a partir de uma rede semântica produzida por uma história, o ator pós-dramático deverá

figura da parataxe é raramente lembrada e valorizada, estando mesmo ausente de muitos manuais de lingüística e literatura. No caso dos processos de atuação explorados pelo ator pós-dramático, em função da freqüente ausência de uma estrutura narrativa linear a ser seguida, suas partituras de ações podem ser permeadas por uma lógica que comporta a produção de vários fios narrativos que se desenvolvem paralelamente. É através desse aspecto que podemos reconhecer uma relação entre tais procedimentos e a parataxe.

apoiar-se sobre as qualidades expressivas que podem ser produzidas a partir de sua relação pragmática com os materiais de atuação, ou seja, a partir de seu *modus operandi*. Portanto, determinados processos subjetivos serão necessariamente evocados e, conseqüentemente, podemos falar de um grau mais perceptível de criação, digamos, autoral.

No entanto, a questão da autoria não diz respeito somente ao trabalho desenvolvido pelo ator pós-dramático. Como sabemos, mesmo no teatro dramático tal questão se faz presente. Muitas vezes não vamos ao teatro para ver a personagem Hamlet, mas para ver *aquele* Hamlet, tal como interpretado por *aquele* ator. Dessa forma, poderíamos entrever a existência de diferentes graus de autoria entre o ator dramático e o pós-dramático.

No que diz respeito às fronteiras que permeiam o trabalho do ator pós-dramático, elas são ainda bastante imprecisas. Tais fronteiras devem ser determinadas a cada caso, especificamente. Por exemplo, com relação à questão da autoria mencionada acima, como podemos comparar o nível de autoria de um ator de um espetáculo de Kantor ou Bob Wilson, diretores esses que determinam a partitura que será executada pelo ator, com aquela de um ator/ performer do DV8 ou de Grotóvski?

Independentemente da complexidade que envolve a questão autoral, é possível dizer que o ator pós-dramático, em função do deslocamento mencionado anteriormente, deverá saber como dar vida a diferentes materiais, que produzirão por sua vez vários tipos de seres ficcionais. Sendo assim, apesar de algumas formulações interessantes, como aquela feita por Michael Kirby, em *A Formalist Theatre* (Um Teatro Formalista), considero ainda mais funcional aquela em que três diferentes categorias podem ser reconhecidas: o actante ou "atuante-máscara" (indivíduo e tipo), o "actante-estado", e o "actante-texto"[9].

---

9. Desenvolvo a elaboração desses conceitos em *O Ator Compositor*, p. 125-141.

Creio que tais categorias privilegiem os procedimentos e práticas realizadas pelo ator pós-dramático, tais como montagem, musicalidade das ações (poliritmia, polifonia, modulações), repetições, risco, presente contínuo, ritualização das ações, corporeidade como matriz de ocorrências expressivas etc. De fato, em muitos casos o ator pós-dramático deverá compor ou incorporar seres ficcionais que não podem ser remetidos a indivíduos ou tipos humanos; eles serão muitas vezes canais transmissores de qualidades, de sensações, de processos abstratos, de fenômenos naturais, de combinações de fragmentos de experiências vividas, de restos de memórias... Dessa forma, as matrizes geradoras dos materiais de atuação, utilizados pelo ator pós-dramático, estão relacionadas mais diretamente com a exploração de processos perceptivos, constitutivos do que podemos chamar de experiência em diferentes níveis, do que com a ilustração de histórias ou teses de qualquer gênero.

Baseado nas considerações já feitas aqui, optarei pela via negativa como procedimento de conclusão. Em outras palavras, considerando os aspectos levantados, podemos dizer, antes de mais nada, o que o ator pós-dramático não é: ele não se limita a ser um simples reprodutor de códigos e convenções teatrais; assim como ele não é um ilustrador de histórias, consideradas enquanto expressões de uma narrativa linear. A partir disso, podemos descrever algumas das competências que o ator pós-dramático deve, ou deveria possuir, idealmente: além das competências adquiridas pelo ator dramático, tais como dar vida a indivíduos ou tipos, e ser capaz, conseqüentemente, de construir diferentes corpos/vozes, diversas unidades psicológicas, o ator pós-dramático deve ser capaz de transitar entre diversas linguagens

▶ *Em* Einstein on the Beach, *espetáculo dirigido por Bob Wilson, os seres ficcionais presentes no espetáculo não representavam indivíduos, mas buscavam materializar aspectos extraídos das teorias elaboradas pelo físico alemão.*

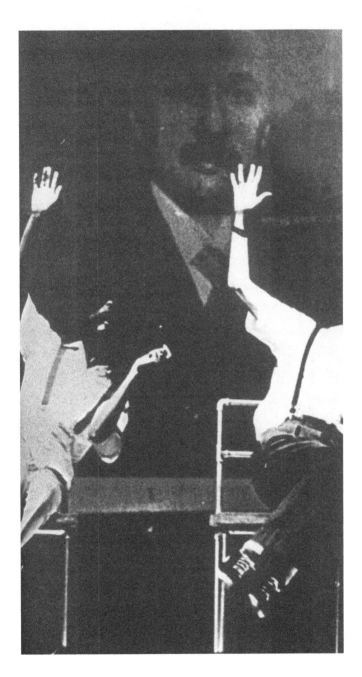

e qualidades expressivas, deve ser capaz de construir partituras a partir de materiais abstratos e subjetivos, deve ser capaz de produzir sentidos a partir, sobretudo, da relação que estabelece com os materiais de atuação. Sendo assim, diferente do herói romântico, do homem comum realista, e do agente revelador de contradições sociais do teatro épico brechtiano, o ator pós-dramático parece ser um catalisador de fissuras que envolvem uma gama incontável de processos, muitos dos quais ainda não elaborados e explicados teoricamente, e que a princípio, não prevêem nenhuma possibilidade de solução. Ele parece ser, antes de tudo, um catalisador de aporias[10].

Bibliografia

BONFITTO, Matteo. *O Ator Compositor*, São Paulo: Perspectiva, 2002.

_____. Sentido, Intensão, Incorporação: Primeiras Reflexões sobre Diferentes Práticas Interculturais no Trabalho do Ator. *Sala Preta: Revista do Departamento de Artes Cênicas da ECA-USP*, v. 2, n. 5, 2005.

KIRBY, Michael; *A Formalist Theatre*. Philadelphia: University of Pennsylvania Press, 1987.

LAKOFF, George; JOHNSON, Mark; *Philosophy in the Flesh*. New York: Basic Books, 1999.

LEHMANN, Hans-Thies, *Postdramatisches Theater*. Frankfurt am Main: Verlag der Autoren, 1999 (*Le Théâtre postdramatique*. Tradução de Philippe-Henri Ledru. Paris: L'Arche, 2002).

RICOEUR, Paul. *Time and Narrative*. Chicago: Chicago University Press, 1984.

ROOSE-EVANS, Jam. *Experimental Theatre*: from Stanislavsky to Peter Brook. London: Routledge, 1997.

SCHECHNER, Richard. *Performance Studies*: an introduction. London: Routledge, 2002.

_____. *Between Theatre and Anthropology*. Philadelphia: University of Pennsylvania Press, 1985.

---

10. O conceito de aporia foi explorado por muitos filósofos desde a Antigüidade, tais como Zenão de Eléia até os dias de hoje, (como na obra de Derrida). Apesar das muitas implicações que tal conceito comporta, ele remete à noção de paradoxo, a impasses sem solução, a caminhos que são inexpugnáveis.

7. A LINGUAGEM DO CORPO

Soraia Maria Silva

São os olhos a lâmpada do corpo.
Se os teus olhos forem bons, todo
o teu corpo será luminoso.

MT 6.22

▲*Soraia Silva e Wanderlei Xavante dançando a dança Pahöri'wa (adoradores do sol)- Dança ritual de caráter mimético/abstrato realizada por duas pessoas do clã pö'redzaònò (girino), cujos movimentos despertam as bênçãos do sol para a comunidade, trazendo o poder de luta. Dança da Guerra do Povo Xavante, Memorial dos Povos Indígenas, Brasília, abril de 2005. Foto de Randau Andrade.*

101

Não digas: Este que me deu corpo é meu Pai.
Esta que me deu corpo é minha Mãe.
Muito mais teu Pai e tua Mãe são os que te fizeram
em espírito.
De todos os tempos.
Deixaram o rastro pelos caminhos de hoje.
Todos os que já viveram.
E andam fazendo-te dia a dia.
Os de hoje, os de amanhã.
E os homens, e as coisas todas silenciosas.
A tua extensão prolonga-se em todos os sentidos.
O teu mundo não tem pólos.
E tu és o próprio mundo.

CECÍLIA MEIRELES.*Cânticos*

Neste texto, pretende-se estudar a linguagem do corpo tendo como fio condutor, o conceito da narrativa pós-dramática, segundo as investigações de Hans-Thies Lehmann. Desse modo, serão relacionados comentários sob a ótica da linguagem do movimento contemporâneo e à luz dos comentários de Lehmann propostos no texto "Teatro Pós-Dramático e Teatro Político"[1].

Sob esta perspectiva, inicialmente, é preciso definir a questão do corpo como linguagem, como o que transmite gradações de significados expressivos em sua abordagem enquanto comunicação não-verbal, desde os gestos quotidianos até os extracotidianos em sua manifestação poética, ou seja, com vistas a uma finalidade artística. Vasto e amplo é o campo de investigação da linguagem corporal, principalmente na sua abordagem enquanto produção de símbolos cênicos na atualidade. Em seu trabalho de investigação sobre o teatro físico, Lúcia Romano defende o aumento de complexidade para a constituição de um corpo diferenciado na técnica corporal específica dessa modalidade cênica, a qual potencializa toda fisicalidade à teatralidade. A atriz

---

1. Ver infra p. 233-254.

pesquisadora desenvolve um interessante sistema de classificação do corpo, em sua manifestação expressiva, segundo o grau de complexidade de suas relações. Para ela, o corpo neutro reúne características anatômicas ainda em estado pré-expressivo; já com o aumento de informações, tem-se um corpo em comunicação, em estado de atenção ampliada com o meio. O corpo diferenciado é extracotidiano e o corpo estilizado manifesta-se em linguagem reconhecida dentro de um determinado código, estilo ou técnica parateatral[2].

Mas, além do reconhecimento da evolução comunicativa do movimento, faz-se necessário aqui, estabelecer uma discussão dos aspectos dramatúrgicos desse, antes de abordar o caráter pós-dramático propriamente dito, no qual há a explosão das formas e possibilidades de atuação. E, seguindo a colocação de Lukács, citada por Lehmann, de que a forma seja a manifestação mais social na arte[3], tem-se no nosso tempo-lugar, da era da informação, a junção de infinitas possibilidades e desdobramentos cinético-dramatúrgicos. O constante devir de estéticas híbridas dos corpos na cena contemporânea marca o desenvolvimento de uma sociedade, cujas bases hipertextuais estão expressas no "em movimento". A organização sintática, semântica e a significação dessas novas estruturas nas suas manifestações artísticas atuais refletem a experimentação e a apreensão do sensível pelos novos vates da dramaturgia cênica, desde a expressão mais erudita à mais popular.

Como o próprio Lehmann propõe antes de discutir o teatro pós-dramático, é necessário um esclarecimento sobre as questões do drama, tais como o conflito e a síntese:

> É claro que no teatro pós-dramático também aparecem os conflitos, os caracteres, as idéias, a colisão enfim. Esses elementos,

2. Cf. Lúcia Romano, *O Teatro do Corpo Manifesto: Teatro Físico*, São Paulo: Perspectiva/Fapesp, 2005, p.183-186.
3. Ver infra p. 234.

103

contudo, ocorrem de uma outra forma, que não a que era articulada pelo drama[4].

No caso da linguagem do corpo, poderíamos analisar a dramaturgia do movimento expressivo a partir das características intrínsecas a este e sua aproximação com conceitos de origem teatral, como no teatro dramático e em sua representação narrativa. Na dança, também ocorre esse fenômeno, o qual, embora isento da linguagem falada, muitas vezes reproduz as formas mais tradicionais de contar história[5].

Assim, a linguagem da dança, em essência, é caracterizada pelo corpo escritura do espírito, síntese do pensamento poético plasmado no conflito de gestos efêmeros, cujas frases são estruturadas em uma gramática mais ou menos impregnada de símbolos moventes segundo representações mais ou menos tradicionais. Desse modo, na linguagem poética do movimento, tem-se uma transmutação inter-semiótica de dupla via, na qual a metáfora se torna corpo/emoção e o corpo/emoção se torna metáfora em uma arquitetura semântica e formal multidimensional. Nessa arquitetura, o espírito é revelado no desenvolvimento e domínio de estruturas temporais e espaciais conjugadas na matéria corpo em fluxo. Esse último, permite o exercício contínuo de desdobramentos angulares e emocionais, construções e desconstruções de texturas no quadro esforço/forma.

Conforme Curt Sachs, existem basicamente duas diferenças fundamentais entre as diversas manifestações da dança universal, as quais podem ser classificadas em dois tipos: uma, como dança de imagem ou imitativa; e a outra, como dança abstrata. O autor ressalta as afinidades dessas

4. Idem, p. 235.

5. Idem, p. 247. Lehmann critica a grande quantidade de teatro não-verbal, teatro-dança que reproduz um modo representativo de contar uma história só com a dança, "e que não difere muito das formas mais tradicionais de contar história", no lugar de uma reflexão mais aprofundada do teatro enquanto articulação formal artística nas suas estruturas espaço temporais.

104

danças com características psicológicas específicas; ou seja, a dança imitativa, de imagem, é mais do tipo extrovertido, tem mais facilidade em assimilar-se a um objeto, compondo uma unidade mágica com ele (o jogo da caçada traz sorte na caça, a representação do ato sexual traz fertilidade). Já a dança abstrata, de origem mais matriarcal, busca a transcendência do corpo, o propósito do seu movimento é elevar o corpo extraindo-o de sua materialidade habitual até que, com o amortecimento e extinção dos sentidos exteriores, o subconsciente é liberado, aumentando assim o poder espiritual em ascensão extática em direção a uma idéia abstrata[6]. Nessa classificação de Sachs, pode-se perceber dois tipos de características dramatúrgicas do movimento na dança: uma, de narratividade mais concreta, mimética, literal; e outra, mais abstrata ou não literal.

Na dança contemporânea, muitas vezes utilizam-se formas maquínicas e mecânicas, como "atuantes", na fisicalização da cena. A imagem de uma batedeira de bolo pode ser uma inspiração para a criação de dinâmicas coreográficas, um sentido bastante antropofágico de apropriação do objeto e dos esforços desse objeto quotidiano. Mesmo nos resultados mais abstratos desse processo de composição coreográfica, tem-se uma origem mimética[7], cujo observador/criador expõe qualidades, resultantes de uma equação ressonante (para utilizar o termo de Kandínski) na síntese das formas dançadas.

De certa forma, a linguagem do corpo é o resultado de uma dialética entre a abstração e a concretude, como um pensamento poético encadeado no movimento. Nesse "pensar fazendo"[8], tem-se um exercício primevo de totalização das

6. *História Universal de la Danza*, Buenos Aires: Centurión, 1943, p. 72.

7. Idem, p. 237. Para Curt Sachs todo dançarino que, com agudos poderes de observação, sente a si mesmo nos objetos animados e inanimados e vê a natureza, recriando com o próprio corpo seu aspecto, ações e essência, é um ator, um mimo.

8. Ver infra p. 253. Lehmann afirma que através das várias linguagens das artes se pode pensar a partir de outros materiais, desse modo

artes, cuja importância é resgatada pelas vanguardas do século xx[9]. Ou seja, a dança representa o meio pelo qual se pode realizar todas as artes, pelo seu simulacro, no auge do desprendimento físico, no domínio absoluto do corpo, a primeira extensão material do espírito. Para Artaud, essa narratividade poética é acima de tudo "conhecimento do destino interno e dinâmico do pensamento", a qual se realiza na abstração afirmada no concreto, e não o contrário[10].

Nesse movimento, a dança, por sua natureza peculiar, cujo ambiente expressivo é muitas vezes alucinatório, é o meio/linguagem mais amplo para análises especulares, cuja conduta mimética, reflexos espelhados surrealistas, reproduz infinitamente a imagem auto-refletida em uma imbricação de realidades e irrealidades na trans-formação simbólica do ser.

O sistema moto-contínuo de produção da imagem cênica do corpo busca a realização de uma obra idealmente concebida fora do *self*[11]. Para Stéphane Mallarmé, a dança como arte emblemática é uma "escrita corporal"

"a cena pensa" e isso propõe aos teóricos a necessidade de encontrar uma teoria correspondente à prática pensada.

9. O movimento de retorno a um momento mítico primordial aparece em vários balés modernistas, além da *Ausdruckstanz*, mas sempre com uma abstração mimética dos eventos naturais. Pode-se citar como exemplo *L'Homme et son désir* (1921) e *La Création du monde* (1923), ambas coreografias dos balés suecos, na composição de Jean Borlin, e sua total recriação geométrica, presente nos gestos, no figurino e cenários; *Ode* (1928), de Massine e *Le Sacre du printemps* (1913) de Nijinsky, ambas composições dos balés russos, remetem a ritos da natureza apresentados de forma totalmente abstrata na arquitetura dos movimentos. No Brasil, tem-se essa tentativa de integração do abstrato ao concreto na encenação do *O Bailado do Deus Morto* (1933) de Flávio de Carvalho.

10. Cf. *México y Viaje Al País de los Tarahumaras*, México: Fondo de Cultura Económica, 1987, p. 120.

11. Nessa perspectiva, Ítalo Calvino propõe o transbordamento do "eu individual, não só para entrar em outros eus semelhantes ao nosso, mas para fazer falar o que não tem palavra, o pássaro que pousa no beiral, a árvore na primavera, e a árvore no outono, a pedra, o cimento, o plástico", *Seis Propostas para o Próximo Milênio*, São Paulo: Companhia das Letras, 1990, p. 138.

em que a mulher bailarina plasma em si a própria "metáfora", o "signo". Para o poeta, a bailarina sugere "com uma escrita corporal o que exigiria parágrafos em prosa tanto dialogada, como descritiva, para ser expresso através da redação: poema isento de todo o aparelho do escriba"[12].

Assim, como "incorporação visual da idéia", os movimentos da bailarina, para Mallarmé, são "a representação plástica, no palco, da poesia", que é, ao mesmo tempo, texto e cenário, ou seja, a forma humana em sua mais expressiva síntese poética da mobilidade. Esse devir da metáfora poética do ser corporal conjuga com a interação entre os atores e o público, o qual por sua vez é mobilizado justamente por esse "vir a ser" da personagem, conforme apontado por Lehmann[13]. Desse modo, tem-se na sucessão dessas possibilidades plásticas e poéticas do movimento a estruturação de uma narrativa.

Movimento e Linguagem

Bem, para se analisar o conceito da narrativa pós-dramática na linguagem do corpo, é necessário pensar a organização estrutural da lingüística do movimento e sua lógica evolutiva na dança, no sentido cronológico e dialógico. Com esse intuito, faz-se necessário examinar duas técnicas. A primeira marcada pela microestrutura do movimento proposta por François Delsarte (1811-1871). Em Delsarte, encontra-se o estudioso pioneiro na definição dos princípios do movimento expressivo, considerados fundamentais na dança moderna. Seus princípios relacionados ao movimento expressivo reforçam a idéia de que a intensidade do sentimento comanda a intensidade do gesto.

Delsarte detém um micro estudo do gesto: todos pormenores de intensidade ou de força, agindo de forma

12. Cf. *Oeuvres complètes*, Paris: Gallimard, 1945, p. 304.
13. Ver infra p. 252.

ordenada ou mediada pelo método. Essa análise do gesto, que precede à origem da palavra e da voz, é realizada segundo três aspectos: a estática (parte da ciência que regula o equilíbrio das formas), a dinâmica (ciência da expressão dos movimentos, que estuda o ritmo, a inflexão e a harmonia) e a semiótica (análise da forma orgânica, e o seu sentimento correspondente, que indica para cada signo um significado). Segundo essa análise, a estática seria a vida do gesto e a semiótica o próprio espírito[14]. Essa dualidade, por outro lado, caracteriza a participação do homem na tríplice natureza divina (Pai, Filho e Espírito Santo) com seu corpo, alma e espírito expressos externamente, através da voz, do gesto e da palavra[15].

Já Rudolf Laban (1879-1958)[16], criador da *Ausdruckstanz*[17], trabalhava a integração de linguagens cênicas, fazendo com seus alunos alguns passeios nos quais dançavam palavras e frases poéticas por eles compostas, muitas vezes sem acompanhamento musical, marcando uma atitude de valorizar o movimento como linguagem independente. Seu método contribuiu de maneira significativa para o entendimento dos fatores fundamentais presentes nas ações corporais[18]. Graças às suas descobertas, abriram-se novas possibilidades de reflexão sobre o processo de cria-

14. Cf. Jacques Baril, *La Danza Moderna*, Barcelona: Paidós, 1987, p. 374.

15. Cf. Matteo Bonfitto, *O Ator Compositor*, São Paulo: Perspectiva, 2002, p. 3.

16. Laban publicou entre outros escritos: *Dança Educativa Moderna*, em 1950; *Domínio do Movimento*, em 1954; e *Princípios da Dança e de Notação do Movimento*, em 1954. Entre as suas principais composições estão *Rosário, Prometheus, Don Juan, Cinderella, The Enchanter, Titan, Agamemnom* e *La Nuit*.

17. Termo alemão utilizado para designar a dança moderna de caráter expressivo, a qual influenciou grande parte da geração contemporânea da dança.

18. Nas teorias de Laban, há uma aguda observação das atitudes e movimentos do corpo humano, os quais são organizados de acordo com as qualidades dos esforços realizados. Esses esforços são o resultado de combinações variadas das qualidades de peso (firme-forte, leve-fraco), espaço (atitude direta ou multifocada), tempo (urgência ou

ção e realização técnica eficiente de uma determinada frase coreográfica.

A frase de movimento pode ser definida como um conjunto orgânico de gestos que comunicam uma ação corporal estruturada com início, meio e fim, respectivamente, compondo as fases de preparação, ação propriamente dita e recuperação; as quais se desenvolvem em padrões cíclicos, determinados, por sua vez, pela contemplação de ritmos da natureza ou estruturas reais e virtuais plasmadas na expressão corporal do homem. Para Marion North, o tamanho das frases pode ser pequeno ou longo, compondo seqüências de movimentos de características simples (como uma sentença simples) ou completa (complexa ou composta, frases elaboradas e pausas de longa ou pequena duração)[19]. Sobre essa escrita corporal, Laban postulava que "símbolos, conhecimento e desconhecimento constituem os modelos espaciais da dança"[20]. Esse percurso tende a livrar a dança da dependência narrativa, valorizando os movimentos de formas abstratas, como os sólidos platônicos, convertidos em esforços[21] móveis do quadro espacial conduzidos pelos dançarinos.

Na técnica labaniana, toda ação passa a ser expressiva, dependendo da sua finalidade em cena, desde a ação mecânica propriamente dita, ou seja, a fisicalidade en-

não do movimento) e fluência (a sensação de ligação ou contenção dos movimentos: graus de controle).

19. *Personality Assessment Through Movement*, London: MacDonald and Evans, 1978, p. 22.

20. *Choreutics*, London: MacDonald and Evans, 1976, p. 115. Nessas dimensões espirituais e materiais as quais, na doutrina de Laban, regem a produção artística do movimento, encontra-se a unificação das duas partes do símbolo: a alma e o corpo expressivo, a gênese da integridade do processo artístico.

21. A palavra "esforço", segundo Laban, refere-se aos aspectos qualitativos do fluxo de energia no movimento. A teoria do esforço-forma reúne o estudo da "Eucinética", que se ocupa dos aspectos qualitativos do movimento, e da "Corêutica", aspectos formais de organização no espaço, os princípios espaciais que regem a forma do movimento.

quanto possibilidade de articulação do movimento, até uma ação cotidiana ou metafórica, vinculada, por exemplo, aos movimentos da natureza. Essa metodologia de análise dos fatores do movimento e sua utilidade artística na cena vêm ao encontro do que Lehmann aponta como a postura moderna de autonomia ou explosão das relações tradicionais dos elementos do teatro como as pessoas, o espaço e o tempo[22]. Nesse sentido, o coreógrafo propõe um amplo espectro de variações e domínio dos fatores do movimento, articulados ou isolados como possibilidade de construção de uma narrativa expressiva da cena. Assim, uma determinada qualidade como, por exemplo, o peso leve, pode caracterizar por uma analogia mais mimética ou abstrata, desde uma dança de personagem, como uma ninfa, até o corpo metaforizado em plumas ao vento.

Já a função poética da linguagem, originalmente específica à literatura, está ligada à palavra como um portal de realidade própria, um universo de ficção que não se identifica com a realidade empírica[23], pode ser analisada também do ponto de vista extraliterário. Para o lingüista russo Roman Jakobson, o critério empírico da função poética, inerente a toda obra poética, está intimamente relacionado aos dois modos de arranjo na linguagem verbal, a *seleção* e a *combinação*, estando eles ligados, respectivamente, aos eixos paradigmáticos e sintagmáticos na construção do texto poético. Jakobson explica que o emissor da mensagem seleciona termos semelhantes como as palavras guri(a), garoto(a), menino(a), criança, combinando a sua escolha com um verbo semanticamente cognato, como dorme, dormita etc., na elaboração da mensagem. Para Jakobson, "a seleção é feita em base de equivalência, semelhança e dessemelhança, sinonímia e

---

22. Ver infra p. 236.
23. Cf. Vítor Manuel de Aguiar e Silva, *Teoria da Literatura*, Coimbra: Livraria Almedina, 1969, p. 26.

antonímia, ao passo que a combinação, a construção da seqüência, se baseia na contigüidade"[24].

Transladando essa estrutura sintagmática e paradigmática da função poética para a análise da composição coreográfica, pode-se aferir que os arranjos de combinação e de seleção também são inerentes à linguagem não-verbal. Assim, o bailarino-coreógrafo seleciona os gestos e movimentos expressivos seguindo um encadeamento, uma combinação que compõe uma frase de movimento, em muitos aspectos, próxima da construção poética literária.

A palavra do movimento, o sentido expressivo singular da linguagem não verbal, pode ser comparada ao eixo sintagmático, de *combinação* na formação das frases, considerando-se o eixo horizontal ou sincrônico. Nesse eixo, a palavra adquire dimensões plurissignificativas graças às diversas relações conceituais, imaginativas, rítmicas, entre outras, articuladas com os outros elementos do seu contexto verbal[25], os quais podem ser analisados do ponto de vista da dança como sendo o gesto à procura do seu significado. Ou seja, o gesto ou movimento na dança, equivalente à palavra, só ganha valor enquanto expressão de dança ou de dança/teatro, quando se conecta com uma sucessão de outros gestos ou movimentos, criando uma unidade estrutural, uma frase coreográfica articulada no tempo, no espaço, levando-se em conta o peso, a fluência e a intenção cênica realizada. Na dança, as frases de movimento revelam, em seu encadeamento, não só a personalidade característica e os caminhos mentais e emocionais do bailarino, como as escolhas estéticas e poéticas impregnadas no movimento.

Também o eixo paradigmático obriga uma seleção de termos, considerado vertical ou diacrônico, plurissignificativo na vida histórica das palavras, "a polimorfa riqueza

---

24. *Lingüística e Comunicação*, São Paulo: Cultrix, 1970, p. 129-130.
25. V. M. de A. e Silva, op. cit., p. 32-33.

que o correr dos tempos nelas depositou"[26]. Esse eixo, transposto para a análise do gesto na dança, revela a evolução estilística e estética dos movimentos, aprimorados segundo o gosto do tempo sob uma rígida ou livre técnica expressiva. Assim, definições como ações básicas, movimentos voluntários, involuntários, ações quotidianas, movimento estilizado, balé clássico, dança moderna, dança livre, dança folclórica, de salão, teatro físico etc. são repertórios que compõem a tessitura pós-dramática do movimento. Essa manifestação depende das vicissitudes semânticas e cinestéticas do bailarino-coreógrafo e de suas necessidades expressivas.

Não apenas a poesia apresenta uma seqüência fonológica e de unidades semânticas, que tendem a construir uma equação. Analogamente, o texto do bailarino, híbrido e polissêmico por natureza, nos seus aspectos de estrutura e composição coreográfica, tem muito em comum com a ciência do verso, cujas origens, segundo Wolfgang Kayser, "derivam da dança ou de um caminhar festivo em atos de culto"[27].

Danilo Lôbo estabelece, um quadro comparativo mostrando a inter-relação entre literatura, pintura, língua e música, que, segundo ele, ocorre em dois níveis: o da concretude e o da abstração[28]. Acrescentando-se a esse estudo, elaborado por Lôbo, os eixos sintagmáticos e paradigmáticos para a análise da poesia, categorias de Jakobson, e abordando também a dança e os métodos de Delsarte e Laban, obtém-se o seguinte quadro[29]:

---

26. Idem, p. 31.

27. *Análise e Interpretação da Obra Literária*, Coimbra: Arménio Amado, 1967, p. 118.

28. *Água Viva*: A Obra de Arte Total, *Cerrados*, revista do curso de Pós-Graduação em Literatura, Brasília, TEL/UnB, n. 9, ano 8, 1999, p. 129.

29. Cf. Soraia Maria Silva, *O Texto do Bailarino: Eros Volúsia e Gilka Machado – a Dança das Palavras*, tese de doutorado, Departamento de Teoria Literária-UnB, Brasília, 2003, p. 33.

Literatura	Língua	Pintura	Música	Poesia	Dança
Enredo	Denotação	Figurativa	Melodia	Eixo Horizontal Sintagmático (combinação)	Coreografia *Laban: Corêutica *Delsarte: Estática
Psicologia das personagens	Conotação	Abstrata	Harmonia	Eixo Vertical Paradigmático (seleção)	Gesto/ Movimento à procura de significado. *Laban: Eucinética *Delsarte: Dinâmica e Semiótica

Os instrumentos de análise da linguagem corporal desenvolvidos por Delsarte e Laban podem colaborar significativamente no repertório de possibilidades a serem exploradas na linguagem expressiva do corpo em movimento. Nela, a visão múltipla, com seus aspectos físicos, psicológicos e psíquicos, possibilita vários níveis de modulações, interpretações e associações metodológicas para uma analogia dialógica entre os elementos do corpo em movimento e os da linguagem escrita e falada, a qual também pode ser disposta como no quadro a seguir[30]:

30. Idem, p. 195.

Vetores de Orientação do Movimento	Vetores de Orientação Lingüística
Alfabeto infinito do movimento: Conjunto ordenado de gestos de que nos servimos para transcrever, com o nosso instrumento corpo no espaço/tempo, as variações expressivas e comunicativas de necessidades emocionais, fisiológicas, mentais, espirituais e utilitárias que nos impulsionam a uma determinada ação de caráter mais semântico ou mais estético.	*Fonologia e Fonética:* Estudo dos sons da linguagem, expressão sonora. Alfabeto fonético internacional de 87 signos vocais. Ortografia: Expressão escrita, letra e alfabeto.
Postura/Palavra: Unidade mínima composta de movimentos, a qual pode, sozinha, constituir enunciado de uma expressão; forma livre (gestos utilitários, de jogo, expressão intensa de comunicação não verbal inconsciente, dança moderna mais livre). Mais do eixo paradigmático.	*Palavra:* Unidade mínima com som e significado que pode, sozinha, constituir enunciado; forma livre. Informação mais metafórica.
Eucinética: Aspectos qualitativos e expressivos do movimento, estudo das relações entre a atitude interna e externa do indivíduo em determinada "ação" que articula uma variação de combinação das qualidades dos Fatores do Movimento (peso/intensão, espaço/atenção, tempo/decisão e fluência/precisão). Mais paradigmática.	*Gramática;* Vocabulário; conteúdo; Semântica (produção de sentido reconhecimento, significado) (espaço/foco do sujeito/narração/figurativo/abstrato; tempo/presente/passado/futuro; peso/ponderabilidade/ fisicalidade/sonoridade fonética fluência/ligação das idéias/continuidade/descontinuidade).
Corêutica: Aspectos formais de organização no espaço, os princípios espaciais que regem a forma do movimento (planos, níveis, direções, fluência da forma). Mais sintagmática.	*Sintaxe:* Disposição das palavras nas frases e das frases no discurso. Pontuação: sinais que marcam a pausa (vírgula, ponto, ponto e vírgula etc.)[31]; sinais que marcam a melodia (dois pontos, ponto de interrogação, ponto de exclamação, reticências, aspas etc.).
Frase: Enunciação de gestos encadeados compondo uma unidade de ação completa (preparação, ação, recuperação).	*Frase:* Enunciação de sentido completo, verdadeira unidade da fala.
Gesto/letra: Movimento elementar que representa o vocábulo de uma determinada expressão corporal, unidade semântica de qualquer convenção (balé clássico, mímica, linguagem dos surdos-mudos, fragmentado, periférico). Convenção externa impera. Mais do eixo sintagmático.	*Letra:* Signo gráfico elementar com que se representa os vocábulos de uma língua escrita. Informação mais metonímica.

31. A estrutura lógica da frase, o sentido, é anterior à pontuação. Segundo José Hildebrando Dacanal, "ela apenas indica, em relação a uma base sintática polivalente, qual a escolha do autor e, consequentemente, qual a informação que ele pretende transmitir", *A Pontuação*, Porto Alegre: Mercado Aberto, 1987, p. 36. Na dança, ocorre o mesmo. Os acentos do movimento, as pausas, as ênfases, a fluência das formas são conseqüência da necessidade e da escolha da configuração expressiva de movimentação a ser realizada pelo dançarino

Partindo dos quadros acima transcritos, pode-se ter uma visão geral dos vetores lingüísticos do movimento. Assim configurada, a dramaturgia corporal passa a ser complexa e articulada em vários níveis, desde a sintaxe até a semântica psicofísica do corpo expressivo interativo com a encenação teatral como um todo. Desse modo, o conceito pós-dramático, que, para Lehmann, engloba várias possibilidades de formas dramáticas, se aplica também aos trabalhos de dança – cuja narrativa corporal pode evoluir tanto do eixo paradigmático como do sintagmático ou de suas fusões – de expressão híbrida ou multidisciplinar.

A Poética Pós-Dramática do Corpo em Movimento

Lehmann fala que a explosão dos elementos teatrais nos novos paradigmas experimentais da cena, em muito impulsionados pela teoria teatral e cultural artaudiana, leva a um encadeamento de relações na encenação, pela necessidade básica de expressão e intervenção. Nesse sentido, comenta:

eu vejo que muitos alunos oferecem aulas que são performances. Ou seja, o dançarino não dança, mas ele fala sobre a dança, reflete sobre ela. Mas ele pode dançar também, e isso faz parte desse processo. É um processo que ocorre no interior de um questionamento conjunto sobre o que é possível de ser feito[32].

Tais indagações são pertinentes a vários experimentos na dança contemporânea. Como exemplo desse processo, tem-se o espetáculo O+, da companhia de dança Quasar, cujo programa do espetáculo já anuncia a grande liberdade e comunhão de expressão a ser realizada na cena:

Esse círculo da dança é aberto, livre, sem começo e sem fim, onde pessoas e seus personagens, seres humanos e suas particularidades se mostram seduzidos pelos movimentos, pela música e impregnados por suas histórias. Não se trata da celebração de uma só dança. Num ritual muito específico, prazeroso, O+ quer festejar o

32. Ver infra p. 244.

movimento que há dentro de cada um, o espetáculo que ocorre em cada corpo[33].

Nesse ritual cênico, tem-se bailarinos profissionais contracenando com o público, a música dialogando em tempo real com todos os movimentos e falas, caracterizando devires do pensamento e, ao mesmo tempo, tem-se uma aula teórico/prática sobre o que é dança contemporânea e seus jogos lúdicos com objetos e corpos objetos.

O sentido filosófico dado por Lehmann sobre a função da linguagem na narrativa pós-dramática ressalta a questão da convenção do quotidiano como afirmação da "ilusão de uma presença"[34]. Nesse sentido de epifania da presença, existem espetáculos de dança que trabalham justamente essa variedade de significações do quadro visual em movimento. No "Dança Brasil", temporada 2003, o Grupo de Rua de Niterói, com o espetáculo *Telesquat*, utiliza as novas mídias para uma crítica metalingüística ao processo de imersão nas imagens. O espetáculo complementa a cena dançada com letreiros que informam frases aleatórias, na boca da cena, as quais vão dando significados inusitados à ação dançada. Desse modo a informação cênica é conduzida pela interação narração/gesto, palavra/movimento. Nesse espetáculo, as cenas passavam a significar uma grande quantidade de "possibilidades completamente diferentes".

No exercício da rapidez e da síntese de produção de sentido na narrativa, em *Telesquat,* provocado a partir do letreiro e da narração ao vivo da movimentação, a qual incluía a participação do público, "estabelece em cena o devir virtual de um texto coletivo muito próximo das experiências observadas em conversas de salas de bate-papo virtuais"[35]. Ou seja, confirma-se aí a colocação de

33. Programa do espetáculo *O+*, apresentado no Teatro Nacional de Brasília, em maio de 2005.
34. Ver infra p. 250.
35. Soraia Maria Silva, O Pós-Modernismo na Dança, em J. Guinsburg; Ana Mae Barbosa, (orgs.), *O Pós-Modernismo*, Perspectiva: São Paulo, 2005, p. 470.

116

Lehmann sobre a ilusão dessa presença, identidade cênica, a qual passa a ser "completamente casual"[36].

Essa *dansintermediação*[37] entre linguagens e corpos é uma trama criativa, nos exemplos citados, tecida por "estratégias de interrupção", como caracterizou Lehmann na sua análise do teatro pós-dramático. Nesses casos, a interrupção do modo tradicional de se ver um espetáculo de dança propõe novas possibilidades de ordenações paradigmáticas e sintagmáticas na dramaturgia do movimento apresentado. Mas esse estranhamento é feito com ferramentas da própria linguagem distendidas em direção a outras, em um gesto de comunhão híbrida.

Alguns coreógrafos desenvolveram essa expressão híbrida[38], dando início a linhas de trabalho que muito influenciaram várias gerações de dançarinos. Começando por Isadora Duncan, Rudolf Laban, Kurt Jooss, Pina Bausch, para falar dos que integraram a linguagem da dança à do teatro. No Brasil, Eros Volúsia, a criadora do "balé brasileiro", cultivou o multiculturalismo nas suas composições coreográficas, ao recriar ritmos e gestos de danças populares brasileiras fundidas a outras técnicas de dança, como a clássica, a expressionista e muitas vezes dansintersemiotizando poesias de sua mãe Gilka Machado.

A grande variedade de representação e de trabalhos híbridos de teatro dança, mímica, ópera, música, mídia

36. Ver infra p. 251.

37. A *dansintermediação* pode ser entendida como a relação maior estabelecida sobre a metodologia da criação na dança e sua inserção dialógica com os elementos constituintes da encenação teatral. Desse modo, o sentido de orquestração dos diversos elementos comuns a outras linguagens, como espaço, peso, tempo e fluência, faz da dança, cuja matéria expressiva é o próprio corpo em movimento, o laboratório primeiro de interação dialógica no estabelecimento da expressão cênica e dos seus rituais multidimensionais. Ou seja, o estudo e a compreensão do princípio do movimento interativo e criativo entre os corpos, o qual rege do macrocosmo ao microcosmo.

38. Marshall McLuhan nos fala da importância da fusão dos meios em uma expressão híbrida para a intensificação da mensagem poética. Cf. *Os Meios de Comunicação como Extensões do Homem*, trad. de Décio Pignatari, São Paulo: Cultrix, [s.d.], p.75.

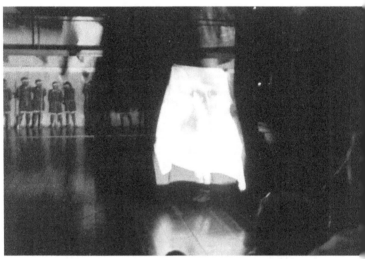

Dança da Guerra do Povo Xavante – multiculturalismo e dansintermediação cênica. Fotos de Cristiano Zenaide (em cima) e Randau Andrade (embaixo).

etc., leva a uma nova classificação dos gêneros de representação, que em uma infinita combinação por justaposição seguem recheando os novos compêndios cênicos de individualidades e diálogos multidisciplinares de corpos, expressões, linguagens, espaços cênicos e interações com o público. Nesse caminho, grandes, médias e pequenas companhias podem ser classificadas, desde teatro físico, teatro visual, música teatral contemporânea, dança e teatro físico, cruzamento cultural de música lírica e teatro; música/teatro/grupo cultural, produzidos por e para pessoas com dificuldades de aprendizagem; teatro/balé; teatro de rua; teatro de objetos; alucinação urbana, até teatro multicultural físico, entre outros. Nesse fenômeno do encontro híbrido de linguagens, tem-se uma reafirmação do que Haroldo de Campos definiu como "a nova festa intersemiótica"[39], para os espetáculos multimidiáticos que conjugam arte e tecnologia.

Tal como propôs Antonin Artaud em sua abordagem de uma anatomia completa da encenação[40], da linguagem viva, articulada e física dos elementos teatrais em uma dança da informação estética. Na era da informação, o corpo sem órgãos substitui o organismo, a experimentação substitui toda interpretação da qual ela não tem mais necessidade[41].

Na interação das novas tecnologias com o homem, observa-se, por exemplo, na internet a superação total

39. Para Haroldo de Campos, há um renascimento da poesia oral, "não no sentido do recitativo tradicional, do recital acadêmico, mas na direção dos grandes espetáculos multimídia [...] assim como, no passado, havia a 'festa barroca', tão bem estudada pelo poeta e crítico Affonso Ávila, temos, agora, uma nova festa 'intersemiótica' e é essa uma indicação para o futuro, para as novas possibilidades da conjunção 'arte' e 'tecnologia'". Cf. H. de Campos, Depoimento sobre Arte e Tecnologia: o Espaço Intersemiótico, em Diana Domingues (org.), *A Arte no Século XXI: a Humanização das Tecnologias*, São Paulo: Editora da Unesp, 1997, p. 215.

40. *O Teatro e seu Duplo*, São Paulo: Martins Fontes, 1999, p. 141.

41. Gilles Deleuze; Félix Guattari, *Mil Platôs: Capitalismo e Esquizofrenia*, Rio de Janeiro: Editora 34, 1996, v. 3, p. 25.

do corpo como extensão virtual deste. Esse processo torna o espaço mental humano de uma grande elasticidade, favorecendo o cultivo de uma cinesfera[42] interna multidimensional. Nesse sentido, o corpo sem órgãos de Artaud prenuncia o desdobramento infinito, a fragmentação dionisíaca do corpo, o desencadeamento da manipulação desenfreada da imagem corporal, despertando a consciência ampliada pela reprodução de simulacros. Assim, na era da informação e da velocidade, busca-se, pela interrupção e fusão dos meios, a libertação dos nossos sentidos.

A dança contemporânea, além de traduzir os movimentos utilitários em cena (continuidade de um processo desencadeado por Laban, discutido anteriormente), traz os próprios objetos do quotidiano para serem manipulados e esquadrinhados na ação. Esse processo pode ser comparado com a técnica surrealista da "imagem dupla"[43], fazendo com que próteses e objetos estabeleçam os limites e as fronteiras corporais no jogo da dança. Assim como para os cristãos[44], o corpo é uma metáfora de organização, de unidade e solidariedade de órgãos independentes, a narrativa pós-dramática também estabelece uma hierarquia não linear de sua totalidade cênica, no diálogo de estruturas independentes, ordenadas na subversão do eixo tradicional início, meio e fim.

42. Conceito desenvolvido por Laban para designar a orientação espacial vital ocupada pelo corpo.

43. Segundo Sarane Alexandrian: "A técnica da 'imagem dupla', manejada com virtuosidade por alguns surrealistas, teve como precursor Giuseppe Arcimboldo, retratista oficial dos imperadores germânicos, que viveu na corte dos Habsburgos de 1560 a 1587. Distinguiu-se pelas 'cabeças compostas', alegorias e retratos formados pela junção de um conjunto de objetos", O Surrealismo, Lisboa: Editorial Verbo, 1973, p. 18-19.

44. Essas imagens de organização de funções ou tarefas individuais ordenadas, como um organismo comunitário ou o "Corpo de Cristo", em relações de autoridade e submissão divinas, também podem ser encontradas na Bíblia: "há, portanto, muitos membros mas um só corpo. O olho não pode dizer à mão: 'Não preciso de você'; e a cabeça não pode dizer aos pés: 'Não preciso de você'" (1Cor 12, 20-21).

120

O processo *Cyborg*[45] está em curso, em direção a uma integração orgânica do corpo com a máquina, mas não só do ponto de vista de uma mera e mecanicista ilação orgânico/inorgânico. Máquina e bailarino compõem juntos uma imagem dupla de processo surrealista. Na dança contemporânea brasileira, como exemplo de procedimento de criação da metáfora cênica pela dupla imagem, ou imagem híbrida corporal, pode-se citar o grupo Cena 11[46], que utiliza em seus trabalhos interações com poesia, osso, vídeo, jazz, rock, MPB, microfone, prótese, máquina, videocenografia. Essa colagem de fragmentos orgânicos e inorgânicos almeja uma unidade na multiplicidade[47]. Do mesmo modo, na dança, ao reposicionar o corpo "do reino psíquico e do biológico para a ciberzona da interface e da extensão – dos limites genéticos para a extrusão eletrônica"[48], como propôs Stelarc em suas performances[49], há um apagamento da imagem denotativa do corpo humano em favor de uma composição

45. Junção de *"cybernetic organism"*, Hari Kunrzu, Genealogia do Ciborgue, em Tomaz Tadeu da Silva (org.), *Antropologia dos Ciborgues*, Belo Horizonte: Autêntica, 2000, p. 133.

46. Grupo de Florianópolis, dirigido por Alejandro Ahmed desde 1992, cuja produção emancipou o grupo a partir de trabalhos como *Respostas sobre Dor* (1994), *Carne dos Vencidos no Verbo dos Anjos* (1998), *Violência* (2000).

47. O jogo surrealista do *cadavre exquis* (cadáver delicado) é um belo exemplo da "forma aberta" no processo de criação coletiva surrealista, cujo desenvolvimento desdobrava-se por analogias e continuidades entre diferentes linguagens, impressões poéticas e pictóricas, compondo um intrincado de imagens complementares e duplas, desligando-as de seus usos normalmente descritivos ou denotativos.

48. Stelarc faz uma espécie de manifesto, no qual proclama as estratégias rumo ao pós-humano e as possibilidades de surgirem imagens autônomas e inesperadas na simbiose homem-máquina. Cf. Stelarc, 4 das Estratégias Psicológicas às Ciberestratégias: *a Protética, a Robótica, e a Existência Remota*, em D. Dominges (org.), op. cit., p. 52.

49. Para Edmond Couchot as performances de Stelarc são exemplo de uma busca equívoca do sagrado, "a resposta para a perda de certas qualidades, entre as quais o caráter de unicidade desencadeado pela automatização dos processos de figuração". Cf. *A Tecnologia na Arte*, Porto Alegre: Editora da UFRGS, 2003, p. 147.

metonimicamente conotativa (de compreensão) da cena performática.

Assim, nesse confronto do movimento e suas extensões, da palavra às próteses, alguns espetáculos promovem uma dança dos meios. Os espaços virtuais passam a ser os grandes agentes pedagógicos do movimento. Os games, os jogos de coordenação, ritmo, moção, estabelecem o desenvolvimento de esforços precisos no comando de senhas e controle remotos. Nesse novo jogo cênico, adivinhar o *momentum* do outro, antecipar, responder ou complementar a ação no devir da cena são as habilidades necessárias na dansintermediação das linguagens.

Outro exemplo de narrativa pós-dramática na dança, tem-se na manifestação corporal aborígene. Os aspectos primitivos da dança buscam um retorno à pré-consciência. Essa é uma característica geral dos estilos modernistas, simbolistas, cubistas, dadaístas e expressionistas. Desse modo, a narrativa estabelecida nos estágios pré--conscientes é marcadamente não linear.

O estudo da dança xavante[50], de certo modo, revela "a beleza da forma exata", tal qual defendida por Lehmann[51]. Conforme a singularidade dos movimentos dessas danças, para se ter uma idéia mais precisa da verdadeira natureza de suas manifestações, observa-se a consciência plena de um povo que conhece o *caminho da vida,* ou seja, a mobilidade, a beleza e a harmonia fazem parte do curso de sua natureza[52].

---

50. Realizado pelo Centro de Documentação e Pesquisa em Dança Eros Volúsia do Departamento de Artes Cênicas/IdA/UnB, durante os meses de março e abril de 2005, o projeto Dança da Guerra do Povo Xavante, promoveu um intercâmbio de estudos sobre as danças xavantes na Aldeia Nossa Senhora da Guia (Barra do Garça-MT) e a realização de um espetáculo cênico em Brasília, com a apresentação de dançarinos daquela comunidade.

51. Ver infra p. 252.

52. Em geral, as letras dos cantos que acompanham os movimentos são sempre inspirados por sonhos silenciosos, em um processo bastante surrealista de composição. Os esforços corporais e vocais apresentados refletem alegria íntima, otimismo e a comemoração da unidade coletiva.

Exemplos de narrativa pós-dramática na linguagem do movimento, utilizando objetos e ações cotidianas em exercícios cênicos das disciplinas Expressão Corporal II e Expressão Corporal IV, CEN/UnB, 2005. (a. Nerrian Possamai; b. Jonathan Vicente; c. Savina Kelly, Rayssa Aguiar, Giuliana Perfeito; d. Nerrian e Valdlice da Silva; e,f. Cristiano Leonardo. Fotos de Soraia Silva.)

Nesse resgate da dança aborígine em uma criação híbrida, deve-se observar os esforços de Marika Gidali e Décio Otero com a apresentação de *Kuarup* (1977), levando a dança aos mais diversos lugares do país, durante os anos de 1970 e 80. Uma das características mais acentuadamente pós-moderna, no sentido do engajamento político com o coletivo, do Balé Stagium, foi a sua preocupação na formação de um público de dança, com a apresentação de espetáculos em teatros convencionais, feiras, estádios, favelas, igrejas, e até aldeias de índios no Xingu.

Também essa preocupação política de divulgação, popularização espacial da dança influencia sua narrativa. Bailarinos das décadas de 1960 e 70, que precederam Merce Cunningham[53], como Twyla Tharp com seu espetáculo *Medley* encenado no Central Park, em New York, com quarenta bailarinos espalhados na relva como esculturas de jardim; Meredith Monk, com a peça *Juice*, onde os bailarinos se moviam em uma rampa em espiral no interior do Museu Guggenheim, em Nova York; Trisha Brown, com a apresentação de trabalhos, como *Roof Piece*, no qual dançarinos se espalhavam sobre telhados de New York; desenvolveram uma linguagem de jogos, de improvisação, de repetição minimalista, de acumulação de movimentos. Essa nova atitude rompe com os padrões espaciais da dança tradicional, criando um novo ordenamento narrativo, cuja retórica passa a ser a dança da linguagem comum, do desempenho das tarefas, tais como mover colchões, carregar tijolos ou obedecer às regras de um jogo. Essa nova retórica pode ser caracterizada como

---

53. A narrativa corporal desenvolvida por Cunningham tem como principal característica a diversidade rítmica, a musicalidade interior de toda a evidência nascida da separação de dança e música, a coisificação pelo espaço/tempo/movimento/objeto/acaso. Sua obra é fundada no conceito de indivíduos que se movem e se reúnem, sem representarem em cena heróis, emoções, estados de ânimo, mas sim apenas indivíduos moventes.

mais uma intervenção na forma de percepção do fato político, conforme apontado por Lehmann, mas nem sempre essa forma consegue alcançar o seu objetivo, muitas vezes ela se torna hermética e privilégio de alguns iniciados, esses "guerreiros da beleza"[54].

Em tema tão vasto, impalpável e fugidio, apresentou-se aqui uma pequena colaboração para a análise da linguagem do corpo, e também os seus aspectos pós-dramáticos, que em movimento quer ser, sempre não estando mais.

54. Ver infra p. 252.

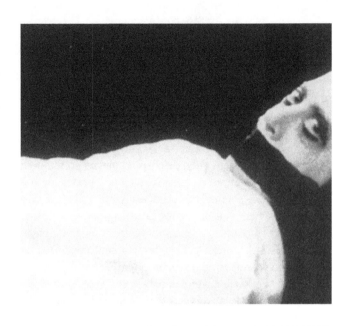

8. O CORPO EM TEMPOS E LUGARES PÓS-DRAMÁTICOS

Sônia Machado de Azevedo

A aventura do teatro pode ser estudada tanto do ponto de vista de sua própria história, que vem sendo escrita em seus vários séculos de existência, quanto do ponto de vista de seus muitos fazedores, foi e sempre será alvo inesgotável de reflexões. Ocorre o mesmo com o papel do ator e as modificações desse papel ao longo do tempo; essas mudanças envolvem novas técnicas, voltadas para cada uma das diferentes poéticas, possibilidades e escolhas das encenações e dos encenadores. Isso posto, preciso pensar de que lugares poderei partir para atender às exigências que o próprio título do trabalho ordena.

▲The Flash and the Crash Days, *de Gerald Thomas, com Fernanda Montenegro, 1991.*

127

Qual o paradoxo enfrentado pelo corpo do ator no teatro pós-dramático? Quais as fronteiras, quais os caminhos (técnicos, reais, fisiológicos, formais) com que esse corpo se depara na sua construção para a cena, nas diversas desconstruções por que passa em sua natureza de corpo, em busca de tornar-se, talvez, algo mais que um simples corpo? O que, de fato, enfrentam esses corpos em sua abrangente multiplicidade, em suas tantas singularidades, em sua situação de corpos em vida, de corpos sujeitos ao tempo e à passagem do tempo, de corpos sujeitos à gravidade e à espacialidade, e, em decorrência dessa materialidade, à dor, ao envelhecimento, às secreções, ao desagradável eventual das secreções, ao que nelas é agradável, aos constrangimentos, à intimidade inevitável e ao devassamento de tudo que é íntimo que certas encenações propõem?

E por que há de haver um paradoxo? Esse teatro pós-dramático, surgido nos fins dos anos de 1960 e início dos setenta, conduzindo-se mundo afora pelas avenidas, espaços aéreos e vielas dos anos subseqüentes tem, no corpo do ator, ator que se torna, mais que intérprete, performer, mais que performer, talvez apenas aquele que antes de ser *um para o outro,* que esses estudos carregam, tem que se haver com o que é ser um para ser *o outro em si mesmo.*

Corpo tocado pelo próprio corpo, corpo pesquisado, corpo que se reconhece, tão único, em sua assustadora carnalidade. Pois que o corpo do ator pós-dramático é, antes de tudo, um corpo carnal, visceral, em cores, tempos, lugares e temperaturas constrangedoramente reais. Corpo em suas culpas, medos, máscaras, transtornos de necessidades físicas que o acompanharão toda a vida, interrompendo um poema, impedindo um pôr do sol no mar, invadindo o palco e a platéia com sua impune e devassada existência. Existência deixada sem a proteção concreta da máscara, sem sua cômoda praticidade de vestires e tirares.

Corpo morada dos outros, reserva de histórias que foram sendo armazenadas em pontos tão resguardados, tudo o que de nós mesmos nos protegemos, nossos fantasmas, todos os nossos medos, culpas, repressões, fantasias, desejos mais ocultos, falta de carinho e aconchego, pedidos mudos de ajuda.

O corpo que protege e abriga a morte, destino de todos, fabrica sumos, suores, salivas, sons, relacionamentos de proximidade e distância, desenhos de gestos e suas trajetórias nos diversos espaços que o contém. E lança em tudo os vestígios tênues ou densos de sua própria presença. Esse corpo que aprendeu a esconder o desejo de ser único – único animal que mata, esmaga, oprime tão tenaz e sempre a própria vida em seus poros fechados, que também deseja e ama – tem, nos espaços pós-dramáticos, uma presença que se revela diferente de todas as outras presenças que o teatro, até então, apresentara. O teatro pós-dramático quer o corpo humano do ator que deseja revelar-se, mais que tudo, como realmente é. Mas que deseja também, graças aos vários efeitos que a tecnologia produz, ser múltiplas imagens projetadas nas telas dos computadores e em telas espalhadas pelos espaços, onde um só corpo humano jamais chegaria. Imagens que o transformam em um ser maior, mais forte, poderoso, multiplicado. O corpo então surge na arte do teatro como todos somos em nossas vidas privadas, por um lado, e em nossas fantasias de sermos diferentes do que somos, por outro. E nos sons que emite, sons de sua movimentação, de sua relação consigo mesmo, sons de fala, sons de gritos, sonoridade que se articula na desarticulação das sucessivas ou simultâneas cenas, um corpo que sobrevive a cada dia, mais alargado, maior do que podemos ser no quotidiano.

O teatro pós-dramático inventa o corpo novo, o corpo primitivo que supõe poder desafiar e ultrapassar limites que a realidade do mundo real aprisiona. E embora o ator possa vestir-se com um universo bastante extenso e intenso de técnicas no preparo de sua performance, na construção de suas máscaras, há uma igual necessidade do desvestir-se, um desnudamento que pode ser mais difícil ainda que aquele das máscaras das quais o teatro tanto se utilizou e continua a se utilizar.

129

E os espaços abrigam, ecoam, alongam os sons que os corpos escondem ou expandem. Não só a palavra articulada, civilizada, socializada. Não só as frases concatenadas, as histórias em seqüências factuais ou trechos dessas mesmas histórias, mas a desarticulação do que antes se concatenava, a desapropriação do que existia apropriadamente, em corredores de tantas dimensões e texturas nos quais os objetivos tornam-se objetais. O corpo em sua materialidade tornada presença objetal escolhe reconhecer-se, busca ver-se nos reflexos de tantos rostos que os enfrentam proximamente, distanciadamente, friamente, desesperadamente, integralmente, integramente. O corpo do ator ultrapassa os limites das conveniências e dos bons modos, torna-se desafiador de regras e padrões, é menino malcriado, falador com todas as letras do que antes se podia apenas sussurrar entre quatro paredes, nosso cúmplice em nossos maiores, belos, vergonhosos e secretos pensamentos. Para além do desempenho visa ser um outro, intimamente, um outro ele mesmo.

E o ator antes de procurar-se no outro, nos outros, nesses espaços de revelação, celebração e ritual que aproximam o teatro pós-dramático das próprias origens longínquas do teatro, procura-se a si mesmo em seu corpo próprio, deseja-se, acha-se enquanto tal, enquanto unicidade no extenso todo do mundo. O corpo daquele que atua nesse teatro é *soma*[1] em movimento, integridade somática, abrangência e inteireza num si mesmo que se delineia vagarosa ou abruptamente aos nossos sentidos, dos quais o olhar é apenas um deles.

O ator procura-se a si mesmo num conhecimento de tônus e de movimentação, em formas, tonalidades, volumes, velocidades, temperaturas, aparências, texturas e cores da pele. Examina-se em músculos, carne, pele, pêlo, entranhas, nas garantias de respostas rápidas, inteiras,

---

1. Soma, no sentido que explicito em *O Papel do Corpo no Corpo do Ator*, como unidade integrada em corpo e mente.

130

físicas, viscerais, orgânicas. Um exemplo: no espetáculo *A Torre*[2], os corpos aflitos dos alunos-atores procuram-se em sua nudez, em sua repulsa por seus cheiros, pêlos, excreções, em suas histórias ligadas à repressão dos desejos, em suas orações tentando o perdão para os pecados da carne ou provocando os pecados da carne, em sua fala desarticulada e desesperada sobre um passado que não lhes dá sossego e que lhes pertence inevitavelmente, a um presente que os martiriza e pune. Quem saberá até que ponto nos perguntamos se, em algum momento, também nos percebemos inquietos, confusos, desesperados como eles. E até que ponto representam uma personagem criada a partir histórias inventadas, ou até que ponto inventaram seu passado ou nem representam, existem ali à nossa frente vivendo rituais de auto-exorcismo, em que o pecado e o perdão se encontram no tato, num difícil contato que só o futuro pode assegurar. O fato é que, num final cênico surpreendente, em que todas as nossas particulares perguntas podem encontrar respostas coletivas, propostas grupais de encontros naquele patamar que a todos nos humaniza, o público é chamado a subir no palco para uma comemoração que se celebra a si mesma, sem maiores explicações, sem necessidade de nenhuma explicação.

Em *Corpo Fechado*[3], jovens atores recebem a platéia com aplausos entusiasmados e agradecimentos, com beijos e abraços sinceros, escolhendo cada um as pessoas que realmente querem acolher desses modos carinhosos e pessoais. E depois, várias vezes ao longo do espetáculo voltam a buscar contatos que não se sabe bem se são do ator, se são de uma personagem acabada de inventar, se são um pouco de cada coisa, relacionamentos diretos que colocam o espectador na posição daquele que tem de decidir o que fazer, de como poderá encarar o que lhe é proposto,

2. Autoria coletiva do Grupo de Montagem do Núcleo de Artes Cênicas do Sesi de Campinas I, direção de Inês Vianna, 2005.
3. Autoria e direção de Walner Danziger, com o Grupo de Montagem do Sesi de Santo André, 2005

se deixa de ser espectador, se continua nesse papel que sua própria condição de estar sentado, assistindo, lhe indica. De qualquer maneira, durante todo o tempo da encenação, o espectador tem de escolher a direção do seu olhar, visto que coisas acontecem em todo o recinto do teatro. Tem que se perguntar se aceita o desafio, se quer compartilhar fisicamente dos apelos propostos, se realmente deseja isso, ou se, pelo contrário, deixa-se levar por certos acontecimentos propostos e pela ação do ator, pois não consegue dizer não, se sente necessidade de sair e ir embora. E de qualquer modo, nos dois exemplos, há um grau muito grande de disponibilidade física dos integrantes dos elencos, e uma verdade na atuação que não é exatamente a mesma verdade cênica proposta por Stanislávski, embora seja também verdadeira; será, de fato, uma continuação daquela, já, que a verdade de agora trata-se de uma atualização constante de diversas e fundas sensações que são verdadeiras ao ator. Naquele exato momento, há ainda emoções trazendo sentido ao que faz, ou porque nasceram de buscas particulares durante o processo de criação desses eventos cênicos, ou porque têm um sentido que pertence ao grupo, uma fala que foi se desenvolvendo a partir de desejos de fala individuais até ser compartilhada e aceita por todos. E, em muitos casos, não há um "como se fosse verdade" a ser buscado, há verdades físicas, momentâneas, talvez irrepetíveis, mas verdades verdadeiras surgidas na cena, que talvez continuem verdadeiras depois do espetáculo terminado.

O corpo desse ser que se dedica a esse tipo tão especial de teatro, mais que os outros, deseja o *aparecimento*[4], um aparecimento garantido pela presença mais intensa,

---

4. No sentido de que o ator passa a ser "alguém", pessoa iluminada por luz própria, aparecendo também socialmente, frente aos seus pares, aos quais se dirige. Esse termo foi utilizado por mim, no sentido de uma comunicação entre cidadãos, e a partir de anotações de aulas no doutorado, realizadas com o Prof. José Carlos Moura, do Departamento de Psicologia da USP, 2003.

por uma espécie de luz advinda de energias primitivas desbloqueadas. E presença nos sentidos mais ritualísticos, de tudo aquilo que nenhuma palavra consegue traduzir, de um corpo em si mesmo. Ocupa-se, antes de tudo, em simplesmente ser e estar presente. Naquela hora e na passagem daqueles tempos da cena, e naquele espaço, único espaço verdadeiro para ele, naquele inteiro presente de que se serve.

Ser com o brilho dos olhos acentuado pela limpeza dos choros e do olhar sobre si mesmo, dos choros individuais, dos choros coletivos, pela limpeza das pulsações e batidas dos transes teatrais. Porque o outro tempo que se cria, verdadeiro como o tempo real, embora diverso, exige a intensa disponibilidade, a devida prontidão que a vida real nem sempre solicita, ou solicita minimamente. Como estar no limite de sua plenitude, mantendo-se assim pelo tempo preciso. Estar inteiro e pleno, difícil ofício, de intensidades e exigências sempre renovadas.

Esse corpo ocupa-se de ser forte, de ser ele mesmo, mas também de tornar-se melhor, mais pronto, mais exigente, mais preparado, melhor treinado, mais seguro de si: machuca-se mais, arrisca-se, entrega-se muito. Mas, num lugar ainda mais circunscrito e definido, deseja tocar o que foi, tocar no corpo que lhe chega constantemente vindo do passado (corpo em sua história) em direção a futuros prováveis (corpo em seu vir a ser), mas colocado como um objeto vivo a serviço da arte que lhe garanta a inteireza do instante presente; instante que quer tocar tudo o que há para ser tocado, detalhes de vozes, comandos, rezas, cantorias, tocar lembranças que o passar dos anos e acontecimentos só fez crescer, tocar o que de si mesmo escondeu e esconde. Como um pesquisador que enfrenta tormentas, mares gelados, avalanches, esse ator contemporâneo, pesquisador de si mesmo, toca, em sua máxima exploração, a textura antiga das próprias mãos, reconhece-se nela, faz mover impulsiva ou controladamente o ar dentro de si mesmo, aprende a se utilizar de seus ressonadores corpóreos e, no silêncio desses estares junto às verdades mais simples e físicas, ele aprende a conseguir repouso no colo de si mesmo, nesse colo antigo de estar-se cada um em sua própria casa desde sempre, aceitando-se, assumindo-se em contornos e conteúdos. E então, a partir desse lugar encontrado, consegue estender a mão e tocar o outro.

E esse ator, sobretudo, revela-se de modo tão sinceramente ele mesmo que sua visão nos pesa como um fardo ou uma tentação, tanto atemorizante quanto fascinante, de inesquecível humildade, de estranho poder. E esse revelar-se como que nos empurra rumo aos nossos segredos, às nossas histórias corporais escondidas de nós mesmos, premidas no interior dos músculos, recobertas pela contenção de gestos e desenhos.

O trajeto que percorre o ator pós-dramático é, inevitável e indubitavelmente, um trajeto do si mesmo, da busca de si vivendo o acolhedor e único momento presente, do que se é enquanto sensação, enquanto percepção do mundo e do outro inserido nesse mundo de outros corpos, e da memória armazenada, não apenas a memória de sua história pessoal, mas memórias sem palavras nem nomes, pertencentes a uma única e comum humanidade. O caminho a ser percorrido é simples e difícil: um caminho de volta para casa, corpo-casa, casa como morada, casa como corpo na terra comum a todos os corpos.

E nesse sentido, já que os atos, nesse teatro, são acontecimentos inventados porém reais (se há um beijo é um beijo real, se há um toque é um toque da maior realidade) os riscos aumentam, por parte de quem está na cena, por parte de quem acompanha a cena. Há riscos na criação, e riscos reais (embora controlados) de quem recebe a criação. Há riscos do não saber onde me posiciono enquanto espectador, para aonde me desloco, se reparo que precisarei me descolar, se a cena exige que eu me desloque, riscos nas escolhas a serem feitas para o próprio olhar, pois não há mais muitos limites entre o que é o real da cena e o real

134

da realidade. E se não há esses limites, como devo reagir? Como quem assiste a um espetáculo e está na posição daquele que olha, ou como quem está no olho do furacão e de quem se espera atitudes sociais e morais? Como responder ao olhar provocador do ator, se não sei de fato quem me olha? Como instaurar em mim mesmo, nas minhas reações humanas reais, a erotização crescente de um corpo que se entrega ao meu olhar sem nenhuma proteção? Que atitudes tomar frente a essa cumplicidade instaurada por um olhar em outro olhar, por um corpo próximo ao meu que não segue as normas da convivência social, que se atreve a me impor uma presença erótica, atrevida e propõe um contato detonador de emoções? Que se senta no meu colo, que passa suas mãos sobre meu próprio corpo?

O teatro pós-dramático é um teatro que acontece em terrenos movediços, um teatro que propõe enigmas comuns, a serem decifrados em comunidade, posto que nos tornamos cúmplices uns dos outros durante seus eventos, e dessa cumplicidade nascem traços de união, referências a uma mesma comunidade do já vivido, do compartilhado. Nesse sentido, esse tipo especial de teatro propõe uma nova relação com seu público: são relações de convivência em que as regras da sociedade podem ser substituídas por outras, estas válidas tão somente para a realidade inventada da cena. E o corpo do ator, em seu despojamento e presença, exige daquele que lhe é próximo um desconforto de máscaras que desejam ser tiradas ou o desespero de não saber tirá-las. De qualquer maneira, esse é um teatro de incremento de consciências pela ampliação da percepção, no qual o corpo de cada um de nós, seja o que atua ou aquele que responde a essa atuação, sente uma necessidade de enfrentamento de seus próprios fantasmas, das linhas de seu corpo, dos poros arrepiados de sua pele, de sua imobilidade ou movimento compulsivo.

Cada um de nós, instalados nos espaços onde esses acontecimentos inventados e materializados ocorrem, sente também o corpo do outro como paisagem que o olhar pode percorrer, *voyeur*, sem pressa nem pudor, esse corpo que é também um lugar, é um corpo existindo para outros corpos, servindo-se de si para que outros o tomem, oferecendo-se como algo a ser degustado, experimentado, ignorado, percebido em sua fragilidade de ser exposto ao olhar e à visitação do outro. Lugar de comunhão. Posto que o corpo que não conta uma história, que não está necessariamente a serviço de uma personagem, que não permanece seguro num enredo fictício, é um corpo de tal modo abandonado à própria mercê, que se torna infinitamente sozinho, infinitamente corajoso, sobrevivente da situação em que se encontra ou na qual foi colocado; corpo de invejável ousadia.

A presença de um homem frente a outro homem, sem máscaras, sem papéis a representar ou a assistir, expõe a dupla e intensa humanidade, do ator e do espectador. E essa presença imponderável, ocasiona em si e por si mesma, diálogos irreproduzíveis, ocorrências inesquecíveis, acontecimentos humanos inevitáveis. E essa exposição, sem barreiras ou defesas de um olhar e de um deixar ser olhado, provoca, como quer Lévinas[5], um irresistível desejo de servir a esse outro humano que está próximo a nós, desejo de nos curvarmos perante ele que, de algum modo, representa a si e também a nós mesmos. E o corpo exposto do ator, nenhum outro, senão ele mesmo, e contudo um ele mesmo que parece ser-lhe um duplo, um segundo eu, tem um olhar que só um ser humano consegue dirigir a outro ser humano, uma espécie de tocar que pode tocar mais fundo que qualquer toque, um tocar que é como ser tocado em lugares esquecidos que se abrem a tocantes descobertas sem, de fato, deixar que novamente se ocultem aos outros olhares indiscretos.

Há acontecimentos no teatro pós-dramático que são como revelações, sem outro texto que aqueles que nos dá

---

5. Filósofo francês, de origem russa, nascido em Kaunas (atualmente Lituânia) em 1905. Faleceu em 1995 em Paris.

nossa percepção aguçada pelas outras provocativas presenças, em seus odores e proximidades. Acontecimento entre humanos.

Lembro-me bem do espetáculo *Gracias Senior,* montado pelo Oficina em 1972, quando o grupo rompe com a forma do teatro tradicional, trazendo a proposta de um te-ato. Grávida de nove meses de meu primeiro filho, senti-me assustada com a quebra de limites entre palco e platéia, com as provocações do grupo e, principalmente com as reações de uma platéia de estudantes, que procurava espaços de fala na situação de repressão em que se vivia. Protegida por Miroel Silveira, na época meu professor, fiquei sentada perto da escada do Ruth Escobar, para que, em caso de emergência, fosse a primeira a poder sair do teatro. Era um momento a ser vivido e o teatro o lugar para isso, um momento de nossas vidas para nunca mais esquecer; pela primeira vez, senti-me como uma espectadora que não sabe bem se assiste um espetáculo, se presencia um evento histórico, se deve ou não ultrapassar a barreira que separa a assistência daqueles que atuam, pois a todos era dirigido o convite a atuar. A partir dessa experiência, repensei meu papel de público, daquele que é chamado a participar de uma cerimônia da qual desconhece o enredo e as posturas exigidas convencionalmente. Em *Gracias Senior,* havia uma proximidade intensa e física entre palco e platéia, havia uma inserção constante da realidade exterior ao teatro nos quadros da cena; e uma realidade teatral fascinante. Esse espetáculo comprometia a sua platéia em discussões e ações proibidas pela repressão, e comprometia fisicamente. Era forte, autoritário, poderoso. Ficou na minha memória de estudante de teatro, com 21 anos de idade, Renato Borghi dançando numa passarela, vestido apenas com uma sunga da bandeira do Brasil, provocando o público, composto a maioria deles de estudantes, que reagia de modos diferentes, todos cúmplices ou antagonistas do que se realizava. O evento real criado naquela noite pelo elenco do Oficina, que remetia ao real da situação política brasileira do início dos anos de 1970, numa crítica corrosiva, expunha a todos nós num mesmo palanque, fazia com que corrêssemos riscos físicos por compactuar, interagir nos posicionando nesse te-ato criado pelo grupo. Não me lembro ao certo, mas ficou-me na lembrança que na noite seguinte, *Gracias Senior* foi suspenso pela censura política e saiu de cartaz.

Anos depois, surge a continuação desse espetáculo/performance com a chegada do Uzyna Uzona e seus espetáculos/celebração, com os rituais contemporâneos dirigidos por Zé Celso, nos quais há essa continuidade arte/vida, uma relação atrevida entre atores e platéia, uma corporalidade extremada.

Lembro-me também de outro espetáculo, *O Arquiteto e o Imperador da Assíria,* que assisti no Teatro Ipanema, no Rio de Janeiro, em 1970, com Ivan de Albuquerque na direção, Rubens Corrêa e José Wilker, em inesquecível performance. O público era inserido num ritual frenético, alucinado, de grande intensidade sensorial, do qual era impossível fugir. Foi a primeira vez que vi um trabalho corporal ser tão bem realizado em teatro, indo até suas máximas conseqüências de entrega e presença física dos atores. Não havia uma história linear, havia cenas com cortes abruptos entre uma e outra, tudo parecia muito primitivo e profundamente simples: dois atores e uma intensidade de paixões. Havia uma pessoa respondendo pela preparação corporal do elenco: era Klaus Vianna.

No início dos anos de 1980, participei como atriz/performer de um espetáculo que posso listar entre os chamados por Lehmann de pós-dramático. Apresentado no Festival de Mulheres nas Artes, no teatro Ruth Escobar em 1981 e dirigido pela artista plástica Vera Café, chamava-se *A Crise da Mercadoria.* Compunha-se de quadros sem nenhuma seqüência lógica, nem qualquer coerência psicológica. Não havia praticamente texto, era um solo teatral, ou um solo de teatro-dança. Em cena uma mulher que se vestia e desvestia, ora cantando, ora

138

falando pequenas frases poéticas enquanto ia lentamente enlouquecendo. Atrás de uma leve transparência, flautas e oboés acompanhavam essas ações físicas, formalizadas numa coreografia exata, com uma trilha sonora baseada na pesquisa da música erudita contemporânea. *A Crise da Mercadoria* deixava um rastro de estranhamento e estava longe do teatro que se esperava ver num teatro. Do ponto de vista corporal, havia uma grande coerência nas ações que se desenrolavam num estado de presença atenta, e de intenções tão somente físicas.

São vários os modos de o corpo do ator se posicionar nesse teatro e igualmente de ser observado pelo espectador. Outro exemplo que me marcou pela beleza plástica teve Carlos Martins como performer e chamou-se *Magritte – o Espelho Vivo*, um espetáculo de Renato Cohen, de 1986, no Centro Cultural São Paulo.

Inspirado na obra de René Magritte e originalmente montado para o espaço do MAC – Museu de Arte Contemporânea, essa criação partia da invenção de um espaço onde eram propostas imagens das quais nos apropriávamos na nossa exata medida ou necessidade, que independiam de nós para existirem, imagens construídas em seus mínimos detalhes de cor, luz, trajetória física e outros tantos detalhes que nos transportavam a tempos e lugares não imaginados, tempos e lugares reais. Como um quadro, como estar dentro de um quadro, enquanto este está sendo pintado, como um espaço plástico recriado por seu artista todo o tempo em sua fluência de tempo a passar. Recursos de vídeo e uma luz bastante trabalhada compunham uma formalização profunda que completava o trabalho do intérprete. Sem dúvida, entre a performance, a dança e o teatro, esse espetáculo, com suas paisagens extremadas e limpas, proporcionavam ao espectador uma viagem ao universo de Magritte.

Outro exemplo, esse bem recente, é *Gárgulas*, de Sandro Borelli. Inspirado na obra do pintor Lucian Freud, pode ser considerado um espetáculo de fronteira entre a dança e o teatro, que estreou em 2004, num festival de dança da Cultura Inglesa em São Paulo. A Cia. de Sandro Borelli, anteriormente o Grupo FAR-15, situa-se nesses limites imprecisos que separam a dança do teatro, sendo que seus bailarinos são também atores. O trabalho corporal a que se dedica esse grupo é forte, tanto no sentido do treinamento do corpo, treino físico até a exaustão, quanto do ponto de vista dos temas encarados e experimentados pelo ator, todos como viagem nas profundezas do ser humano, ao inconsciente em seus meandros e mergulhos; de qualquer modo, o corpo torna-se, para ele e seu grupo, centro de investigação.

Mais uma vez, o corpo se mostra completamente despojado de seus adereços, enfeites, proteção. O corpo nu, com uma nudez solitária e como que abandonada a si mesma, mostra o desespero em relação à própria existência. O trabalho é dilacerado, real, não no sentido do realismo cênico, de uma quarta parede, ou de um olhar que observa, sem que se saiba ser observado, é real porque tudo que acontece em cena acontece de verdade, sabemos que os atores sabem da nossa assistência; presenciamos situações enigmáticas, dolorosas, sem retoques, de uma crueza íntima e perversa. A cera derretida da vela tomba sobre o dorso nu da intérprete, depois alguém de nós, já no camarim, admira as marcas do calor, muitas marcas vermelhas. Há, com Borelli, uma profunda dramaturgia corporal.

O teatro pós-dramático instaura, especialmente para o espectador, uma aguda e constante dúvida sobre as atitudes a serem tomadas por ele ao longo do espetáculo, pois, de qualquer maneira há um espetáculo, e mesmo o performer que se corta, ou se fere de alguma outra forma, oferece-se em espetáculo, espetaculariza até mesmo a própria transformação física, ou a própria morte, se pensarmos numa oferta limite. Havendo ou não uma história, havendo ou não um drama, no sentido mesmo de ação que se desenrola e é contada ou mostrada, havendo um *happening* ou uma performance, o fato é que

140

sempre haverá um ser humano, outro ser humano e entre esses dois um texto visceral dito sem ser dito, texto feito e refeito com as energias mutuamente trocadas, texto do tempo que passa, e no entanto permanece suspenso entre duas proximidades. O que muda, me parece, é a postura dos atores e dos espectadores nesse teatro que tantas faces nos mostra na atualidade. E o que vai mais e mais se firmando dentro de uma infinidade de espaços diferentes que servem à cena pós-dramática? Firma-se um contato difícil de evitar entre pessoas: entre os atores-pessoas-em-si que convidam, e as pessoas que atendem a esse convite, de regras nem sempre claras. E há um acontecimento. Que por vezes difere tanto de uma noite para outra (posto que se apóia na resposta dos convidados), que quase se poderia dizer que outro é o espetáculo. Há um evento no qual somos imersos e do qual emergimos, há travestis verdadeiros mostrando-se travestidos em cena, há casais que ganham a vida fazendo sexo explícito e que levam esse seu fazer até uma cena teatral, como aconteceu em *Apocalipse 1.11*, do Teatro da Vertigem, dirigido por Tó Araújo. E há, no outro extremo, os teatros de paisagem que apreciamos à distância, que não se transformam se adormecemos, conversamos com quem está ao lado, ou saímos para caminhar um pouco.

Em qualquer caso que se examine, há presenças físicas, notada e agudamente físicas, que se expõem ao nosso olhar, ao nosso estar no mesmo recinto físico que elas, participantes de qualquer modo ou maneira, de suas existências. E se não se conta histórias, se nada evolui em direção a términos previstos ou imprevistos, não inventamos nós mesmos nossas próprias histórias, ou tiramos nós mesmos nossas conclusões do que se apresenta aos nossos sentidos? E se reagimos (de muitas formas podemos reagir: participando, saindo, entrando fisicamente nas cenas próximas) essa reação não pressupõe qualquer espécie de origem textual? A escritura cênica, de que nos fala Lehmann, depende da existência do ator e do espectador, pois continua teatro em sua prática cênica, sendo um acontecimento entre, no mínimo, duas pessoas.

Parece-me então que a tríade essencial, tão bem colocada por J. Guinsburg em ensaio sobre a natureza do teatro[6], ainda se mantém no teatro pós-dramático, pois abrange todos os tipos de relacionamento estabelecidos entre um ser humano (um ator antes de tudo criador de seu próprio tecido cênico) e outro (espectador co-criador, inventor sempre de uma parte daquilo de que participa, reinventor, portanto, do espetáculo) se colocados em situação teatral, ou seja, se deslocados de suas vidas factuais. Fato é que nas cenas acontecidas em nossa realidade humana, diferentemente das cenas inventadas das quais tratamos, quando duas pessoas se encontram, há sempre textos surgidos dessa relação, mesmo que sejam recusas à relação. Entre duas pessoas, sempre haverá acontecimentos maiores ou menores que advêm de encontros ocasionais ou combinados, ou seja, textos trazidos pela necessidade desejosa de acontecer. Então, posto que o teatro que Lehmann estuda não depende de um texto escrito como motor propulsor, também é verdade que não consegue evitar o texto surgido no improviso das próprias e vitais relações cênicas. Há sempre o texto, mas o texto pode ser tecido, a cada momento pelo corpo do ator em sua passagem pela cena, seja como paisagem, detalhe mesmo de uma paisagem, seja como propulsor de ações e intervenções.

Esse mesmo ator que se autodesvenda também pode construir-se outro, outros a partir dos quais pode propor, fisicamente, real e cenicamente, novas relações e revelações. Mesmo na ausência de uma máscara, trazida pela ficção que lhe sirva de base, haverá uma formalidade física preparada para ser cena, para ser outra coisa que não a realidade corporal de todos os dias. Há, em todos os casos um estudo maior ou menor, uma prática

---

6. Cf. Diálogos sobre a Natureza do Teatro, *Da Cena em Cena*, p. 13-29.

mais ou menos calculada e exercida de formalizações a partir do corpo próprio.

E esse corpo-forma em si, melhor formalizado e formado enquanto tal, manifesta-se como obra de arte, objeto de contemplação estética, prolongamento de outras imagens tecnológicas, imagens geradas em máquinas, projetadas em telas suspensas, por onde esse corpo passeia imerso em quietude ou na frenética relação com outros corpos ou olhares, sem mais necessitar de conexões prováveis ou improváveis entre texto e ação. O corpo em si, enforma-se enquanto série de palavras-movimento, frases-deslocamento estabelecendo uma escritura toda sua, intransferível, como qualquer outra escritura artística. O ator desenvolve seu repertório próprio de movimentação, seu gestual específico e definido, seus traços reconhecíveis, nomeáveis, sua assinatura, como todo artista. E essa assinatura mina, tal como uma fonte, de seus conteúdos mais privados e desejosos de ocultamento, e, ao mesmo tempo de revelação. Porque o desnudamento numa cena de teatro pós-dramático é diferente das revelações que se poderá fazer na vida, mesmo que nos momentos de maior intimidade. E o que difere então uma mesma ação feita na intimidade, à meia luz ou sob a intensa luz dos refletores? Ainda a intenção marca, como ferro em brasa, essa ação que guarda o mesmo esforço físico, o uso dos mesmos espaços contíguos ao corpo, o mesmo tempo de realização. Mas que se realiza agora única e exclusivamente para ser vista, para ser apresentada; mesmo que o que esteja sendo apresentado seja algo que se trouxe da vida real, ele adquire, pela intencionalidade, *status* de coisa criada, coisa inventada para ser arte, para servir à arte.

A realidade teatral que se constrói através dessas partituras individuais toma para si o corpo real do ator como um corpo que, inscrito nessa palpável realidade inventada, acaba, igualmente, por inventar-se à si mesmo, em sua carnalidade colocada como que a serviço de um outro, do duplo de si mesmo que só vive no tempo real dessa

143

outra realidade da qual a cena se serve. E essa obra construída, composta de várias obras individuais, está aberta à participação do público, ao olhar que recria, ao olhar que fabrica novos sentidos. Também a materialidade do ator, provocadora de respostas, sofre com isso, e mais uma vez se nota a situação paradoxal na qual se encontra: a de necessitar de uma consciência aguda das próprias formas criadas, e do favorecimento de impulsos da maior subjetividade, impulsos que trazem à tona, pelo treino amiudado, pelo exercitar ininterrupto, quadros com enigmas a decifrar. E se esse teatro se torna mais e mais material em sua execução, as ações físicas, enquanto tempo presente rearticulado e reavivado, crescem em importância e propriedade. O ator, quer seja um objeto a mais entre outros objetos, como vimos acontecer em Tadeusz Kantor, aproxima-se mais e mais das técnicas orientais de filosofia e preparo, pois o que será a meditação zen, o "sentar na calma" e a unificação de um ser humano com todas as coisas do mundo real, animadas e inanimadas? Sem qualquer hierarquia ou particularização. Lidando com seus enigmas, o corpo pode aprender a trabalhar no vazio pleno que o teatro oriental preconiza: não há uma história a ser contada e mesmo que uma história houvesse, sua importância seria secundária, cada momento presentificado é o que existe para ser vivido e compartilhado.

Para Lehmann, esse novo teatro exige do espectador uma "atenção flutuante" que vai descobrir no detalhe, que a qualquer outro passa desapercebido, verdades incontestáveis. E a cena passa então a precisar do detalhamento de uma simplicidade que, na vida de todo o dia, passa por nós sem poder dizer o que está para ser dito, porque passa rapidamente demais e sequer pode ser notada. Como é impossível a tudo assimilar, nesses mundos cênicos, pois há acontecimentos simultâneos dos quais o olhar não pode dar conta, há uma escolha que muitas vezes se decide por um detalhe e nele viaja, sem necessariamente lógica alguma. A quantidade, intensidade, simultaneidade de signos coloca o espectador numa situação raramente vivida em outras instâncias vividas: o mundo percebido é múltiplo e escapa a qualquer possibilidade de apreensão totalizadora.

Acima de tudo, a presença do ator resta como presença que fascina e hipnotiza o olhar, como se a exposição daquilo que é humano, humano como a mim mesma me sinto, possa, por si só, estabelecer vínculos, tornar nossa esta humanidade que carregamos, ora como um presente, ora como um fardo do qual não podemos nos livrar. É como se a própria corporalidade se bastasse a si mesma, como se tudo que está para ser dito morasse, e ao mesmo tempo transcendesse, de modo inapelável, o invólucro humano de que nos servimos nesse mundo de todos nós. E, no entanto, e apesar mesmo disso, tudo estivesse ali, fisicamente, não para ser simplesmente dito, mas para ser contemplado, mais que contemplado, vivido. Sendo assim, tudo tem importância, e nada além dessas presenças é fundamental, nada além das transgressões ocasionadas nessa presentificação de corpos, que dizem sem nada dizer de si mesmos, a não ser o que é visto nessa atenção flutuante, que capta detalhes de outro modo incaptáveis. Se não importam mais só as dimensões psicológicas, resta um ator abandonado a si mesmo, um ator sem texto sequer subtexto a ser dito, sem passado nem futuro, que entretanto diz. E a atualização desse ser próximo a nós é uma reflexão sem palavras, que não necessita mais das palavras para perguntar o que fazer de sua/nossa particular existência.

O ator oferece-se sem proteção, confronta-se com sua platéia desarmado, quase sem limites, aproximando-se da vida como ela é, de fato, mas ao mesmo tempo tornando-a outra. E sua memória corporal, ativada pelos empreendimentos físicos diários, atrai e atinge a memória do espectador como que por osmose, em reações em cadeia, com suas próprias lembranças da dor e outras sensações vividas; há um deixar-se ficar, um ousar estar no lugar do outro, uma revivescência. E esse corpo apreciado é sempre o corpo de alguém, alguém que não é ninguém ou qualquer um, mas sim alguém que faz diferença, alguém que com sua presença, com sua simples existência, modifica o universo existente ao seu redor, como quer Hannah Arendt para o nascimento de todo e qualquer ser humano. E a percepção desse alguém, percepção de formas vivas que carregam uma energia toda particular, dá-se a perceber como unicidade, como momento único, como perda, como algo que está passando. Algo que, segundo Lévinas, vem de muito longe e já está se movimentando rumo ao seu próprio futuro, como um rosto que é preciso perceber instante a instante, antes que se perca no passar do tempo que não se cansa de passar, nas sombras que cobrem seus olhos ou fazem tremer seu sorriso, num brilho maior ou menor das faces, num jeito de inclinar a cabeça.

Talvez a concretude a que Lehmann alude seja essa: não há, entre os seres vivos, nada mais concreto que um corpo vivo em sua presença real. E a cena pós-dramática torna-se também de uma concretude, por vezes, cruel, uma concretude de confronto. Sendo assim, coisas muito simples podem ser vistas como pela primeira vez, com sua intensidade, sua luminosidade ampliada pelo meu olhar que olha agora de um lugar de onde nunca tenha se atrevido a olhar. Talvez o teatro se reafirme então, mais e mais, como o lugar "de onde se vê" o mundo material criado em outras materialidades, um mundo tornado cênico em cada um dos seus detalhes, mas no qual ainda coisas humanas sejam tratadas diretamente, enquanto que o corpo mostra o cansaço, o suor, o risco que existe, apenas e tão somente em ser um corpo.

Quando não se sabe, ao certo, se é o ator que sofre as tormentas que lhe são infringidas, e o sofre realmente, ou se é alguém do público que foi escolhido para ser humilhado ao participar de uma cena, então o espectador duvida de seu papel e sua força dentro da cena; as situações criadas em nada parecem diferir-se das reais. Quando

146

diferentes linguagens teatrais se autopenetram, resta a proximidade quente do corpo do ator, seu espaço próprio invadindo o nosso espaço em movimentos provocativos e eróticos. E se o corpo do espectador for, ele também, trazido para dentro do espaço cênico, tornando-se objeto a ser olhado, e o olhar olha as cenas criadas, e essas outras novas situações entre o que está para ser olhado, e que nós também, como outros que somos, podemos olhar, em situação tão nova em que somos olhantes e olhados. Essas fronteiras entre situações reais e situações teatrais vão mais e mais se esgarçando, ao mesmo tempo em que espaços de grande formalidade e em espaços dominados por acontecimentos imprevisíveis como os dos *happenings*. De todo modo, aumenta o valor da recepção de um espetáculo, pois é a ela que cabe a consumação do ato teatral.

O teatro passa a ser a vivência de uma realidade contínua e artisticamente transformada, e se na performance o corpo é um objeto esteticamente utilizado (muitas vezes realmente transformado, tatuado, cortado, modificado fisicamente); no teatro, há a possibilidade de uma repetição, mesmo que inexata, e o corpo do ator arrisca-se, mas tem o risco controlado pela justeza das cenas, como ocorre em espetáculos mais interativos. E a presença humana firma-se, em tempo real, como figura iluminada por essa presença que só a cena garante, luz irreal mesmo sendo concreta, presença ambígua como um espelho que, às vezes reflete com exatidão, outras vezes, deforma, em quadros que se formam e se transformam, diluindo a concretude dos corpos através de efeitos tecnológicos.

Mas o corpo é também imagem para o outro, e é nessa relação de um corpo enquanto imagem projetada que a forma buscada pelo ator pós-dramático se estrutura, imagem que, como certas encenações deixam ver, são como desenhos quase desprovidos de peso ou textura, são desenhos cênicos, quase etéreos, quase irreais, quando vistos na distância que certos quadros imagísticos

147

propõe. O teatro-paisagem, como Lehmann nomeia, pede o ator/traço, o ator/forma desenhada por um encenador, uma forma que se move e antecede as conjunturas cênicas. O teatro-vivência, avesso que é do primeiro caso, pede o ator/peso, o ator/energia projetada numa forma que existe a partir das pulsações de seu corpo, das batidas de seu coração, forma que é energia enformada, conseqüência, não premissa. Entre esses dois extremos poéticos, encontra-se toda uma gama de especificidades atorais, especificidades que são técnicas e estéticas, ao mesmo tempo, e que ocasionam, por sua vez, a variada gama de encenações pós-dramáticas que o teatro contemporâneo apresenta.

De qualquer modo (para o ator ou para o espectador), a percepção se estrutura pela proximidade dos organismos humanos, por sua presença, por uma escultura de gestos, pela concentração dos atores que se torna ritual religioso, pela seqüência das horas que vivemos e que viveremos dentro dos teatros, pois o tempo teatral é um tempo que se sobrepõe ao primeiro, que se acumula a este; tempo que materializa acontecimentos que o real cênico, que a realidade das cenas inventadas produz. Lehmann fala de um "tempo compartilhado", tempo estruturado esteticamente que traz a perda da noção do tempo real, no qual o corpo humano habitualmente se move e, para ele, esse tempo é diferente do tempo de sonho produzido pelo teatro dramático, é um tempo de se viver experiências verdadeiras, embora inventadas por alguém, por um grupo de alguéns.

A estética pós-dramática, ao fugir da ilusão, potencializa a presença do ator enquanto condutor dos acontecimentos e/ou produtor de imagens, esse ator que exige um olhar que não tem como esconder-se do que é mostrado, olhar que, constrangido, chocado ou fascinado, não pode fingir que não vê: a atenção exigida é a de humanos oferecendo-se a outros humanos como enigmas pulsando, enigmas que talvez possamos decifrar no escuro poço de nós mesmos. Corpos coisificados, corpos sujeitos, como nós, ao sofrimento, ao cansaço não dissimulado, ao suor impossível de se disfarçar.

O corpo do ator pós-dramático é uma incômoda presença a nos lembrar, todo o tempo, quem somos, como somos. E é, ao mesmo tempo, obra de arte em si. Corpo tornado, inteiramente, inexoravelmente, arte. Arte precária porque passageira, assinada, totalmente individualizada e única. Que, constituída por humanos em sua presença carnal, como é, permanece apenas na memória de outros humanos, como enriquecimento, alteração da percepção que se tem de si e das coisas do mundo.

Bibliografia

ARENDT, Hannah. *Entre o Passado e o Futuro*. São Paulo: Perspectiva, 1988.

_____. *Homens em Tempos Sombrios*. São Paulo: Companhia das Letras, 1987.

_____. *A Condição Humana*. Rio de Janeiro: Forense Universitária, 1993.

AZEVEDO, Sônia Machado de. *O Papel do Corpo no Corpo do Ator*. São Paulo: Perspectiva, 2002.

DERRIDA, Jacques. *Adeus a Emmanuel Lévinas*. São Paulo: Perspectiva, 2004.

GUINSBURG, J. Diálogos sobre a Natureza do Teatro, *Da Cena em Cena: Ensaios de Teatro*. São Paulo: Perspectiva, 1991.

LEHMAN, Hans-Thies. *Le Thèàtre posdramatique*. Tradução de Philippe-Henri Ledru. Paris: L'Arche Éditeur, 2002.

LÉVINAS, Emmanuel. *Da Existência ao Existente*. Campinas: Papirus, 1998.

9. A LINGUAGEM DA LUZ: A PARTIR DO CONCEITO DE PÓS-DRAMÁTICO DESENVOLVIDO POR HANS-THIES LEHMANN

Cibele Forjaz

> *O tempo possui para nós uma função fortemente ideológica. Com a descontinuidade do tempo, podemos nos sentir em casa. Com a descontinuidade, ou com uma nova construção desse tempo, que não a da continuidade, podemos perceber ou suspeitar que existem outras possibilidades de tempo ou de construção dessa realidade.*
>
> HANS-THIES LEHMANN[1]

▲Eletra com Creta, *de Gerald Thomas. Detalhe. Foto de Lenise Pinheiro*
1. Teatro Pós-Dramático e Teatro Público, infra p. 237.

Situada na articulação do espaço e do tempo, a luz é um dos principais enunciadores da encenação, pois comenta toda a representação e até mesmo a constitui, marcando o seu percurso.

PATRICE PAVIS[2]

1º Ato
Fiat Lux

Fiat Lux e fez-se o mundo. Blackout e esse mesmo mundo desaparece na escuridão.

A invenção da lâmpada de Thomas Edison (1879), e a conseqüente utilização da luz elétrica na iluminação cênica (1880), deu ao homem de teatro o poder de controlar a luz. A partir deste momento o teatro conquista para além da luz, a escuridão. E com ela a possibilidade de fazer aparecer e desaparecer a cena, ou parte dela, num piscar de olhos. Graças a essa pequena mágica do homem moderno, o encenador e sua equipe passam a desenvolver uma partitura do que é visível ou não em cena, e como é visível. A iluminação cênica torna-se uma linguagem, que cria significados e dá estrutura às mudanças de espaço e de tempo.

Essa liberdade de transformação da cena, foi fundamental para o desenvolvimento das vanguardas do começo do século XX que, em oposição ao realismo e ao naturalismo, fragmentaram a narrativa linear e destruíram de vez as unidades de espaço e de tempo. A ação se passa em locais diversos, o tempo vai e volta, muitas vezes aos saltos. A linguagem da luz é responsável, na encenação moderna, por conduzir o percurso da narrativa, juntando pedaços, encadeando cenas, criando signos que tornam inteligíveis aos olhos dos espectadores essas viagens no espaço e no tempo. Ao fim do espetáculo, porém, uma narrativa ainda se completa em sua totalidade na cabeça do espectador.

2. *Dicionário de Teatro*, São Paulo: Perspectiva, 1999, p. 202.

No teatro pós-dramático, o que é colocado em jogo é a própria idéia de narrativa, assim como a unidade da ação dramática. Não existe mais o sentido de totalidade da obra cênica, em que o tempo dramático caminha para a resolução do conflito através de uma sucessão causal de acontecimentos. A polifonia entra em cena, e com ela a abundância e a simultaneidade de signos, em que a sensação vale mais do que o sentido, no qual imagens se espalham como constelações de significantes, deixando espaços vazios para que o espectador adentre na obra. Os elementos de espaço e tempo são re-significados:

> Quer dizer, o teatro se constituiu a partir dessa série de elementos que são: pessoas, espaço e tempo. Quero falar um pouco sobre cada um desses elementos. O que aconteceu com a modernidade foi que essa forma tradicional de teatro, ou todos esses elementos que estavam relacionados, explodiu. Essa série de elementos que formavam o teatro ganhou uma autonomia[3].

Com essa explosão dos elementos, principalmente da articulação entre espaço e tempo, a função da luz no teatro pós-dramático se transforma. Não se trata mais de uma função reveladora, com o superobjetivo de organizar as imagens em uma ordem lógica, segundo a regência e necessidade do texto para "contar uma história", mas ao contrário, trata-se de coordenar significados que se relacionam por impulsos principalmente visuais. A luz conduz o olhar por uma série de signos sobrepostos, que acabam por formar um *sistema significativo* que se completa atrás da retina do público. O quebra-cabeça não se explica, ele pode ser montado de diversas formas, as relações estão ali, latentes, são potências atualizadas por cada espectador à sua maneira. Diversas leituras são possíveis para o mesmo espetáculo, o que exige do espectador o papel de sujeito, co-autor da obra de arte.

3. H.-T. Lehmann, op. cit., infra p. 236.

A linguagem da luz, no teatro pós-dramático, interrompe a ação, quebra a lógica linear, fragmenta a narrativa. Mais do que isso, na medida em que a luz rege o que é visível, e como é visível, ela pode iluminar várias ações ao mesmo tempo, porém de forma diferente, separando e multiplicando os planos de realidade. A luz coloca em cena vários tempos em um mesmo espaço, ou vários espaços visíveis ao mesmo tempo. Muitas vezes, em não-lugares ou não-tempos, outras vezes, aqui e agora, convidando a platéia a uma quebra na própria idéia de espaço e tempo.

Por exemplo: "um pin bin (pequeno foco móvel) ilumina de perto um solilóquio, e estamos dentro da cabeça de Hamlet; de repente as luzes de serviço do teatro acendem, todos os presentes se olham e temos um ator diante de uma platéia; nesse momento, todos no teatro podem ser ou não-ser Hamlet".

Cada encenador projeta um mundo, onde realidade e ficção se relacionam de formas diversas, num jogo particular de espelhamento com a platéia. Dessa forma, a luz acaba funcionando como um importante instrumento, dentro da encenação, para a recusa da representação como mimese, ponto fundamental do conceito de pós-dramático.

Se a realidade da ficção se quebra, a nossa realidade também pode ter o mesmo fim.

2º Ato
Exemplos de Pós-Dramático no Teatro Brasileiro
e a Linguagem da Luz:

Gerald Thomas em Eletra com Creta

Quando Gerald Thomas volta ao Brasil, depois de anos trabalhando em Nova York como encenador/iluminador, alimentado pelo poder de fogo de Beckett, o espanto foi geral. Lembro claramente da primeira vez que vi um de

Eletra com Creta. *Nesta foto vemos dois planos simultâneos. A porta, presente no terceiro plano, se abre, enfim, e através dela uma luz intensa invade o palco, como se uma bomba atômica explodisse fora de cena.* Foto: Lenise Pinheiro

seus espetáculos: abril de 1987. Fomos em caravana, vários amigos (alunos e ex-alunos da ECA/USP), de São Paulo ao Museu de Arte Moderna do Rio de Janeiro ver: *Eletra com Creta*.

O próprio nome já traz em si essa mistura de tempos e significações. Passado, presente e futuro se encontram em algum lugar à beira do fim dos tempos, diante de uma porta aberta... o mistério, é fundamental.

A luz de Gerald Thomas é esteta por natureza, revelando suas faces de desenhista, pintor e performer. A polifonia é dada pelo cruzamento entre o cenário de Daniela Thomas e a luz do próprio encenador/autor/iluminador. Tratava-se de três corredores de tela transparente que criavam uma simultaneidade de planos, ao mesmo tempo visíveis e separados entre si, por aquela leve película. A luz lateral, em corredores, fazia aparecer e desaparecer personagens e imagens, textos ditos como torrentes de palavras, ou em citações curtas, e as mesmas imagens/cena eram repetidas ora aqui, ora ali, formando um quebra-cabeças. Os corredores sobrepostos davam a impressão de uma profundidade espantosa, quilômetros, em poucos metros. Quanto mais distante a imagem, menos real, mais difusa, quase impressionista. A fumaça, desenhando os raios de luz, tornava a iluminação concreta, palpável, presente. Nunca tinha visto uma luz assim. Luz diretora. Luz texto. Os planos estavam lá, naquelas paralelas, a conexão entre eles, diacrônica. Como numa sinfonia minimalista, o roteiro de luz revelava três partituras espelhadas, onde seqüências de ações se repetiam, se multiplicavam. O desenho da luz no espaço e o roteiro da luz no tempo, junto com os fragmentos de texto e as imagens físicas das personagens, formavam um poema concretista em três pistas simultâneas. A fusão dessas imagens e, principalmente, a relação entre elas se dava dentro de cada espectador. A sensação mais forte do que o sentido.

Como pudemos perceber pelos elementos aqui descritos, o teatro de Gerald Thomas parece ser o exemplo mais patente, dentre os encenadores brasileiros, de teatro pós-dramático. Com certeza, sua influência sobre a iluminação cênica no Brasil foi decisiva, tanto no que se refere a procedimentos técnicos e artísticos quanto em relação à idéia da luz como linguagem, ao mesmo tempo pictórica e dramatúrgica.

Guilherme Bonfanti e o Teatro da Vertigem

Guilherme Bonfanti é sem dúvida um dos grandes iluminadores deste país. Mas é em sua parceria com Antonio Araújo no Teatro da Vertigem que podemos perceber sua faceta mais autoral. A especificidade da ocupação espacial a que se propõe aqui o encenador e seu grupo determina o grau de desafio deste projeto, e a genialidade de suas soluções.

O trabalho começa com a apropriação que o diretor de arte e o iluminador fazem dos espaços escolhidos para serem "palco" dos espetáculos, no qual o conceito da encenação se projeta na concretude do espaço e seus significados intrínsecos, transformando o lugar onde o espetáculo acontece em um *locus* significativo.

O Paraíso Perdido, *Teatro da Vertigem*.

Farei um rápido vôo por três trabalhos deste grupo, tendo como enfoque a relação entre a luz e o espaço, e o significado da luz na dramaturgia cênica da *Trilogia Bíblica*, criada pelo Teatro da Vertigem: *O Paraíso Perdido, O Livro de Jó* e *Apocalipse 1,11*.

O Paraíso Perdido, baseada no livro homônimo de Milton, trata diretamente da questão do homem contemporâneo diante da fé. Para levantar essa verdadeira catedral cênica, Antonio Araújo escolheu como *locus* significativo uma igreja. Já neste primeiro trabalho, percebemos que a luz ganha uma grande importância na ocupação espacial, que revela e transforma o *locus* durante o espetáculo. A luz conduz o público através do espaço e, ao mesmo tempo, através da narrativa. Uma narrativa cheia de camadas sobrepostas, aberta e dialógica, mas, sim, uma narrativa. Não é à toa que em *O Paraíso Perdido* o condutor do público, personagem principal e "narrador" é o Anjo Caído, que tem duas asas e duas lâmpadas fluo-

rescentes presas aos braços. A iluminação da igreja revela o espaço e conduz o público, mas é antes de tudo uma *luz divina*. Vinda das alturas da nave, parece sempre revelar a grandiosidade do espaço e sua beleza, diante da pequenez humana. Como nos filmes bíblicos, à hora do milagre, a luz parece significar a própria presença de Deus. A dúvida humana está lá, mas é a força da fé que nos enche os olhos e o coração.

O Livro de Jó é baseada no Velho Testamento, e trata de um Deus terrível que faz uma aposta com o Diabo: colocar à prova a fé de Jó, seu mais fiel seguidor. No centro dos castigos infringidos a Jó está a peste. O lugar escolhido para a encenação, um hospital. Novamente, Deus e o homem entram em conflito. Novamente, a fé em questão. A luz aqui ganha ainda mais importância, porque cria junto com a cenografia, vários *loci* diferentes dentro do hospital. A seqüência destes *loci*, o percurso da encenação, os passos de Jó. Construída principalmente com

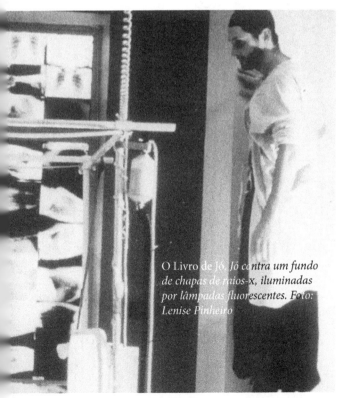

O Livro de Jó. *Jó contra um fundo de chapas de raios-x, iluminadas por lâmpadas fluorescentes.* Foto: Lenise Pinheiro

Apocalipse 1,11. *Sagrado e Profano em contraste de cores e signos.*
Foto: *Lenise Pinheiro.*

objetos luminosos hospitalares, ou inventados a partir de instrumentos hospitalares e lâmpadas de diversos tipos, cada local é inteiramente reconstruído pela luz. A movimentação do público pelo hospital e a *via-crúcis* de Jó são guiadas, passo, passo, pela luz. No fim, sem sabermos se em redenção ou maldição extrema, Jó se encaminha para a Luz e é engolido por Ela. Deus come seus próprios filhos, como Cronos.

Em *Apocalipse 1,11*, a relação entre a obra bíblica *Apocalipse de João* e a miséria humana contemporânea, nos seus mais terríveis aspectos, é de uma força impressionante. Aqui o espaço escolhido é o presídio. O espaço ideal seria o complexo do Carandiru, pavilhão 9, onde em uma invasão apocalíptica a polícia matou 111 presos em 1992.

Novamente, o iluminador revela a crueza do espaço e sua realidade, mas desta vez, multiplica as referências e o trabalho de pesquisa de campo junto ao submundo da cidade de São Paulo: delegacias, puteiros, cortiços, ruas, pontos de tráfico, banheiros públicos, manicômios. Todos esses ambientes e suas luzes móveis, rápidas, coloridas e violentas são inspiradores para a iluminação e estão presentes no espetáculo, inclusive no uso de fontes de luz que remetem a esse universo noturno: néons, lâmpadas fluorescentes coloridas, refletores de boate, fogo, pólvora, lanternas, escuridão. O contraste entre a luz e a escuridão, inclusive sobre a platéia nômade, completa o terror presente no *Apocalipse*. A complementar contradição entre vida e morte se expressa neste contraste. Depois do céu e do purgatório, penetramos nos subterrâneos do cárcere, e atravessamos o inferno da miséria humana.

A *Trilogia Bíblica* tem fortes elementos dramáticos, já que a narrativa subjacente ao espetáculo tem grande importância. Particularmente em *O Livro de Jó*, a história narrada e o percurso desta narrativa é fundamental na construção do espetáculo. Mas sem dúvida, o Teatro da Vertigem tem em seu trabalho vários elementos pós-dramáticos: a relação com o espaço e sua significação hiper-realista; a justaposição entre ficção e não-ficção; a relação com o público, que vai se tornando, espetáculo a espetáculo, cada vez mais direta, dinâmica e dialógica; a multiplicidade e o impacto das imagens na escritura cênica; a estrutura fragmentada e multifacetada e a heterogeneidade de estilos, existentes principalmente em *Apocalipse 1,11;* e, finalmente, a força do processo de criação presente nos espetáculos. A *Trilogia Bíblica* forma uma obra cênica tão coerente que, em mais de dez anos, constrói uma reflexão profunda e continuada sobre a fé no mundo contemporâneo. Seu percurso vai do sagrado ao profano, do questionamento do divino à divindade do humano. No fim, as grades da prisão se abrem e saímos por um túnel rumo à rua, vivos enfim. Iluminados de arte.

Teatro Oficina Uzyna Uzona - A Luz em Cacilda!

Diretora e iluminadora, resolvi rever os rumos do meu trabalho a primeira vez que vi um espetáculo do Teatro Oficina Uzyna Uzona – *As Boas,* versão de *As Criadas,* de Jean Genet. Resultado disso foi uma parceria de 12 anos com o encenador José Celso Martinez Correa (1991 – 2002).

Por se tratar de uma saga de trabalho de doze anos, resolvi focar aqui alguns aspectos da luz de um dos espetáculos que iluminei no Teatro Oficina: *Cacilda!* Por quê *Cacilda!*? Porque esta encenação é, dentro da obra de Zé nos anos 90, a que tem uma estrutura explicitamente pósdramática. A peça *Cacilda!* é uma grande mistura de referências entrelaçadas. Para ela convergem a biografia da atriz Cacilda Becker, as personagens e cenas das peças que ela representou, a vida de Zé Celso e suas próprias referências teatrais. Através desta justaposição de representações o autor/encenador reconta, à sua maneira, a história do teatro brasileiro.

Essa superposição de significados, tempos, personagens e tramas é de tal monta que o excesso de significação faz do espetáculo um grande poema épico cênico, misturando

Cacilda! *A chegada de Godot. Esta cena relaciona personagens de Cacilda com as memórias de Zé Celso.* Foto Lenise Pinheiro

assim, os gêneros lírico, épico e dramático. São tantas histórias sobrepostas que a narrativa explode em um jogo teatral em que as quebras e as transformações viram a regra de um meta-teatro delirante. Imagens oníricas e mitológicas contracenam com personalidades do teatro brasileiro e as memórias de Zé Celso, estas, por sua vez, multiplicam-se em personagens de peças do repertório de Cacilda. Assim, chegamos a cenas onde contracenam por exemplo: Cacilda-Estragon (*Esperando Godot,* de Beckett); Cacilda-em-coma (Cacilda Becker em coma após aneurisma cerebral); Cacilda-Dama das Camélias de *A Morta* (mistura de *A Dama das Camélias,* de Dumas Filho e *A Morta,* de Oswald de Andrade); Cacilda-Brízida Vaz (*Auto da Barca do Inferno,* de Gil Vicente); Cacilda-Lúcia (*Vestido de Noiva,* de Nelson Rodrigues); e Cacildinha (Cacilda menina). Ou, como podemos ver na foto da cena *Chegada de Godot:* Cacilda-Arkadina (*As Três Irmãs,* de Tchékhov); Nina-Jovem Atriz-Silvinha (mistura de *As Três Irmãs* com atriz do Teatro Oficina morta nos anos de 70); Jack, o estripador e Lulu-Luís Antônio Martinez Correa (mistura de *Lulu, A Caixa de Pandora,* de Wedekind e o irmão de Zé Celso, assassinado quando se preparava para dirigir este texto de Wedekind); Madame Morineau e Dulcina de Moraes (atrizes).

O teatro Oficina é muito grande e o elenco de *Cacilda!,* composto por mais de 25 atores, representa por todos os lugares: na pista de quarenta metros de comprimento, nas galerias atrás do público, nos palcos laterais, nas escadas, no jardim, na fonte, na cabine técnica, nos camarins. A luz conduz os olhos do espectador através dos espaços de representação, funcionando como editora das imagens que compõe a trama. Desta forma, cabe à luz separar os diferentes planos simultâneos de ação, que são iluminados por refletores ou lâmpadas de características diversas ou por intensidades diferentes, determinando o que é fundo e o que é forma, o que é ação principal e o que é comentário, coro, ou delírio. Para isso, a iluminação precisa criar signos que identifiquem as diferentes personagens: as Cacildas, por exemplo, são sempre iluminadas pelos *pin bins* móveis, que as destacam permanentemente do fundo e as espelham em seus duplos.

Como *Cacilda!* é antes de tudo uma saga teatral composta de múltiplas peças dentro de uma peça, a iluminação precisa criar diferentes linguagens que remetam a encenação aos diferentes movimentos estéticos que a compõe. Dessa forma, a luz de cada cena/peça tem suas características próprias: mais teatral ou ilusionista, com elementos realistas, simbolistas, expressionistas; lírica ou épica, de acordo com a linguagem da peça matriz.

Na seqüência, descreverei, num jorro da memória, algumas cenas de Cacilda e suas luzes:

Quando começa o primeiro ato, vemos a última cena de *Esperando Godot*. A luz é teatral, construída em ângulos perfeitos (45°), com fresnéis visíveis em um pequeno teatrinho com rodas estacionado no meio da pista; a representação termina, a luz de serviço do grande teatro acende, interrupção, café e respiro; de repente, Cacilda tem um aneurisma, o teatro todo se tinge de vermelho, não de refletores, mas de panelões de rua com lâmpadas de sódio, pintados por gelatina vermelha, totalmente monocromática, um único risco de luz incandescente suspende Cacilda no tempo, começa uma "viagem fantástica" rumo à morte; Cacildinha-criança brinca de amarelinha em um contra-luz quente que remete ao início dos tempos; os faróis da Barca do Céu e do Inferno banham de azul o vermelho, como sirenes de ambulância, dividindo o Teatro Oficina em dois; Cacilda-Dama das Camélias surge envolvida por um foco de canhão que a persegue; Cacilda-Godot é levada para a UTI, em coma, morre não morre; instauram-se os três planos de *Vestido de Noiva*; um plástico transparente de cinqüenta metros atravessa o teatro em uma grande diagonal, os panelões vermelhos se apagam e o sangue derrama pela artéria de plástico inundando a pista.

A apresentação da família de Cacilda, como personagens de cinema dos anos de 1920, é iluminada por um

165

Cacilda! *Este contraste acompanha os momentos de delírio do 1º ato: Azul profundo composto por panelões de vapor de mercúrio com gelatina azul x Vermelho vindos dos faróis da Barca do Inferno. Foto: Lenise Pinheiro.*

projetor 16mm; as apresentações de dança de Cacilda-Menina, vestida de borboleta, têm fundo azul profundo e corretivo rosa no foco móvel; o mar ganha a pista e faz todo o teatro dançar na maré de contra-luzes prata; o Barraco de Santos é composto por uma lâmpada pendurada que desce do teto e uma chuva de luzes feita por buracos em uma chapa de alumínio, como se fosse a lua passando pelos buracos do zinco; quando o barraco pega fogo, a cena é iluminada

Cacilda! *Arco íris na pista do Teatro Oficina*. Foto Lenise Pinheiro.

por uma fogueira que queima uma caixa de sapatos; Flávio de Carvalho entra em cena acompanhado por um arco-íris que atravessa a pista, criado pela decomposição da luz em um prisma; Boris Kaufmann, amigo de Cacilda e cineasta, "ilumina" uma cena com a projeção de um filme antigo que mostra Cacilda Becker muito jovem, dançando na beira do mar; o baile de máscaras é iluminado por luzes móveis coloridas que transformam a pista em salão de baile de clube

Cacilda! *Coro de Anarquistas Coroados faz Invocação.* Foto: Lenise Pinheiro

do interior; no fim do primeiro ato, Miroel Silveira convida Cacilda para fazer teatro, que aceita. *A Barca do Inferno* parte rumo ao Rio de Janeiro.

O segundo ato é mais explicitamente pós-dramático; mistura, ainda mais, diversos tempos e espaços, ficções e realidades, pós-moderno com tropicalismo, delírios de consciência com cenas de teatro realista, viagem de ácido com simbolismo, pico com pop, anos de 1960 com século XXI, Zé Celso com Cacilda Becker.

O ato começa com Cacilda Becker nos anos de 1960 fumando haxixe em Nova York, numa cena em que um coro, chamado Brechtiano, bate punheta com máscaras desenhadas por Flávio de Carvalho. Numa mesa branca, Ziembinski, Cacilda e Walmor fundam o TCB (Teatro Cacilda Becker), enquanto atores jovens dos anos de 1980, junto com Chet Baker e Billie Holiday, tomam pico de heroína nas ruínas do apê da Paulista, onde morou Cacilda; o teatro é invadido por uma luz psicodélica, iridescente, que ilumina, com contrastes à la Matisse, uma série de

Cacilda! *Cena da Missa. Meta-teatro: Zé Celso dirige o personagem "Gerald Thomas" que dirige "Cacilda/René Gumiel"*. Fotos: Lenise Pinheiro

imagens do inconsciente; a Jovem Atriz-Nina, iluminada por uma luz simbolista, etérea e onírica, recita o monólogo de A Gaivota de Tchékhov; o Coro dos Anarquistas Coroados faz uma invocação para Cacilda na UTI sob focos de *cyberlights*, refletores computadorizados de última geração com lâmpadas de descarga, frias e intensas;

Cacilda em Coma é representada por Renée Gumiel, que por sua vez é dirigida em cena por "Gerald Thomas", a cena tem tela de filó, voz gravada, fumaça e um desenho de luz inspirado no próprio Gerald Thomas; Ziembinski entra em cena e dirige um show de luzes; Cacilda-Maria Stuart, acompanhada de um Cortejo Pós-Thomas de Paquitas de Pina Baush, faz sua despedida e é decapitada. Cacilda-Arkhadina-Deméter desce o alçapão do Teatro Oficina, lá encontra Cacilda-Jovem Atriz-Perséfone indo para o Rio de Janeiro. Um epílogo – Zé Celso parodia Brecht: iluminada por panelões de estádio de futebol e inspirada numa cena de circo da peça didática de Baden-Baden sobre o Acordo, a cena final anuncia *Cacilda!*

Em certo momento da peça, Cacilda ecoa como Grande Mãe: "Todos os teatros são meus teatros". A iluminação de *Cacilda!*, inspirada por essa frase, procura multiplicar luzes e linguagens. A condução dos diferentes planos de ação simultânea, o jogo de espelhos entre *personas*/personagens, o teatro dentro do teatro e a relação direta com a platéia, são os principais fios que conduzem o conceito do jogo das luzes pelo espetáculo. A função primordial é a da edição.

No Teatro Oficina, templo de Dionísio, a luz é apolínea por natureza.

3º Ato
À Luz da Linguagem

A linguagem da luz no teatro contemporâneo (dramático ou pós-dramático) tem a função primordial de editar a ação cênica, articulando imagens no espaço e no tempo.

Criando uma partitura do visível que contracena com o texto e as demais linguagens que compõem a encenação.

Através do movimento da luz, podemos transformar o espaço e o tempo da ação relacionar elementos presentes na cena ou isolá-los, separando-os no espaço ou no tempo; quebrar, interromper ou impulsionar a ação dramática; reforçar ou revelar a ilusão; mudar o código de leitura da "realidade" para a da "ficção" e vice-e-versa; revelar a presença do espectador no mesmo local dos atores, o que evidencia o ato teatral, ou ao contrário enviá-lo para outra dimensão através de atmosferas oníricas; tudo isso, no tempo de acender ou apagar uma lâmpada.

Todas essas possibilidades de transformação radical da cena, em instantes, têm um importante ponto em comum: interrompem o fluxo "natural" da vida, criam uma fissura no tempo e, portanto, levam à destruição da realidade, ou da *ilusão de realidade*. Ou seja, à destruição da idéia de arte como mimese.

Nesse ponto a função editora da iluminação cênica torna-se ferramenta preciosa ao teatro pós-dramático. O conceito de edição transforma-se por dentro, servindo não mais ao encadeamento de cenas no tempo e no espaço, mas justamente na ruptura deste encadeamento narrativo e na multiplicação de planos superpostos. A dramaturgia das imagens pode substituir a dramaturgia das palavras, ou mudar radicalmente o seu contexto.

À luz da linguagem, a obra de arte assume a construção de muitas realidades, que se relacionam por justaposição. O movimento da luz é parte de um discurso polifônico. A relação entre os diversos discursos vale mais do que qualquer discurso. A significação se dá pelos contrastes de múltiplos significantes. O visível, tornado múltiplo, sugere para além das palavras, para além do entendimento, busca um contato sensorial com o indizível.

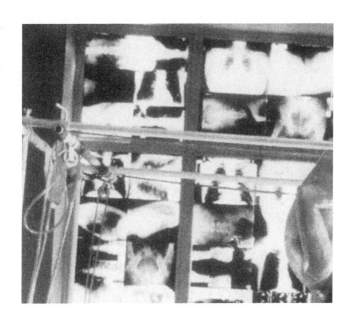

10. O PÓS-DRAMÁTICO E A LINGUAGEM SONORA

Livio Tragtenberg

A linguagem sonora atravessa diferentes linguagens. Atravessa porque é de sua substância uma certa imaterialidade. É do seu domínio o ar e o pensamento. Pelo ar, seu meio físico, ela se propaga; e pela mente, sua existência simbólica, ela se traduz.

Falar da linguagem sonora aplicada a outras linguagens é falar, necessariamente, em recepção. Não é possível excluir o receptor do processo de reflexão sobre a existência e os efeitos que o discurso sonoro provoca.

▲O Livro de Jó. *Detalhe. Foto de Lenise Pinheiro.*

E na medida em que incluímos o receptor como vetor, onde o processo de comunicação e mesmo de concepção, se completa; estamos agregando áreas de experiência e conhecimento que incluem a antropologia e a sociologia.

São inseparáveis as experiências de criação e recepção do discurso sonoro para quem o elabora. Em paralelo, as elaborações estruturais que definem a sintaxe das escolhas de materiais, procedimentos e estilísticas, está – como substrato referencial – a experiência sensorial do objeto. Ou seja, a experiência de receptor. Assim, criador é também receptor e dessa experiência não tem como abrir mão, é resultante dela.

Uma relação longa e rica tem unido o som à cena.

São duas pistas paralelas, que trocam posições, ora uma ocupa o destaque narrativo, ora outra. Ao longo do tempo, suas relações foram normatizadas a partir de regras estilísticas que retratavam concepções de fundo narrativo, dramático e, por vezes, filosófico.

A ópera desde a prática florentina, de Monteverdi, é um gênero que espelha bem essas metamorfoses e adaptações. Desenvolvendo-se na tensão entre som, palavra e gesto, ocupou na música ocidental, a partir do século XVIII, o espaço da própria formulação da música ocidental como espelho dessa sociedade pós-iluminista, até a sua implosão na segunda metade do século XX.

Esse espaço era o da formulação do todo, da idéia de unidade, entre som, palavra e símbolo.

Ávido pela necessidade de auto-representação, o europeu burguês encontrava na ópera, de uma forma geral, (visto que os estilos variavam do bufo citadino, como

Rossini e Puccini, ao épico simbólico como no caso de Wagner e certo Verdi), os elementos que compunham a vida burguesa: tensões sociais pelo filtro das questões pessoais; aceitação das hierarquias sociais, políticas e morais; tentativas de cosmogonias ancestrais, que sabidamente não tinham poder sobre a realidade, mas que os habilitava a um mundo mental, que funcionava com um lastro coletivo.

Duas tradições atravessaram o mundo ocidental desde a Idade Média. A tradição popular e a elaboração dos artistas. Esses dois ramos intercambiaram informações constantemente, um influenciando o outro. É errôneo dizer, que foi e é uma via de mão única. A tradição popular está se contaminando constantemente pelo trabalho elaborado no curto-circuito da comunicação. Mas mesmo antes da sociedade de comunicação de massas, fez da paródia sua barricada de resistência, inclusive material, no universo citadino, em que toda a ação tende a ter seu valor convertido em moeda, e onde o objeto encarna a sua materialização.

Portanto, quando nos deparamos com sinais de ruptura, acoplagem, citação de procedimentos e elementos de diferentes estilos, estamos convivendo com a exuberância dessas duas tradições que se requalificam entre si. Esse processo de requalificação simbólica é essencial para entendermos todo o processo de releitura da música desde as rupturas ocorridas no início do século xx, com a consideração dos sons percussivos como elementos autônomos, do ruído como informação musical, do abandono da causalidade com régua sistêmica.

A experiência dodecafônica, nesse sentido, foi paradoxal. Ao mesmo tempo em que apontava para a liberação da dissonância, abrindo espaço para novas possibilidades no âmbito das freqüências; depositava a sua razão de ser numa regra básica (a não repetição de nenhum som antes que todos os demais tenham aparecido) primitiva, que dava conta de barrar o automatismo do tonalismo, mas não fornecia ferramentas ou proposições estilísticas para os parâmetros de forma, ritmo, instrumentação. Ou seja, dava conta parcialmente da ruptura. Boa parte da produção de Arnold Schoenberg e Alban Berg – e em menor medida também de Anton Webern – vive essa tensão entre o mundo das formas tonais e o novo mundo da técnica dodecafônica.

Partindo da idéia de que não existe pureza na metamorfose de gêneros e estilos, de que não existe ruptura integral que zera as referências e técnicas, interessa-nos, basicamente, que mecanismos criam torção nos elementos de partida e por quais procedimentos de compressão, esmagamento, alargamento e depuração simbólica eles são submetidos em sua trajetória de aplicação criativa.

Como num pêndulo, a linguagem sonora alternou aproximações com a significação simbólica e a abstração. Stravínski, advogava em sua *Poética Musical* que "música significa música". Esse movimento, no entanto, não tem nada de linear, muito ao contrário, a riqueza de cada época se observa justamente na convivência dessas duas polaridades, em diálogo.

Curiosamente, quase a totalidade da produção stravinskiana pode se colocar no âmbito de uma música referencial. Desde a *Sagração da Primavera,* com sua possante simbolização das forças da natureza, até *Édipo Rei,* um exercício de recriação dos estilemas da música grega clássica.

O seu pêndulo mudou de lado, quando se aproximou da música de Webern e produziu verdadeiros prodígios estilísticos ao combinar um abstracionismo harmônico e contrapontístico com uma irrefreável força de construção rítmica nada abstrata.

Essas obras do último Stravínski como *Concerto para piano e Cordas, In memoriam Dylan Thomas,* são um ótimo exemplo de torção na linguagem sonora, colocada em retrospectiva histórica, como texto.

Retomando como referência estilística a ópera, também muito freqüente na exposição de Lehmann, a negociação entre som e sentido se dá de forma que as duas narrativas principais – a verbal do libreto e a sonora – possam ocupar o mesmo espaço temporal, usando as sobreposições de significação no sentido da construção de uma única unidade narrativa.

Pré-Premissa Pós-Dramática

Hans-Thies Lehmann, em "Teatro Pós-Dramático e Teatro Político", afirma que "o teatro dramático é um teatro de representação"[1]. Essa colocação pode-se aplicar perfeitamente com relação à música dramática e à utilização do som nas formas dramáticas. Ou seja, o primeiro passo da liberação das capacidades criativas da linguagem

---

1. Ver infra p. 247.

177

sonora em relação ao texto e à gestualidade dramática é o abandono da função imitativa e simbólica.

Cem por cento da música feita para ópera, dança e teatro dramático, buscava uma tradição em termos musicais de algum conceito, idéia não-musical.

Premissa Pós-Dramática

Como Lehmann destaca em seu texto, "essa série de elementos que formavam o teatro ganhou uma autonomia"[2]. As formas compositivas ganham autonomia e espaço para expressão de sua própria materialidade. Mas isso não basta. É preciso aplicar um deslocamento na prática desses elementos: "interrupção, pausa ou cesura" como diz Lehmann citando Hoederlin. Ele vê nessa colocação um sentido político, uma vez que desperta a consciência do ato, do objeto e de sua relação em tempo e com o tempo.

Linguagem Sonora Pós-Dramática

A matéria-prima do som é ar e tempo. Espaço e tempo. À medida que a linguagem sonora na experiência pós-dramática está liberada de funções subalternas de apoio de alguma idéia, sensação verbal, ela pode tornar-se realmente uma experiência temporal. A música dramática tradicional é usualmente revisitada para localização geográfica, localização temporal, estabelecimento de um mood, uma sensação geral ou

2. Idem, p. 236.

específica de determinada situação ou personagem, representativa, quando não apenas ilustrativa.

Não deixa de ser frustrante quando nos deparamos com criações musicais e sonoras realmente notáveis, mas utilizadas de forma pobre, ilustrativa, limitadora.

Peter Brook dizia que a chave para a combinação dos elementos em cena é preservar um sentido de incompletude em cada elemento: texto, ação cênica, figurino, cenários etc. Deixar o espectador montar o quebra-cabeça, a sua síntese.

Então, estamos tratando de duas idéias-chave na clave pós-dramática que é: o deslocamento e a incompletude.

Esses dois conceitos remetem a uma proposição que fiz no livro *Música de Cena*[3], ao relacionar os elementos formativos e deformativos na manipulação da tradição musical. Assim como o texto teatral pós-dramático é uma crítica à idéia de drama, essa manipulação da tradição musical também encarna uma visão negativa; em que já não é mais possível uma relação meramente ilustrativa, decorativa.

Mesmo a boa música operística do século XIX, como Wagner, Debussy, Mussórgski se estrutura a partir de idéias representativas. Integram-se a uma tradição que talhou em paralelo as formas de expressão do europeu ocidental.

---

3. São Paulo: Perspectiva, 1999.

Música com Palavras: *Pós-Stein*

Lehmann utiliza o teatro de Gertrude Stein como exemplo em seu texto, para nos situar em relação ao drama e à experiência prática (política) do teatro pós-dramático. É importante que seja colocada essa dimensão política no desmonte das estruturas narrativas aristotélicas, porque ainda hoje, existe um grande preconceito ideológico contra as narrativas não-lineares, tachadas de ocas, vazias, *arte pela arte*. Precursora do minimalismo e do teatro do absurdo, Stein foi uma inovadora na ópera e no teatro musical moderno. Teve como colaborador constante o compositor norte-americano Virgil Thomson, também importante crítico da cena americana por mais de cinqüenta anos. Thomson foi quem chamou a atenção para as experiências sonoras de John Cage com percussão, no seu *début* nova-iorquino, abrindo as portas do meio musical.

A partir de libretos de Stein, escreveu as óperas *Four Saints in Three Acts* (Quatro Santos em Três Atos) em 1927, *The Mother of us All* (A Mãe de Nós Todos) e entre muitas canções a peça vocal *Capital, Capitals*.

Nessas óperas, onde a ação praticamente inexiste, em *Four Saints* (remontada por Robert Wilson nos anos de 1970) a história é cantada com distanciamento com a presença do *compére* e commére.

As cenas musicais se sucedem como quadros ou melhor, paisagens – para usar uma expressão de Stein – desfilando estilos e ritmos conhecidos como a valsa, o tango e a barcarola, como se estivéssemos percorrendo um mostruário de perfumes. O texto totalmente composto por monossílabos confere à vocalização uma agilidade absurda. Thomson compõe para que a combinação entre elemento formador – ritmo e melodias confortáveis e catalogadas – colidam com um texto que anda na direção inversa do reconhecimento, provocando estranhamento, interrogação: interrupção. O drama barroco de Santa Teresa D'Ávila se transforma num carrossel onírico em que a profusão e confusão de santos e entidades contribuem para um obscurecimento do sentido, envolvendo perdas de referências lógica, temporal e espacial. Enfim, uma experiência a ser composta pelo ouvinte/espectador. Um "teatro de entidades" como escreveu Lehmann.

Gertrude Stein nos lança na precariedade da fruição. Ao invés, da expectação do desenrolar de uma trama, seu teatro – e teatro musical – se apodera do tempo por *frames*, como numa varredura de um radar. Recortada em fatias, a temporalidade se converte numa experiência do presente, do agora. Não se trata mais da construção do tempo, que na linguagem musical, utiliza-se de ferramentas como os *leitmotive* (elementos unificadores da narrativa melódica de grande fôlego wagneriana) e as recapitulações. Mas uma paradoxal construção da imobilidade. Nessa perspectiva, é que Lehmann afirma que os autores "transformaram o teatro (moderno) numa coisa extremamente lenta". Da mesma forma, a linguagem sonora liberada da necessidade de expressar uma qualidade de tempo, entra em contato com a própria experiência de tempo como tema.

Teatro Musical Hoje

Nessa direção, o teatro musical moderno tem como uma de suas ferramentas básicas a relação não expressiva com o tempo, através de um planejamento preliminar temporal, composto por tabelas com subdivisões, e um detalhamento temporal que não implica em uma lógica impositiva para os outros formantes na criação sonora.

John Cage, em *Muoyce* e outras tantas criações, utiliza-se basicamente do tempo como formante fixo, onde cada linha do texto tem uma duração específica. Os mapas de tempo foram uma prática disseminada em boa parte do teatro musical da segunda metade do século xx. Eles eram uma forma de se criar um grau zero na informação, um *parti pris* neutro, não carregado de história: o tempo.

O grupo Fluxus desenvolveu desde os anos de 1960, ações sonoras que buscavam pesquisar formas de inclusão da experiência sonora e musical na sociedade de massas. Explorando os matizes da função negativa da arte, o Fluxus foi importante no sentido de desmontar hierarquias que mesmo os chamados grupos de vanguarda preservavam de um passado aristocrático da chamada música de concerto na Europa.

Suas performances questionavam os pilares do mundo musical institucional: autoria, direito de reprodução, confecção de objetos artísticos mercantilizáveis, espaços controlados de realização etc.

Então, a gente observa na atualidade que a vanguarda histórica ligada ao meio musical institucional – que envolve as orquestras, teatros de ópera etc. – tende a uma atuação social bastante restrita e previsível: as temporadas, das mais conservadoras, como dos teatros de óperas às mais "avançadas" como dos festivais de música contemporânea.

Nota-se que o teatro musical, proveniente da tradição iniciada por Gertude-Thomson, passando por reformadores da ópera – mais conservadores – como Henze, Ligeti e Stockhausen, baseia-se em elementos dramáticos ainda estruturados a partir do drama aristotélico. Continuam contando histórias com a mesma fé na representação como fator de unidade e totalidade. Em suma, esse movimento em direção à criação de uma totalidade é sua face conservadora, também em seu aspecto político.

As experiências mais interessantes têm sido feitas na colisão entre as linguagens e seus suportes. Onde o teatro não está mais no teatro, e a música na cena musical. Onde trocam sinais, ferramentas, deslocados de seus espaços pré-concebidos.

A distinção entre som musical e ruído, por exemplo, pertence ao universo da representação que cataloga, traduzindo em referências verbais, quase literárias, os elementos sonoros. Na música de cena representativa, esse é o arsenal de base. Mas, dentro de um ambiente não-representativo, os elementos sonoros não ganham autonomia, pois ocupam espaços não previstos (o deslocamento). É assim quando vemos uma cantora que lê um texto, um instrumentista que dorme, e um ator que arranha um violino. As utilizações de sonoridades do corpo em tempo real buscam também ampliar o espaço de escuta do que se vê. Assim, a linguagem sonora no teatro pós-dramático não precisa fazer "clima", criando uma determinada atmosfera. Muitas das vezes, ela cria um "anticlima".

Nesse contexto, as canções desempenham um papel novo, como no espetáculo *Quando nós Mortos Despertarmos* de Ibsen, encenado por Robert Wilson, cujos atos eram divididos por um tradicional número de cortina com sapateado e canto. A simples colocação desse elemento dentro daquele contexto e espaço, buscando um deslocado caráter de "entretenimento", enquanto ocorriam as mudanças no palco, requalificava em boa medida tudo o que se tinha visto e ouvido anteriormente.

Da mesma forma em que o texto busca um novo corpo, uma nova voz em uma nova forma de comunicação; o som busca ocupar de novas maneiras o espaço cênico. A questão da escala é também resultado de uma torção, de um deslocamento.

Neste mesmo espetáculo de Wilson algumas diferentes fontes de emissão sonora estavam espalhadas pela platéia, criando um pingue-pongue do som no espaço. A alteração de escala do som se dava sim de forma dramática, radicalizando o potencial expressivo de alguns sons. Por exemplo, o tilintar de uma colher de café na xícara era amplificado de forma a soar como um estrondo metálico. A alteração na escala original do volume do som, detona novos significados e cria uma desorientação entre olho e ouvido. Mais um movimento de deslocamento sensorial.

Pós-Premissa Pós-

De uma forma interessante, pelo que é possível deduzir de seu texto, Lehmann atribui uma nova dimensão ética tanto ao criador como ao espectador do teatro ou do espetáculo pós-dramático, que podem viver e participar da criação de uma forma integral, menos passiva e conduzida. Esse processo envolve risco, perigo, precariedade; em suma, exposição de uma condição real. Real no sentido de presente, e não realista. Não mediada pela instituição arte e seus mecanismos de legitimação.

A linguagem sonora nesse universo, agrega a sua alta capacidade de abstração e de construção de "equações matemáticas mentais de beleza". É, na cena pós-dramática de hoje, um elemento que deixou a mera função ilustrativa, para ser um elemento autônomo no jogo do "artesão eclético" que, como criador multidisciplinar, precisa dominar seus materiais e procedimentos.

11. O CRÍTICO PÓS-DRAMÁTICO: UM ALFANDEGÁRIO SEM FRONTEIRAS

Sérgio Salvia Coelho

O teatro mudou. Ainda há espaço para a crítica? A crítica que se baseia na análise prévia de um texto dramático completo, narrativa com começo, meio e fim, para verificar se este está sendo bem servido pelo encenador, parece hoje – no advento do teatro pós-dramático, segundo o conceito de Hans-Thies Lehmann – tão anacrônica quanto o velho ponto, ou como um alfandegário sem fronteiras.

A proliferação de fórmulas, desde a tradição de ruptura dos fins do século XIX, fez com que o encenador, que já usurpara o poder do autor, passasse a exercer também a função do crítico. Tornou-se um diretor, quase um Duce,

▲*Cena de espetáculo do David Glass Ensemble.*

ditando as próprias leis e atraindo os risos sobre o antigo déspota, que brada perplexo: "não é assim que se monta Shakespeare!" Ou, ainda mais patético: "Afinal, qual é o texto deste espetáculo?"

Antes que se condene aqui o crítico a ser um comentarista de futebol em um jogo de *rugby*, seria prudente reivindicar para ele outras funções além de ser um legislador arrogante ou, saída indigna, um divulgador submisso. Como um suicida, segundos antes do pulo, o crítico aqui vai tentar evocar em flashes rápidos momentos relevantes da sua função, na secreta esperança de encontrar uma boa razão para a sua sobrevivência.

A Atenas do v século, antes de Cristo, como sempre, serve de infância feliz, de paraíso perdido. Aristófanes, que revê pelo riso o que Aristóteles vai rever pela razão, faz uma análise completa de fórmulas e funções do teatro com *As Rãs*. Quando desmascara Ésquilo e Eurípides como dois charlatões, que, disputando entre si, molham seus versos como vendedores de papelão, está reivindicando para si o bom senso da platéia, que não se deixa impressionar pelo excesso de auto-estima dos que estão em cena. Ridiculariza os velhos truques, como as solenes pausas do ator Ésquilo, ou os próprios clichês da comédia: "Devemos dizer aquela piada de novo?", pergunta Xantias a Dionisos no começo da peça. "Não, se não quiser que o público vomite".

Como bom satírico, Aristófanes começa por satirizar a si mesmo. Na ânsia de fazer o teatro voltar a ter a importância que já perdia, expõe o corpo vivo do teatro, e no distanciamento dessa vivissecção assume a importância de uma testemunha sempre atual. Entendemos melhor o teatro clássico enquanto fenômeno social, isto é, enquanto espetáculo, lendo Aristófanes do que lendo a análise a frio que Aristóteles faz, no século seguinte.

A estrada então se bifurca. A *Poética* de Aristóteles, que talvez não se pretendesse mais do que uma análise de textos consagrados, tentando entender as razões da consagração, torna-se uma fórmula infalível, uma receita de bolo, nas mãos dos abades da Academia Francesa de Richelieu, no classicismo francês. Fortemente amparados pelo pragmatismo das ruas romanas de Plauto, Lope de Vega, mambembando na Espanha e Molière, na França, têm cacife para lembrar que a grande regra, no fundo, é agradar a platéia.

Mas já é tarde demais. Promulgadas as regras clássicas, o gosto do público é algo a ser educado, em nome do progresso da nação. A crítica moderna, portanto, pode ter nascido do erro tático de Corneille ao publicar sua obra prima, *El Cid*, antes da estréia do espetáculo. Um sucesso de público sem precedentes, mas uma furiosa polêmica em torno do que passava a ser a essência do teatro: o texto, a alma imortal do autor que transcendia o efêmero corpo do espetáculo barroco. Corneille não é aceito na academia, e apesar da estima de Molière, é eclipsado pela perfeição do texto de Racine.

O dono da obra, o "autor", passa então a ser o dramaturgo, aquele que cria na solidão para só depois ser concretizado nos palcos. E, mesmo quando o romantismo volta a misturar as cartas e a valorizar o espetáculo, continuam sendo os prefácios, rubricas gigantes, as armas prévias utilizadas contra o crítico fiscal do classicismo. Antes de *Cromwell,* Victor Hugo volta-se para Shakespeare, mas lhe falta um ator para que a peça seja encenada. Antes de *Senhorita Júlia,* Strindberg anuncia o naturalismo: "O vinho novo fez estourar as velhas garrafas", mas para dar conta desse vinho, foi preciso inventar a nova função de encenador. O texto, por si só, já não bastava.

Mas o encenador não surge como função autônoma. André Antoine cria a vanguarda, no começo, para adaptar para os palcos as novelas de Zola; Stanislávski começa a pensar em um novo método para o ator para dar conta dos desafios do ambíguo teatro de Tchékhov, e lança o ritual do "ensaio de mesa", quase uma catequese orientada pelo encenador-sacerdote, sob as diretrizes da Santa Inquisição crítica.

Foi preciso uma revolução russa e uma guerra mundial para dar autonomia definitiva ao encenador. Meierhold,

Piscator e Brecht criam a função de dramaturgos-encenadores, os "dramaturgistas", até que Artaud dê o golpe de misericórdia no deus-texto, acabando com o julgamento da crítica através da recusa da obra prima.

Désoeuvrés, desorientados, "desobrados", coube aos críticos o endosso da ousadia, sob pena de serem ridicularizados. Samuel Beckett seria uma fraude dadaísta? Na época da estréia de *Esperando Godot*, não havia garantia crítica, já que não havia jurisprudência, e a vantagem de ter olhos livres de regras deu aos prisioneiros de San Quentin o privilégio de entender antes dos eruditos quem era Godot.

Livre do texto prévio e da estreita caixa do teatro italiano, o teatro se expõe em esboço, com as costuras à mostra, no *happening*, na performance, na troca antropológica, na síntese de culturas e formas: Grotóvski, Brook, Barba, teatro-dança, teatro-circo, teatro paisagem de formas abstratas e abertas à interpretação do público.

Isto quer dizer que cada um na platéia se tornou um crítico? A responsabilidade do sentido compartilhada com o público tirou do artista a necessidade de ser avaliado oficialmente por uma inteligência superior, que deve se desdobrar para entender a obra melhor que o próprio criador?

Não tão rápido. A vítima, sem dúvida, foi o pedestal, a arrogância do crítico que ainda se ilude em querer apontar o certo e o errado. Mas o olhar externo, que tanto justificou a permanência da função do diretor em relação à imersão dos atores, ainda é necessário. Ao crítico, é devida a humildade de procurar pesquisar em que se baseia cada criador, quais os parâmetros perseguidos, para poder se propor a ser um interlocutor. Só assim se habilita ao diálogo: "pelo que eu vi, você fez isso, como já foi feito parecido antes de você, mas o resultado foi mesmo o que você buscava?"

Esse ideal de "crítica cúmplice", para retomar o título do livro de Ana Bernstein[1], tem o seu representante máximo

---

1. *A Crítica Cúmplice: Décio de Almeida Prado e a Formação do Teatro Brasileiro Moderno*, Rio de Janeiro: Instituto Moreira Salles, 2005.

em Décio de Almeida Prado, que nos anos 1950 e 60 compartilhou a responsabilidade de criar o moderno teatro brasileiro com o Teatro Brasileiro de Comédia e o que daí derivou. Tinha a vantagem de ter parâmetros claros a serem seguidos: o teatro francês, sobretudo o preconizado por Louis Jouvet; o moderno teatro americano (e foram suas aulas na Escola de Arte Dramática sobre o tema que deram embasamento para José Renato Pécora idealizar o teatro de Arena); o teatro italiano, trazido pelos jovens encenadores do TBC. Anos de inovações vertiginosas no teatro brasileiro, no campo da encenação, mas que ainda pressupunham um texto pré-existente e uma separação, mesmo que cada vez menor, entre palco e platéia.

Quando José Celso Martinez Corrêa propõe a interação, sob influência do Living Theatre, com *Gracias Senhor*, em 1968, rompe-se a cumplicidade. Décio recusa-se a assistir o espetáculo, conforme declara a Ana Bernstein:

> [José Celso] escreveu coisas violentas contra a crítica em geral. O ponto de vista dele é que nós representávamos o racionalismo, a razão, a lógica, e ele queria outra coisa. Aí eu pensei: "bom, se ele acha que estou atrapalhando, aí não vou ver mesmo" [...]. Porque concebo muito bem um teatro que não seja racional, mas não posso me livrar inteiramente de um certo racionalismo que tenho. Só posso escrever da maneira como sou[2].

Antes de reservar um sorriso indulgente ao crítico, que estaria ultrapassado pelas novas linguagens, é preciso ponderar o que significa um endosso pleno a essa proposta propriamente pós-dramática, que é a ruptura do distanciamento contemplativo, no qual a razão filtra a emoção para melhor atribuir-lhe um sentido. Primeiro, porque Décio assume humildemente o seu modo de ser: "só posso escrever da maneira como sou". Cobrar do crítico que endosse o entusiasmo do criador é cair em arrogância equivalente a de querer que o criador acate sem discutir

2. Idem, ibidem.

a opinião teórica do crítico, e é preciso lembrar então que a multiplicidade de pontos de vista é um valor maior da "obra aberta" do teatro contemporâneo.

Depois, porque tirar do crítico a função de olhar externo, ou mais propriamente estrangeiro, é negar a médio prazo qualquer pensamento crítico sobre a obra que se faz, a não ser que o próprio artista usurpe a função e faça a sua crítica nos jornais. O fato de que nas últimas décadas a cobertura nos jornais das peças de teatro tenha se divido em duas funções, – a do jornalista que faz a matéria prévia, em princípio tendo como função endossar e divulgar os pontos de vista dos artistas envolvidos; e do crítico que vem após a estréia testemunhar e avaliar o que viu – poderia ter trazido maior compreensão para a necessidade de uma avaliação distanciada. Infelizmente, na prática, a classe teatral, que nem sempre faz a diferença entre as funções, simpatiza bem mais com o "bom tira" jornalista, guardando o escárnio para o "mau tira" que mantém suas reservas.

É indispensável cobrar objetividade e imparcialidade do jornalista, pois, trabalhando na divulgação da obra, informando o público sobre as intenções dos artistas, não pode deixar transparecer sua opinião pessoal. Pelo contrário, opinião pessoal é a matéria prima do crítico, que deve vendê-la através de um esforço argumentativo com o qual o leitor, mesmo antes de ver a peça, pode concordar ou não. A crítica, transmitindo assim uma opinião pessoal, passa a ser por sua vez uma obra de arte, passível de ser criticada, mas não de ser desautorizada por falta de endosso. O crítico não é um jornalista, mas faz parte da classe teatral como qualquer outro técnico criador.

O que confunde às vezes leitores e críticos é que há, sem dúvida, uma parte de crítica que deve ser objetiva: a descrição do espetáculo, a ficha técnica, os objetivos declarados a partir dos quais a opinião é estruturada. Nenhum crítico tem o direito, por exemplo, de dizer: "fulano não é ator", já que essa é uma opinião pessoal passada como informação absoluta, e que, em última análise, é falsa, já que fulano está diante de uma platéia representando. Porém, quando o crítico diz "o ator fulano falha neste aspecto", não está insultando pessoalmente fulano, já que sua opinião técnica pode ser sempre avaliada pelo leitor.

A pluralidade de técnicas e objetivos, não raro desenvolvida pelos próprios participantes do espetáculo, nesses tempos pós-dramáticos, nos quais nenhuma regra é absoluta e nenhuma fronteira é clara, obriga o crítico a estar cada vez mais informado, e cada vez mais atento para não confundir preferências pessoais e avaliações objetivas de pertinência e bom fundamento dessas propostas. Isto não quer dizer que o gosto do crítico deva ser escamoteado, sob pena da crítica se tornar morna ou hipócrita.

O mestre da diplomacia nesses tempos confusos talvez seja Yan Michalski. Para quem nunca ouviu falar de Yan Michalski, bastaria este parágrafo, pinçado de uma entre as 3.598 críticas teatrais que escreveu entre 1963 e 1984 no *Jornal do Brasil*, para dar prova de seu rigor e de sua imparcialidade. Trata-se, no caso, de uma crítica de *O Senhor Puntila*, de Brecht, encenada por Flávio Rangel em 1966: "Podemos discordar, como de fato discordamos, deste enfoque adotado pelo encenador, mas não podemos negar o bom rendimento por ele alcançado, dentro da empostação pretendida"[3].

Por "empostação pretendida", ele quer dizer as escolhas estéticas do encenador, revelando que leva em consideração não só o seu projeto, o que depende de um acompanhamento do processo da montagem e da trajetória de sua carreira, como também que possui um amplo conhecimento dos parâmetros possíveis de serem usados, ou seja, que domina a história do teatro.

Por outro lado, ao relatar o que viu, no caso em que a montagem alcançou "um bom rendimento", preenche

---

3. Yan Michalski, *Reflexões sobre o Teatro Brasileiro no Século xx*, organização de Fernando Peixoto, Rio de Janeiro: Funarte, 2004, p. 66-70.

193

a função não só de "provador" do mercado de atrações, para guiar o leitor enquanto consumidor em potencial (função hoje cada vez mais hipertrofiada), mas também de historiador que resgata a memória do que viu no calor da hora, para o lucro do futuro pesquisador. Na primeira função, surpreende a sua premissa inesgotável de amor pelo teatro (sua última sentença sobre esse Puntila, por exemplo, é "gostaríamos de elogiá-lo de maneira incondicional"). E para o pesquisador futuro parece ofuscante a sua clarividência, a ponto de ser possível usar hoje considerações suas, por exemplo sobre José Celso ou os brechtianos "ortodoxos", sem que elas tenham perdido a atualidade, trinta anos depois.

Por fim, ou melhor, de início, sem ceder aos velhos chavões contra o crítico "artista frustrado", que dirige no lugar do diretor, ou do que se mantém falsamente distanciado, faz valer sua formação de ator e diretor para discordar enquanto artista do que viu. Em suma, o que diz é: eu não faria assim, mas funciona. Deixando claro seu gosto pessoal, por outro lado, garante a objetividade de sua apreciação.

Isso não quer dizer no entanto, que mantém premissas inflexíveis. Neste exemplo, justamente, o enfoque do qual discorda é de Rangel ter dado ênfase demais para o espetáculo, esvaziando seu conteúdo político. Mas quando resenha *O Casamento do Pequeno Burguês*, dirigido por Luís Antônio em 1974, deplora pelo contrário, que sua abordagem não será apreciada pelos "ortodoxos" que transformam Brecht em um autor "frio e desapaixonado que ele nunca foi".

Está cada vez mais difícil para o crítico manter essa qualidade de texto, e essa cumplicidade com o criador, com que ambos os críticos citados, Décio de Almeida Prado e Yan Michalski, registraram e incentivaram o teatro nacional. No entanto, é preciso reconhecer que o grande ruído nessa comunicação não é o ego desmedido de ambos os lados, mas a pressão de uma "sociedade do espetáculo"

194

que transforma cada peça em bem de consumo, dentro de um mercado altamente competitivo. O crítico passa a ser assim um avaliador, um provador que indica aos consumidores quantas estrelas merece cada criação única e pouco comparável, à outra que disputa um espaço cada vez mais reduzido nos jornais. Ao criticado não ofende tanto a avaliação equivocada quanto o nome grafado errado, e se anseia pela crítica na convicção que mesmo uma crítica destrutiva é mais produtiva, isto é, mais capaz de atrair público, do que a indiferença da mídia.

A multiplicação da mídia, com a internet reproduzindo indicações e resenhas, não seria então uma ameaça, mas uma vazão para essa necessidade cruel de um lugar ao sol. Uma peça sempre pode ser recomendada pelo público leigo que "gosta", sem maiores explicações, em seu bom senso aristofânico, e o frescor da opinião espontânea compensa o rigor da opinião embasada, sobretudo se a primeira for positiva, e a segunda não.

A multiplicidade de gostos leva à multiplicidade de teorias e a função teórica do crítico pode, também, por sua vez, ser domesticada na figura do dramaturgista que é, neste caso, um teórico consultado para dar um aval logo na construção do espetáculo. Um grupo que trabalhe segundo a cartilha épica pode sempre se fortalecer na *Teoria do Drama Moderno* de Peter Szondi ou no parecer de Iná Camargo Costa, para a convicção que qualquer avaliação negativa do resultado provenha do reacionarismo de um crítico ultrapassado.

Cercado por ambos os lados, visto ora como um acadêmico que se recusa a confessar que se diverte em uma comédia comercial, ora como um despreparado a quem falta a iluminação conquistada pelos artistas, é forte a tendência à omissão do crítico que se rende ao endosso de coluna social ou se refugia nas revistas especializadas. Porém, a classe artística demora a perceber é que quem se fortalece com a ausência de um distanciamento crítico é justamente a indústria pseudocultural de eventos mercadológicos, que instituem cada vez mais a fama como um fim em si, e não um meio ou um prêmio. Primeiro, o candidato a artista quer se tornar famoso e depois decide como vai exercer essa fama, enquanto cantor, artista de novela e – por que não? – de teatro.

O jornalismo cultural, por sua vez, pressionado pela decadência do mercado da mídia impressa tem pouca energia para ir contra a maré do *marketing*. Primeiro, vem a publicidade paga, depois, a divulgação do que está vendendo bem e, por fim, se sobrar espaço, o pensamento crítico, com a dignidade dos júris vilões caricatos dos programas de auditório.

O que resta ao crítico? Não pode abrir mão da análise, sob pena de não ter mais argumentos contra ou a favor do que testemunhou. Não pode se contentar a ser mero indicador da tendência da moda: não cabe a ele dizer se se deve ou não gostar de determinado espetáculo, mas que sentido pode vir a ter esse espetáculo no contexto social e político em que é feito.

Tragado pelo redemoinho da sedução pelo endosso, está como o herói de *Uma Descida no Maelstrom* de Edgar Alan Poe. O que, dos métodos que aprendeu na academia, pode salvar nosso herói na prática? Não lhe serve a dedução ("afinal, qual é o texto deste espetáculo?"), já que isso seria equivalente a catalogar sistematicamente cada espetáculo por meio de uma lista prévia de possibilidades e, por isso, vista como morta por aqueles que se esforçam em criar o novo. Não cabe a indução, que seria obrigar o artista a se encaixar em uma tendência da moda: "não é assim que se monta Shakespeare!"

Resta o processo menos conhecido de abdução, segundo o qual parte-se da observação com olhos livres do que se testemunha, para em seguida distanciar-se pelo reconhecimento de alguns princípios estudados em teoria, e que poderiam fornecer um sentido e uma previsão para o movimento aparentemente aleatório dos destroços que rodam no ralo do Maelstrom. Assim, nessa constante ida e vinda entre teoria e prática, escolhendo a qual destroço se agarrar, o crítico evita ser engolido pela emoção ou irritação do público comum, sem perder a volúpia de se emocionar com a experiência.

Assim, muito além do gosto pessoal, mas sem regras definitivas para sua avaliação, humilhado pelos editores, que lhe negam espaço e pelos criticados, que lhe cobram o espaço negado, o crítico de teatro, este pobre alfandegário sem fronteiras, estará sempre pronto a se maravilhar.

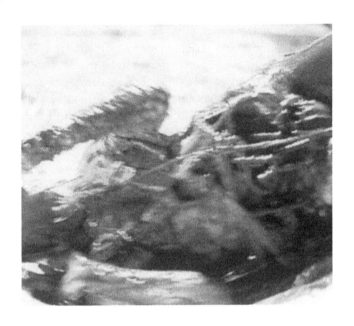

12. O PÓS-DRAMÁTICO EM CENA: LA FURA DELS BAUS

Fernando Pinheiro Villar

> *Não podemos mais ensinar ou mesmo estudar teatro como fazíamos no passado [...]. Teremos que fazer mais do que clonarmos, para preparar aqueles que possam ir além de nossas limitações.*
>
> MARGARET WILKERSON[1]

A teoria teatral contra-ataca novamente. A defasagem teórica e crítica de partes da jovem academia e da crítica de artes cênicas do planeta em acompanhar as transforma-

▲*Ritual artístico da linguagem* furera *do La Fura del Baus.*
1. Demographics and the Academy, em Sue-Ellen Case; Janelle Reinelt (eds.), *The Performance of Power: Theatrical Discourse and Politics*, Iowa City: University Press, 1991, p. 240.

199

ções na linguagem teatral, na segunda metade do século xx, vêm sendo ambas atacadas pelo instrumental possibilitado por Hans-Thies Lehmann e sua investigação sobre o teatro pós-dramático. Com o termo, o acadêmico alemão busca "um mínimo denominador comum entre uma série de formas dramáticas muito diferenciadas, mas que têm em comum uma única coisa: ter atrás de si uma história, que é o teatro dramático"[2].

Markus Wessendorf celebra o termo pós-dramático como "uma atualização terminológica do discurso estético teatral"[3]. O diretor teatral radicado na Universidade do Havaí, conterrâneo e ex-aluno de Lehmann, aponta que os termos continuamente utilizados para produções contemporâneas – como teatro experimental, pós-moderno, neo-vanguarda e/ou minimalista – só serviam para descrever a mais óbvia e superficial estrutura dessas produções teatrais e, muitas vezes, com uma negatividade implícita, enquanto o trabalho de Lehmann, segundo Wessendorf é

indicativo de uma mudança paradigmática significativa nos estudos de teatro que vem sendo construída desde a década de 1960, provocada principalmente por práticas teatrais transformadas, mas também pelo crescente impacto de estudos de performance na academia de teatro. Lehmann credita a performatividade como o mais importante constituinte do teatro, não o enraizar-se no texto dramático[4].

Se o pós-dramático contradiz o convencional entendimento "drama = teatro", há uma história do teatro, pós-

---

2. Cf. Teatro Pós-Dramático e Teatro Político, infra p. 233.
Segundo Lehmann, seu livro *Teatro Pós-Dramático*, trata de "formas criadas a partir de diretores, grupos e experimentos teatrais, que não se satisfaziam mais com esse modo tradicional de se contar a história, ou de se tratar o real a partir de uma dessas formas tradicionais". (infra p. 232); ou "um teatro que não estava na dinâmica da história e do personagem" (infra p. 240).
3. *The Postdramatic Theatre of Richard Maxwell*, disponível em: www2. hawaii.edu/~wessendo/Maxwell.htm, 2003, acesso em: 13 de maio de 2003.
4. Idem, ibidem. Tradução minha.

dramático ou não, sendo recontada. Há também uma história de teatros não escritos nem motivados pelo dramático ou literário, mas sim pelo teatral, cênico e performático ou pelo visual, cinético, tecnológico, mediado ou coreográfico. O artista cênico quebequense, Robert Lepage, por exemplo, é representante de uma primeira geração que cresce com a televisão e isso não pode ser ignorado na análise de obras que essa geração produz vinte anos depois, nem na análise da contemporaneidade a partir daí. Em entrevista publicada com o diretor inglês Richard Eyre, o ator, diretor e encenador de teatro, cinema, circo, música e ópera afirma:

> Nunca fui interessado em teatro como tal. Na minha adolescência, eu era mais interessado em teatralidade. Acho que o gosto para jovens criadores, atores ou diretores no Quebec, pelo menos nos setenta, veio muito mais de assistir a shows de rock, dança, performance, arte, do que vendo teatro, porque teatro não é tão acessível lá, como é aqui na [Grã-]Bretanha[5].

Diversidade de formações e de influências possíveis se multiplicaram em diversidades de poéticas cênicas possíveis, armando um desafio à crítica atada a esquemas excludentes que legitimavam um único teatro ou uma poética, que deveria ser ancorada em cânones dramáticos e literários. O ensaísta brasileiro J. Guinsburg encara o desafio como estímulo e sintetiza bem a questão quando diz:

> Não há a menor dúvida de que no teatro tudo é válido, desde que a resultante dos esforços criadores ofereça ao seu destinatário, a platéia, qualquer que seja ela, uma obra convincente, não por qualquer "fidelidade" literária ou respeito por cânones previamente estabelecidos, mas por suas virtudes cênicas, pela poesia de imagem e palavra, em maior ou menor proporção uma em relação à outra, e pela força trágica, cômica ou tragicômica da exposição dramática[6].

5. Robert Lepage in Discussion with Richard Eyre, em Michael Huxley; Noel Witts (eds.), *The Twentieth-Century Performance Reader*, London/New York: Routledge, 1996, p. 238.

6. Texto ou Pretexto, *Da Cena em Cena*, São Paulo: Perspectiva, 2001, p. 111.

201

Triangulando a questão entre prática, crítica e metodologia, Brian Mazzumi em sua tradução inglesa dos *Mil Platôs* de Gilles Deleuze e Félix Guattari coloca que

A imagem de Deleuze para um conceito não é a de um tijolo, mas de uma "caixa de ferramentas". Ele chama esse tipo de filosofia "pragmática", porque seu objetivo é a invenção de conceitos que não adiram a um sistema de crença ou uma arquitetura de proposições em que você ou entra ou não, mas sim conceitos que, ao invés disso, carreguem um potencial idêntico ao de um pé de cabra que, em mãos desejosas, irradia uma energia de alavancar[7].

A manutenção da defasagem crítica e teórica em relação a diferentes poéticas do teatro contemporâneo nubla negativamente o diálogo entre público, obra, academia, crítica, criador ou criadora e obra, com todas as perdas implícitas nessa incomunicabilidade esterilizante. E isso nos traz de volta à importância da caixa de ferramentas de Lehmann, que encorpa uma linhagem de artistas, de acadêmicas e de acadêmicos e de artistas acadêmicos que investigam outros teatros ou outras articulações dos limites da linguagem teatral, cênica e/ou performática.

Abrindo um parêntese, aumenta o número de pesquisadores que objetivam outras metodologias que, por sua vez, consigam seguir as permanentes transformações estéticas da linguagem teatral, em sua permanente expansão e retração e em nutrição mútua com o cotidiano, que molda o teatro assim como é moldado por ele. Há de se frisar a contribuição fundamental dos estudos de performance durante o século xx, de Nikolai Evreinov nas primeiras décadas à Richard Schechner, J. L. Austin, Victor Turner, Erwin Goffman e seus atuais seguidores. Na década de 1980, Schechner e Michael Kirby, Timothy J. Wiles, Mathew Macguire, Bonnie Marranca, Bert O. States, Valentina Valentini, Mercè Saumell e Esperanza Ferrer, J. Guinsburg, Herbert Blau, Renato Cohen, Elin Diamond e Marvin Carlson são alguns nomes

---

7. Introduction, em G. Deleuze; F. Guattari, *A Thousand Plateaus: Capitalism and Schizophrenia*, London: Athlone Press, 1988, p. xv.

dos EUA, Europa e Brasil que persistem na década seguinte buscando a análise de diversas formas de teatro "para além da oportunidade de recitar um texto"[8]. Na mesma empreitada nos anos de 1990 até nossos dias, temos, além de muitos dos citados acima, José A. Sánchez, Christopher Innes, Margaret Wilkerson, Jill Dolan, Johannes Birringer, Peggy Phelan, Lucia Sander, Alan Read, Maria Delgado, Paul Heritage, Erika Fischer-Lichte, Oscar Bernal, Philip Auslander, Michel Vanden Heuvel, Silvia Fernandes, Bim Mason, Janette Reinelt, Silvia Davini, André Carreira, José da Costa, Luiz Fernando Ramos, Bya Braga, Ciane Fernandes, Renato Ferracini, Angela Materno, Sonia Rangel, Cassiano Quilici, entre tantos outros e outras que tive o prazer de encontrar. Os cruzamentos da Nova História com a historiografi a teatral e as pesquisas de Thomas Postlewait, Bruce McConnachie, Joseph R.Roach e Dwight Conquergood são igualmente úteis.

Vale chamar atenção destacada para o subestimado *The Theatre Event: Modern Theories of Performance,* de Timothy Wiles[9] e sua conceituação de um "teatro performance", para circunscrever práticas cênicas não mais representadas por unidades aristotélicas, naturalismo ou teatro épico. Wiles desenvolve uma descrição e análise sistematizadas de outras formas de teatro, que desafiavam as certezas e limites da crítica da época. Semelhante à Lehmann, Wiles buscava um termo que incluísse uma outra diversidade revelada por dramaturgias, estilos interpretativos e inovações formais distintas, que criaram "uma situação desconfortável para todos os historiadores de estética"[10]. Natalie Crohn Smitt resenha o livro de Wiles e comenta que teatro performance,

embora de alguma forma redundante, é consistente com o agora largamente aceito termo de "performance arte" e o termo define o

---

8. H.-T Lehman, infra p. 247.
9. Chicago, University Press, 1980.
10. Idem, p. 112.

novo teatro de modo que [...] é o aspecto mais importante deste novo teatro: sua ênfase consciente na primazia da performance[11].

Sem excluir um cânone de textos literários dentro do teatro performance, Wiles descreve um teatro que pode "prescindir de palavras que não tenham função além da exposição"[12] e que apresenta inovações formais que questionam as limitações do teatro épico e de

> Aristóteles (ou de nossas suposições equivocadas sobre ele), para propor um conceito do evento teatral que encontra existência e significado na performance [apresentação acontecendo], não no encapsulamento literário, cujo preservar acionou tantos escritos de tantas mais poéticas[13].

Wiles cunha um termo conciliatório que reconhece e investiga o diálogo entre teatro e performance, se distanciando assim de tendências que se dividiam, e ainda se dividem, em uma falsa dicotomia, de teatro e performance como opostos. Supostos opostos como esse cortam a possibilidade de uma discussão necessária, útil e fundamental para a ontologia e epistemologia do teatro, da performance e da arte. Lehmann posiciona performance como uma das novas formas de teatro pós-dramático. Schechner e os estudiosos da performance colocariam o pós-dramático como uma forma de teatro que, por sua vez, seria abrigado pelo guarda-chuva conceitual de performance. Sabemos de uma corrente que define performance como forma teatral e outra que defende que o teatro não é performance. Correntes que se opõem entre performance ser teatro ou não se mantém no desconhecimento de um outro território que se cria além das antigas fronteiras disciplinares. Teatro dança, *butoh*, vídeo poesia, performance arte, performance teatro, instalações animadas, caves ou arte na rede são interdisciplinas ou interlinguagens. *Intermedia*

11. Cf. *Book Rewies, Modern Drama*, 25.1.1982, p. 589.
12. *The Thatre Event...*, p. 128.
13. Idem, p. 117.

foi o termo cunhado pelo artista do *Fluxus*, Dick Higgins, que já em 1967 definia o *happening* "como um intermeio na terra não mapeada entre a colagem, música e teatro", uma outra expressão artística híbrida que se desenvolveu, segundo Higgins, "simultaneamente nos EUA, Europa, Brasil e Japão"[14]. Wessendorf nos lembra que o termo pós-dramático já havia sido utilizado por Schechner no final da década de 1970 para descrever *happenings*. Sem dar as costas para a instância artística da performance nem para a teatralidade, que detonaram mudanças radicais em todas as linguagens artísticas no século xx, Wiles estuda o início de um teatro pós-performance arte. Fechando este parêntese, vemos que abrindo-se para um teatro performance, Wiles se abre também para a interlinguagem e os hibridismos que a linguagem cênica pôde materializar, em uma outra etapa das transformações de uma arte, que como tal negocia *come* interfere *em* seu tempo e se transforma continuamente por meio de processos interdisciplinares não só entre as artes, mas também com a filosofia, ciências sociais e exatas, novas mídias e tecnologias.

Na teoria do pós-dramático, Wessendorf frisa que um ponto fundamental está no fato de que "Lehmann mapeia uma estética afirmativa do teatro pós-dramático e concretiza um catálogo de idéias que permitem descrever e analisar aquele tipo de teatro em termos positivos"[15]. Após tantos debates sobre pós-modernidades e pós-modernismos, o pós-dramático de Lehmann pode também soar para muitos como mais uma "afetação pós-moderna" ou uma "pós-modernice". Tal equívoco de julgamento estaria mais uma vez subestimando um adendo crucial no ataque contra idéias preconcebidas sobre poéticas e linguagens artísticas, mui especialmente, poéticas contemporâneas da linguagem teatral.

14. Cf. *A Dialetics of Centuries*, New York/Barton, Printed Editions, 1978, p. 17.
15. Cf. *The Postdramatic Theatre of Richard Maxwell*.

Este ensaio elege La Fura dels Baus[16] para conectar o conceitual de Lehmann e um estudo de obra teatral contemporânea[17]. De forma alguma se pretende colocar a companhia catalã como modelo de teatro pós-dramático, nem o pós-dramático de Lehmann como modelo para análise do La Fura. O grupo é um dos *ensembles* que percorreram as décadas de 1980 e 1990 e chegaram aos nossos dias. Seja em Barcelona (La Cubana, Sêmola Teatre, Marcellí Antunez Roca. Simona Levi), Montreal (Robert Lepage), Copenhaguen-Bruxelas-Amsterdam (Jan Fabre, Alain Platell e Arne Sirens, Michel Laub), Brasília (Hugo Rodas, Udigrudi), São Paulo (Ópera Seca, XPTO, Cristiane Paoli Quito, José Celso Martinez Corrêa, Antunes Filho, Marcio Aurélio, Antônio Nóbrega, Antônio Abujamra), Rio (Companhia dos Atores, Armazém), Paris (Royal de Luxe), Buenos Aires (Periféricos de Objetos, Organización Negra/ De la Guarda), Nova York (Wooster Group, Karen Finley), Londres (DV8, Forced Entertainment) ou em Tóquio (Shankai Juku, Min Tanaka), essas poéticas selecionadas em continentes distintos dividem em comum o fato de

16. *Fura* em catalão significa furão, aquele animal aparentado com fuinhas. *El Baus* era um córrego seco que virou um depósito espontâneo e antiecológico de lixo, em Moià, Catalunha, pequena cidade de três mil habitantes a sessenta km de Barcelona, onde três dos diretores fundadores do La Fura nasceram e cresceram (Carles Padrissa, Marcel·lí Antúnez Roca e Pere Tantinyà).

17. O livro editado por Albert Mauri; Alex Ollè, *La Fura dels Baus 1979-2004*, Barcelona: Electa, 2004 apresenta um completo painel sobre a obra do grupo, com artigos dos integrantes do grupo, associados, críticos, pesquisadoras e acadêmicos, além de um DVD com material editado de quase todas suas obras cênicas, incluindo todos os trabalhos da linguagem *furera* nos 25 anos da companhia. A página do grupo na internet (www.lafura.com) também apresenta vasto material teórico e audiovisual sobre os trabalhos do grupo. Para uma introdução sobre o trabalho do La Fura, cf. Fernando Pinheiro Villar, Interdisciplinaridade Artística e La Fura dels Baus: Outras Dimensões em Performance, *Anais do II Congresso Nacional da Associação Brasileira de Pesquisa e Pós-Graduação em Artes Cênicas. Como Pesquisamos?*, Salvador: Abrace, 2001, v. 2, p. 833-838 ou Fernando Antonio Pinheiro Villar de Queiroz, Will All the World Become a Stage? The *Big Opera Mundi* de La Fura dels Baus, *Romance Quarterly*, 46.4, outono 1999, p. 248-252.

terem permanecido nas duas últimas décadas do século XX, e chegado aos nossos dias mantendo a possibilidade de ter muitas de suas obras agrupadas como teatro pós-dramático, teatro performance e/ou dramaturgias de imagens. La Fura dels Baus foi criado em 1979 em Barcelona, capital da *Catalunya*, autonomia histórica de *España*. O grupo nasce entre o desbunde da transição democrática após a morte do ditador Franco em 1975 e a ressaca do *desencanto* com a lentidão e ausência de transformações, fazendo parte do posterior vigor da *movida madrileña* e do investimento massivo em arte e cultura, como vitrine para a ambicionada entrada na Comunidade Européia, e do incremento de mudanças estruturais no país com a eleição de Felipe González, do Partido Social Obrero Español (PSOE).

Nesse solo histórico sintetizado ao extremo, La Fura passa por uma fase inicial de quatro anos de teatro em ruas, praças e *poblets* da nação catalã, que por sua vez passa por intenso processo de normalização lingüística e de resgate da identidade catalã. Neste primeiro período, firma-se uma composição estável de nove homens[18], que serão responsáveis pelo salto artisticamente interdisciplinar que o grupo realiza com *Accions: Alteraciò Física d'un Espai* em 1983/1984, apresentado até 1987 em diversos países da Europa e na Argentina. *Accions* mescla elementos estéticos de concertos de rock e de performance arte com festas populares catalãs e espanholas, com um resultado artisticamente interdisciplinar realizado – de maneira claustrofóbica para muitos e muitas – em instalações fora de teatros convencionais, onde atuantes, espectadores, palco, platéia, obra, recepção, sujeito e objeto se misturam fisicamente e espacialmente em performances simultâneas e cambiantes.

---

18. O trio de Moià mais Alex Ollè, Hansel Cereza, Jordi Arús, Jurgen Müller, Miki Espuma e Pep Gatell. Sobre este primeiro período do La Fura, ver F. P. Villar, Ruas Pré-Históricas, Rotas Virtuais e *Furamòviles*, em Narciso Telles; Ana Carneiro (orgs.), *Teatro de Rua: Olhares e Perspectivas*, Rio de Janeiro: E-papers, 2005.

Accions detona enorme visibilidade crítica e pública internacional, que o grupo mantém na década de 1980 e a amplia planetariamente com a mega-performance *Mar Mediterrània*, na cerimônia de abertura dos Jogos Olímpicos de Barcelona em 1992. O grupo deixa de ser tachado de punk, anarquista e/ou *enfant terribles* para ser reverenciado como uma companhia profissional de competência ímpar para uns e uma famigerada marca multinacional para outros. A poética interdisciplinar do La Fura continua a desdobrar-se em incursões em diferentes campos como publicidade, cinema, criações na internet, ópera, eventos públicos e interlinguagens, seja em um navio cargueiro, em cavernas pré-históricas ou, desde 1996, também em teatros convencionais, com platéia separada da ação no palco.

Antes do atual momento do grupo, as apresentações em espaços encontrados fora dos edifícios construídos e convencionalmente utilizados como teatros representavam uma das quatro características diferenciais do que a imprensa espanhola convencionou descrever como *lenguaje furero*. Além das montagens fora de teatros convencionais, a linguagem *furera* pode ser resumida em mais três características principais. A segunda característica é a de que os *fureros* eram os autores, diretores, encenadores, produtores e interpretes de suas obras[19]. A terceira é composta pelo interesse e a troca artisticamente interdisciplinar com diferentes linguagens e mídias na composição e apresentação dessas obras. E a quarta característica da linguagem *furera* seria a falta da quarta parede ou de qualquer outra barreira entre espectadores, atuantes e obra.

---

19. Esta característica deixa de existir após MTM (1994), quando Jurgen Müller foi o único dos diretores fundadores a atuar e a direção ainda era coletiva. Os seis restantes diretores se uniriam atuando juntos novamente em um dos vídeos de *F@ust 3.0* (1996), dirigido por Álex Ollè e Carles Padrissa. Em *Manes* (1996), a direção foi assinada unicamente por Pere Tantinyà e em *ØBS* (2000-2002) por Pep Gatell e Müller, com música de outro diretor fundador, Miki Espuma. O último trabalho com características da linguagem *furera* é *OBIT* (2005), dirigido por Tantinyà.

Accions (1983-87), *Suz-O-Suz* (1985-92), *Tier Mon* (1988-90), *Noun* (1990-92), мтм (1994-96), *Manes* (1996-98), øвs (2000-02) e, no tempo deste ensaio, *obit* (2005) também têm suas apresentações em hangares, fábricas, locações industriais, edifícios abandonados, espaços polivalentes, ginásios, subterrâneos, funerárias etc., ou em teatros que possam tirar sua platéia ou poltronas, para promover espetáculos em que atuantes e espectadores são performadores ativos. A característica relacional na opção do La Fura talvez seja a mais forte razão do impacto do teatro do grupo em várias partes do planeta. Tanto para espectadores que voltam para uma outra apresentação *furera*, pelo sublime do imagético do espetáculo, como para aqueles e aquelas que não retornam pela violência e risco do mesmo.

É por meio desta característica relacional da linguagem *furera* que me aproximo da teoria de Lehmann, para sondar a aplicabilidade do termo pós-dramático para o teatro do La Fura. Apesar de a linguagem *furera* caracterizar-se pela interdependência e dinâmica de nexos entre as quatro características listadas acima, seleciono esta última pela fundamental importância que ela tem, não só em definir o específico da poética do La Fura. A ausência de barreiras entre espectadores e atuantes nos trabalhos de linguagem *furera* é também a ausência ou variações intensas de distância espacial e/ou física entre eles, entre palco e platéia, interpretação e assistência, obra e recepção, sujeito e objeto. Isso significa um desafio às ontologias e epistemologias do teatro, imutáveis e impassíveis ante as profundas alterações na linguagem teatral promovidos desde a década de 1960 e que continuam a reverberar na arte contemporânea. Formas de relação com a platéia sempre impulsionaram estudos e poéticas teatrais. Mas em sua metodologia transdisciplinar, o antropólogo e acadêmico estadunidense Edward L. Schieffelin reclama uma posição central em investigações etnográficas para questões sobre o relacionamento entre performador e espectador, pois, para ele, é dentro desse relacionamento "que as relações ontológicas e epistemológicas fundamentais de qualquer sociedade poderão estar implicadas e ser solucionadas", já que esse relacionamento comporta "suposições ocidentais fundamentais sobre a natureza da ação em situações cotidianas"[20].

Schieffelin comenta que "para a maioria dos acadêmicos ocidentais com uma experiência média como espectadores de apresentações teatrais, a noção de apresentação ao vivo conjura uma idéia de atores no palco"[21]. Enquanto que o crítico e artista brasileiro André Lepecki coloca que em teatro e dança, "nós sentamos, as luzes se apagam e nós testemunhamos – então vamos embora e esquecemos. A platéia tem aprendido uma higiene mórbida do fruir"[22], o antropólogo estadunidense Victor Turner (tão caro aos estudos de performance) especifica que "diferentemente do teatro, o ritual não distingue entre platéia e performadores [...]. Teatro existe quando ocorre uma separação entre a platéia e os performadores"[23].

Contradizendo noções habituais, as ações ou os rituais artísticos da linguagem *furera* acontecem entre, atrás, acima, abaixo, transversal, ao lado ou na frente, mas sempre com/no público, nos amplos espaços sem arquibancadas, poltronas ou cadeiras. Esse fato pode apontar generalizações excludentes, ingenuidade ou falta de informação e comunicação entre agentes, ou ainda um apego a convenções que nem a história do teatro mantém e nem o público necessariamente segue. No programa de *Accions* em 1987, o jornalista catalão Albert de la Torre sugeria que, ao invés da violência apontada por muitos, La Fura

---

20. Problematizing Performance, em Felicia Hughes-Freeland (ed.), *Ritual, Performance, Media,* London/New York: Routledge, 1998, p. 204.
21. Idem, p. 200.
22. Embracing the Stain: Notes on the Time of Dance, *Performance Research,* 1.1, 1996, p. 105.
23. *From Ritual to Theatre: the Human Seriousness of Play,* New York: Performing Arts Journal Publications, 1982, p. 112.

promovia a *violação* do espaço que o teatro convencional reserva para o "artista-rei-ator".

O *ensemble* questiona também o lugar reservado convencionalmente para a platéia. Talvez nenhuma outra companhia cênica ocidental, durante o século XX, tenha investigado tanto essa característica relacional e o teatro ambientalista, ou, como definido e estudado por Richard Schechner, o *environmental theatre*[24]. Interferir na relação com a platéia já fazia parte crucial do radical ataque às convenções da linguagem, da platéia e dos próprios artistas promovido por diferentes artistas e grupos de teatro de distintos continentes nas Vanguardas Históricas das três primeiras décadas do século passado. A questão volta nas décadas de 1960 e 1970, quando segundo o diretor estadunidense Arthur Sainer, grupos e artistas "questionavam tudo", inclusive a eficácia, "em nosso tempo, da velha caixinha de jóias do proscênio, assustadoramente representando a manipuladora relação atuante-espectador, com sua noção de atuante como doador e espectador como recipiente"[25].

Essa manipulação comum em práticas convencionais de teatro é a mesma que Peggy Phelan vê como "aparentemente tão compatível com (as tradicionais descrições do) desejo masculino [...]. Muito da prática teatral ocidental evoca desejo baseado e estimulado pela falta de igualdade entre performador e espectador"[26]. Utilizando estudos de Michel Foucault sobre a confissão na igreja católica, a acadêmica e autora estadunidense descreve o fulcro (o ponto de apoio da balança) que equilibra poder e conhecimento, como o sustentáculo que mantém a agência de dominação, no confessionário e também no evento teatral: o espectador é o confessor silencioso, que nada fala, mas que domina e controla a troca[27].

24. *Environmental Theatre*, New York: Hawthorn Books, 1973
25. *The radical theatre notebook*, New York: Avon Books, 1975, p. 53-54.
26. *Unmarked: the Politics of Performance*, London/New York: Routledge, 1993, p. 163.
27. Idem, ibidem.

Está além dos limites deste ensaio abordar as instigantes questões levantadas por Phelan, Schieffelin, Lepecki e Turner da maneira que as mesmas merecem. Mas os pontos aqui rapidamente colocados podem nos ajudar a situar a proposta relacional do La Fura como uma ação política. A poética da linguagem *furera* questiona replicações de comportamentos hegemônicos impostos, bem como conformismos, cânones, hierarquias e dogmas estéticos. O impacto alcançado pela característica relacional da linguagem *furera* me parece tornar possível a associação direta com uma busca por uma alteração da percepção habitual, ou uma mudança de "fórmulas de percepção" já dadas, que Lehmann coloca como função, objetivo e necessidade para a contundência de um teatro político:

> A questão já era, para Brecht, para Heiner Müller e para todos os que trabalharam com teatro político, como você muda a forma de percepção das questões políticas, e influi nessa forma de percepção. Para o teatro, o que é importante é a forma de mudar essa percepção, a forma como se vai conseguir alterar essas fórmulas de percepção que estão dadas[28].

La Fura parece responder à questão apontada de maneira diferenciada e contundente. Sua proposta de falta de barreiras entre *o objeto que é observado, a obra, a criação, o palco, o mesmo, eu,* e, do outro lado, *o sujeito que observa, a assistência, a fruição, a platéia, o outro, ele ou ela,* altera radicalmente a percepção habitual do teatro e do tema sendo abordado nessa outra proposição relacional e estética. As associações diretas das montagens *fureras* com a teorização de Lehmann sobre o pós-dramático e teatro político continuam quando ele fala da necessidade de se alterar percepções habituais "nessa sociedade dominada pela mídia", afirmando que o teatro "oferece a alternativa de uma comunicação ao vivo e real", mas que "essa possibilidade de comunicação entre o espectador e o realizado,

---

28. Cf. Teatro Pós-Dramático e Teatro Política, infra p. 234.

212

e o fato de o teatro ser esse cinema tridimensional, não é aproveitada", para concluir que "é justamente essa situação que é aproveitada por algumas dessas novas formas do teatro pós-dramático"[29]. La Fura parece aproveitar a situação apropriadamente e também servir como evidência clara. E o mesmo acontece quando Lehmann versa sobre o jogo e a categoria ética nessas outras formas de teatro.

Lehmann trabalha sobre o tema da categoria ética em formas de teatro que exercitam outras formas relacionais com espectadores e espectadoras, apontando a responsabilidade deles e delas pelo processo e pelo espetáculo que ele ou ela fazem parte. Apesar de reconhecer a possibilidade da mesma responsabilidade ou categoria ética acontecer no teatro tradicional, Lehmann acentua que nas novas formas do pós-dramático,

isso se torna infinitamente mais claro. Eu estou numa situação em que estou jogando, participando e atuando junto com outros. Faço parte desse jogo, mesmo que eu não seja obrigado a fazer parte desse jogo. Uma situação como essa é como uma situação política. Tem a ver com a relação que cada espectador estabelece com as coisas que estão acontecendo[30].

Não parece exagerado dizer que ele parece estar descrevendo aspectos relacionais de espetáculos da linguagem *furera*. Assim como Wittgenstein não separava ética e estética, La Fura não desassocia jogo e estÉtica de sua proposta de relacionamento com a platéia. Utilizando um ensaio anterior onde abordo especificamente o jogo *furero*, podemos ver que La Fura também pode ser uma tradução muito especial do entendimento de Lehmann do pós-dramático como jogo ético e também como esfacelamento de formas tradicionais de teatro e também da explosão da unidade entre elementos teatrais como pessoas, tempo e espaço:

29. Idem, p. 239.
30. Idem, p. 241.

Os artistas cênicos se deparam com uma multidão que, não ensaiada, vai dançar a mesma coreografia que os *fureros* vêm ensaiando. As deixas, gestos e ações que eles têm que desempenhar são executadas dentro, entre, acima, abaixo e com a platéia. Não há muito tempo para análise. O tempo está contra você, membro do público, porque você tem que correr. Ou você é empurrado. Você pode também tropeçar em outro membro do público ou em um dos artistas tentando chegar a algum lugar do espaço. Seu espaço temporário está no caminho do espaço temporário do ator. Você está no seu caminho. O show apenas começou e você está atuando sem ensaios entre centenas de outros que vivenciam a mesma situação. Centenas de performances acontecem ao mesmo tempo. Os artistas ensaiados encontram novos parceiros e parceiras a cada noite em uma contínua improvisação, arriscando alguns ossos aqui e suas próprias vidas ali, ou mesmo uma platéia hostil. Você nunca pode ter um aparente controle total sobre a cena sendo interpretada como você está acostumado ou acostumada quando senta-se na escuridão entre os outros membros invisíveis do público de teatro convencional. Quem são os atores? La Fura divide questões. E essas questões são literalmente vividas durante a performance[31].

Essas questões divididas com a platéia têm gerado herdeiros ou artistas claramente influenciados pela estética *furera*, dentro e fora da Espanha. A recepção às obras do La Fura mantêm um retorno de crítica e de público significativos em diferentes continentes do planeta. Em outras palavras, a linguagem audiovisual *furera* circula bem por diversos contextos geopolíticos, independente da língua. Entretanto, um breve olhar no solo histórico e cultural do grupo pode nos introduzir outros matizes sobre a questão do teatro (político ou não) e da opção relacional dos *fureros*.

A obra do La Fura se insere dentro de um contexto diferenciado, de uma nação sem Estado ou uma nação catalã dentro de um Estado espanhol, que é constituído por dezenove autonomias com presidentes eleitos e ban-

---

31. Cf. Will All the World Become a Stage? The *Big Opera Mundi* de La Fura dels Baús, *Romance Quarterly*, p. 251.

deiras próprias. *Catalunya* (Catalunha), *Galicia* (Galiza) e *Euskadi* (País Basco) são autonomias diferenciadas, chamadas de históricas. Com línguas e histórias próprias, independentes e anteriores ao Estado espanhol, essas nações foram gradualmente incorporadas como regiões desde o casamento dos reis católicos Fernando v de Aragão e Isabela i de Castela, em 1469. Nos nossos dias, permanece uma tensão entre centralização e integração às forças do Estado espanhol e movimentos na direção de descentralização, mais autonomia e, ainda que cada vez mais débil, separatismo.

A história da Catalunha marca uma intensa resistência cultural e um senso forte de identidade nacional que não sucumbiram aos ataques de Felipe v no século XVIII ou de Franco e sua ditadura (1936-1975), que tentaram em vão promover um genocídio da identidade, autonomia e direitos históricos da Catalunha. Desde a transição democrática iniciada em 1976, o processo de *normalitzaciò* e idéias nacionalistas chocam-se com o processo de *normalización*, que defende os interesses do Estado e a idéia de uma identidade espanhola, nacional. Dentro do "nada é fixo" da chamada pós-modernidade, da globalização e da nova cena geopolítica da Europa, há uma crise na definição de identidade – crise que não é só catalã, espanhola ou européia, mas ocidental e contemporânea nossa, há tempos. Na especificidade catalã da crise, pessoas nascidas na Catalunha podem ainda ser vistas como uma "segunda ou terceira geração de imigrantes", mesmo se eles falam catalão, que era fator diferenciador de uma identidade catalã. *Charnego* é um termo utilizado por catalães para catalães com pai ou mãe de outra região da Espanha. Quando esses indivíduos estão na região de seus pais, eles são "os catalães". Assim, eles podem ser estrangeiros dentro e fora da Catalunha.

No bojo desse contexto de sutilezas rudemente sintetizado acima, Antonio Sánchez, Helen Graham e Jo Labanyi, Josep-Anton Fernàndez, e Michael Keating são

215

alguns dos acadêmicos europeus que reconhecem um crescimento da identidade catalã, promovido pela transição democrática e a *normalització*. Michael Keating frisa que "o forte senso de identidade catalã, que cresceu substancialmente nos últimos vinte anos, [...] não é uma identidade exclusiva, mas uma identidade dupla, como uma nação distinta dentro da Espanha e, no nível da elite, com um forte compromisso com a Europa"[32]. Keating também sugere que "a proporção daqueles que se identificam como puramente 'espanhol' caiu nitidamente"[33]. Entretanto, estudos no final da década de 1990 sobre uso de língua e identidades, realizados pelo Centro de Investigaciones Sociológicas espanhol, indicam que ambas as identidades simples, isso é, tanto a espanhola quanto a catalã, decresceram. Ambas vêm perdendo terreno para uma identidade dual, que não deixa de manter uma relação problemática e difusa.

Dentro de suas transformações artísticas e reações causadas, a linguagem *furera* e muito especialmente sua característica relacional parecem replicar artisticamente a tensão e conteúdo que permeiam o relacionamento entre Catalunha e Espanha[34]. Para avançar na investigação do assunto, uma cena específica de *Accions*, protótipo da linguagem *furera*, pode nos dar outras facetas do relacional na linguagem *furera* e no eixo catalão-espanhol.

A cena em questão é a quinta ação de *Accions*. Na segunda ação da peça, quatro dos *fureros* saíam do chão

---

32. *Nations against the State: the New Politics of Nationalism in Quebec, Catalonia and Scotland*, London: Macmillan, 1996, p. 160.

33. Idem, 130.

34. Não está sendo aqui levantada a hipótese de que a proposta que mesclava atuantes e espectadores no mesmo espaço-tempo testemunhado era uma decisão estética planejada pelos *fureros*, baseada na análise sociopolítica da realidade catalã. Entrevistas com os diretores fundadores e colaboradores negaram essa idéia. Mas uma examinação mais detalhada na característica relacional da linguagem *furera* justaposta ao contexto catalão, pode embasar essa hipótese na minha tese, como tento sintetizar aqui. Cf. *Artistic Interdisciplinarity and La Fura dels Baus (1979-1989)*, tese de Ph.D, Universidade de Londres, 2001.

abaixo da platéia, aparecendo com uma cobertura de barro cinza sobre seus corpos, suas cabeças raspadas e seus tapas-sexo que cobriam suas genitálias. Aquelas criaturas ou os "homens de barro" (como era também chamada a segunda cena ou ação) circulavam pela platéia em um trêmulo, frágil e apreensivo *butoh*, caindo e se levantando com esforço para depois expelir ou parir ovos pela boca, que eram quebrados pela rudeza no manuseio. Entre o medo e a curiosidade, mas evitando o contato com os espectadores, os homens de barro fogem no final da cena dentro de grandes tonéis de barro, que rolam para fora da cena. Abrindo clarões no público, eles se deslocam para partes escuras do espaço cênico. Blecaute. Uma parede começa a levar golpes e se inicia a terceira ação. Tijolos vão caindo, tochas no interior da parede vão revelando dois indivíduos com ternos pretos bem cortados, gravatas pretas e camisas sociais brancas, derrubando a parede. Chamados de faquires (que também intitulava a cena), os dois urbanos, contemporâneos corriam pelo espaço com machado e picareta até um carro, que os dois esquartejavam em poucos minutos, com partes da carroceria sendo lançadas ou manejadas perigosamente perto da platéia[35]. Um novo blecaute escondia os dois *fureros* e trazia quatro minutos de caos pirotécnico explodindo no espaço.

A quinta ação que nos interessa aqui traz de volta os faquires pastoreando os tonéis de barro, onde os homens de barro tinham se escondido e fugido em sua prévia aparição na segunda cena. Os faquires forçam a saída dos homens de barro jogando baldes de tinta preta e azul Klein em seus tonéis e depois sobre seus corpos cambaleantes que tentavam inutilmente se defender do ataque e se

---

35. Bim Mason é um dos que chamam a atenção para a mestria dos *fureros* em lidar com o risco sem atentar contra o bem estar da platéia. Os quatro anos de rua foram importantes no desenvolvimento dessa mestria. Cf. *Street Theatre and Other Outdoors Performances*, London/ New York: Routledge, 1992, p. 122.

esquivar do público. A tortura continuava com baldes de sopa de macarrão e de grãos de cevada, transformando ainda mais os corpos tingidos dos homens de barro. Os materiais orgânicos e plásticos provocavam diferentes reações gestuais, expressivas, coreográficas e improvisações nos atuantes e também na platéia. O público e os homens de barro tinham que correr durante toda a cena, para reagir aos deslocamentos simultâneos em volta e na direção deles, ou para tentar encontrar um momento e um espaço de segurança fora do caos recorrente.

A cena e a ação comum da corrida transplantavam espectadores, espectadoras e homens de barro para um situação idêntica: ambos os grupos estavam sendo atacados e tinham que, desarmados, reagir para evitar a tinta e os materiais sendo jogados pelos faquires e seus recursos bélico-plásticos. Então, os homens de barro, que em sua primeira aparição seriam "outros" em relação à platéia, de repente tinham se tornado "iguais". O "novo igual ou mesmo" (os homens de barro), por outro lado, tinha uma linguagem corporal e texturas de pele distintas. O "novo outro" (os faquires) tinha roupas, constituição ou linguagem corporal semelhantes, mas comportamento inimigo.

A relação normal em teatro, ou seja, entre, digamos, nós (espectadores, platéia, mesmo, idêntico, realidade, vida) e nossos supostos opostos, eles (atores, palco, outro, diferente, ficção, arte), é estraçalhada. Isso pode desorientar espectadores e estudiosos, reproduzindo cenicamente, em um espaço acordado como teatro, uma esquizofrenia que ocorre dentro da cultura contemporânea e que reverbera na Barcelona nativa dos *fureros*. Antonio Sánchez e Helen Graham colocam que a esquizofrenia pós-moderna na Espanha

não é mera afetação pós-moderna, mas uma tentativa de definir os efeitos desorientadores nas consciências dos espanhóis da velocidade e complexidade de mudanças, que têm alterado

218

radicalmente sua sociedade nos últimos trinta anos [...]. Exibe toda a fragmentação social e cultural da era pós-moderna. [... A Espanha...] é um mundo onde o arcaico e o moderno coexistem [...]. A transformação da Espanha em uma sociedade consumista moderna nos últimos trinta anos tem significado a erosão de formas tradicionais de solidariedade social e política e a predominância do dinheiro na hierarquia dos valores sociais[36].

Assim, a ação cênica desorientava certezas de identidade e essa desorientação é familiar aos catalães. As cientistas sociais inglesas Sarah Radcliff e Sallie Westwood nos lembram que "como um regime moderno de poder, o Estado utiliza uma série de mecanismos de normalização, que acabam alojando-se no corpo, através do qual as relações de poder são produzidas e canalizadas"[37]. La Fura centra toda a ação e movimentação nos corpos dos atuantes e também dos espectadores, todos os e todas as participantes na construção e vivência corporais que significam a própria obra. Maurice Merleau-Ponty nos lembra que "espaço corporal e espaço externo formam um sistema prático"[38]. Esse corpo que é o mundo e as margens da realidade encontra outros corpos, mundos e realidades dentro das comunidades formadas pela linguagem *furera*. A percepção do espaço corporal em uma área dividida tem uma relação direta, tanto com o próprio corpo de um quanto com os outros espaços corporais. Sendo assim, a linguagem *furera* promove uma aceleração física e sensorial de todos envolvidos, em um encontro – ou choque – universal de sistemas práticos distintos, questionando definições de identidade e alteridade ou diferenciações definitivas de igual e outro, dependendo das ações cênicas

---

36. The Politics of 1992, em Helen Graham; Jo Labanyi, *Spanish Cultural Studies: an Introduction*, Oxford: University Press, 1995, p. 407-414. Tradução minha.
37. *Remaking the Nation: Place, Identity and Politics in Latin America*, London/New York: Routledge, 1996, p. 13-14.
38. *Phenomenology of Perception*, tradução de Colin Smith, London: Routledge/Kegan Paul, 1962, p. 102.

de cada momento. A proposta ambientalista do La Fura pode ser vista como um índice metafórico dos processos criativos dentro dos quais identidades são forjadas, cambiadas e/ou reinventadas, ao invés de prontamente catalogadas, impostas, fixadas ou rotuladas com fronteiras intransponíveis, "*me* ator/*you* espectador" ou "minha terra/sua terra".

A centralidade do corpo na construção da dramaturgia cênica, o hiper-realismo na interpretação, a dimensão a-tética, a intrusão do Real ou as "peças paisagens" são outros pontos que aproximam o teatro conceituado como pós-dramático por Hans Thies-Lehmann de práticas artisticamente interdisciplinares e/ou poéticas teatrais contemporâneas como as do La Fura dels Baus. Tanto a companhia quanto o acadêmico questionam taxonomias excludentes, conformistas e defasadas. Tanto os conceitos sintetizados por Lehmann quanto às cenas *fureras* brevemente abordadas aqui ou, ainda, a relação espectador-atuante, permitem excitantes abordagens de nossa contemporaneidade ou de nossa história recente por meio do teatro, alcançando outras releituras, novas informações e relações sobre a cena e o pós-modernismo, modernismos, nacionalismos, identidades, resistência cultural, novas tecnologias, lingüística, antropologia, filosofia, história, sociologia, performance, arte. E mais, inclusive recontar histórias mal ditas. São outras formas que podem nos ajudar a responder a demanda de Margaret Wilkerson na epígrafe deste texto: "não podemos mais ensinar ou mesmo estudar teatro como fazíamos no passado [...]. Teremos que fazer mais do que nos clonarmos, para preparar aqueles que possam ir além das nossas limitações"[39].

39. Op. cit., p.240.

13. O PÓS-DRAMÁTICO E A PEDAGOGIA TEATRAL

Maria Lúcia de Souza Barros Pupo

O conceito de teatro pós-dramático tem sido veiculado apenas recentemente entre nós e sua difusão ainda ocorre de modo relativamente restrito, uma vez que a obra de referência para sua compreensão, *O Teatro Pós-Dramático* de Hans-Thies Lehmann[1] foi publicado em língua portuguesa apenas recentemente.

Texto incontornável para aqueles que se dispõem a examinar manifestações cênicas contemporâneas caracterizadas por alguma opacidade, ele faz emergir uma abordagem teórica a partir da análise de criações já apresentadas, não se caracterizando, portanto, por qualquer teor prescritivo.

▲O Paraíso Perdido, *Teatro da Vertigem, detalhe.*
1. *Postdramatische Theater*, Frankfurt am Main: Verlag der Autoren, 1999. Tradução francesa, *Le Théâtre postdramatique*, Paris: L'Arche, 2002.

Assim sendo, apesar de o conceito apenas agora se dar a conhecer, não é difícil identificar suas manifestações em nosso teatro.

Uma, entre as múltiplas questões que podem ocorrer ao leitor interessado no assunto, diz respeito à formação em teatro nos tempos que correm. Haveria procedimentos específicos que chegassem a configurar uma pedagogia para a cena pós-dramática? Caso a resposta seja positiva, em quais circunstâncias caberia propô-los? Com quais finalidades? Seria pertinente incentivar tais procedimentos mesmo antes – ou independentemente – da apropriação dos fundamentos da cena dramática?

Quando falamos em pedagogia teatral, estamos nos referindo a uma reflexão sobre as finalidades, as condições, os métodos e os procedimentos relativos a processos de ensino/aprendizagem em teatro. Sujeita a contingências históricas e locais, ela abrange hoje um campo bastante amplo, pois diz respeito à formação dos vários profissionais da cena: além do próprio ator, estão contidos nele o diretor, o cenógrafo, o iluminador, o crítico e assim por diante.

Um recorte preciso é proposto no âmbito deste ensaio: refletir em torno da ação educativa proporcionada pelo exercício e pela fruição da cena por parte de pessoas de qualquer idade que vivam processos de aprendizagem em teatro, sem, no entanto, possuir qualquer vínculo profissional com essa arte. São essas as bases implícitas no contrato subjacente à atuação de uma gama de profissionais em plena expansão no Brasil, que inclui desde os professores de teatro, presentes em escolas de diferentes níveis, até os responsáveis por modalidades de ação cultural em teatro levadas a efeito em entidades as mais diversas, como ONGs, associações, centros culturais ou prisões. A formação desse educador é, em última análise o nosso alvo aqui.

Na tentativa de constituir pistas para tratar as questões formuladas acima, cabe retomar sinteticamente a caracterização do teatro pós-dramático nos termos apresentados por Lehmann.

Enquanto o teatro dramático tem como modelo a criação de uma ilusão, a representação de um "cosmos fictício", o teatro pós-dramático se insere numa dinâmica de transgressão dos gêneros e abre perspectivas para além do drama. Ao invés de se traduzir em ação, ele se situa sobretudo na esfera da situação. Nele os significantes estão dispostos de tal modo, que "a mediação de conteúdos delimitáveis do ponto de vista semântico, isto é, do sentido, não é prioritária"[2].

Nega-se a possibilidade do desenvolvimento de uma fábula, ou, pelo menos, ela é relegada a um segundo plano. Recusa-se a mimese, uma vez que se trata de "acontecimento cênico que seria, a tal ponto pura representação, pura presentificação do teatro, que apagaria toda idéia de reprodução, de repetição do real"[3].

Nosso autor denomina signos teatrais pós-dramáticos uma série de elementos que delimitam o fenômeno objeto de sua análise.

Entre os mais relevantes está a recusa da síntese. Uma abundância simultânea de signos parece espelhar a confusão da experiência real cotidiana. Sacrifica-se a síntese para atingir densidade em momentos intensos. O texto é um elemento entre outros, num complexo gestual, visual, musical; a fratura pode se alargar até à ausência total de relação entre eles, gerando a decomposição da percepção. A pluralização das instâncias de emissão em cena acaba conduzindo a novos modos de percepção.

A não hierarquia entre imagens, movimentos, palavras, faz com que o discurso da cena se aproxime da estrutura dos sonhos. Na mesma linha metafórica, Lehmann ressalta que aquilo que ocorre diante do espectador é percebido como um poema cênico. Quando busca uma organização que dê conta da percepção sensorial, esse espectador consegue apenas detectar semelhanças, constelações, correspondências.

2. *Le Théâtre postdramatique*, p. 12. As traduções do texto de Lehmann que se seguem são minhas.
3. Idem, p. 14.

Do ponto de vista de quem atua, o ato de se fazer presente é assumido radicalmente. No teatro pós-dramático, o que se observa é "mais *presença* que representação, mais *experiência partilhada* do que experiência transmitida, mais *processo* do que resultado, mais *manifestação* do que significação, mais *impulsão de energia* do que informação"[4].

A construção dos procedimentos teatrais se faz por justaposição, sem elos de ligação. O jogo dos atores, os objetos, aquilo que se diz em cena, cada um desses sistemas de signos aponta para uma diferente direção de significação. Uma tal simultaneidade tem o efeito de sobrecarregar a percepção. A luz, por exemplo, pode ser tão intensa que não se percebe o que diz o texto; a concentração em um aspecto particular torna impossível a apreensão clara dos demais, não se percebe a totalidade O teatro pós-dramático evidencia o não acabamento da percepção; seu caráter fragmentado é, portanto, tornado consciente.

Estamos diante de uma corporalidade auto-suficiente, exposta em sua intensidade, em sua presença. Signo básico do fenômeno teatral, agora o corpo do ator recusa seu papel de significante. A personificação é banida, nada é contado. Evidencia-se antes de tudo o ato de estar aí, que se furta a qualquer tentativa de produção de sentido. O corpo em cena "não conta através de gestos tal ou tal emoção, mas, por sua presença se *manifesta* como o local no qual se inscreve a história coletiva"[5].

O real faz sua irrupção no jogo, a tal ponto que o espectador é questionado sobre a estabilidade com a qual ele vive seu estado de espectador "enquanto comportamento social inocente e não problemático"[6].

A performance e o *happening* são algumas das manifestações mais evidentes da cena pós-dramática. Neles, o artista se afasta da incorporação ou da expressão de um outro, de um personagem; o performer não se dedica a uma

4. Idem, p. 134, grifos meus.
5. Idem, p. 154.
6. Idem, p. 164.

representação mimética, mas se manifesta em seu próprio nome, encena seu próprio eu. Entre atores e espectadores, tece-se uma relação corporal e espacial; possibilidades de interação e participação são sondadas, de modo que o público, por vezes incomodado, possa reavaliar sua própria concepção de arte. O teatro é afirmado mais enquanto processo do que como resultado acabado, mais como ação e produção em curso do que como produto. Uma transformação na percepção da platéia é, assim, provocada.

Essa rápida passagem pela obra de Lehmann traz à tona aquela que é uma das principais questões abertas pelo teatro além do drama, a saber um questionamento sobre os desdobramentos da própria percepção. Novas possibilidades de representação – portanto, de pensamento – estariam sendo suscitadas através dessas realizações. Como se pode observar, aquela sensação difusa que o espectador da cena pós-dramática muitas vezes explicita como desconforto, uma vez desvelada, acarreta potencial para fazer emergir interrogações de envergadura.

Emerge da natureza dessa cena a necessidade de um estado de espírito inteiramente repensado por parte do espectador. Uma mudança de atitude radical vem a ser solicitada; sua abertura para engendrar liames a partir de uma percepção fragmentada torna-se central. Sentado ou em movimento, em situação de repouso ou sujeito a algum tipo de risco, o espectador é convidado a tecer elos e a configurar relações. Sua intuição e sua imaginação são convocados de modo a preencher as inúmeras lacunas configuradas pelo acontecimento que se desdobra diante de seus sentidos.

Decorre dessa observação um primeiro aspecto da confluência da qual nos ocupamos aqui, entre a pedagogia e o teatro pós-dramático. A ampliação e a diversificação da capacidade de leitura da cena, sem dúvida, consistem dimensão intrínseca da formação do professor. Para que a opacidade, que caracteriza as tentativas iniciais de decodificação da cena em tais moldes, possa ceder lugar à disponibilidade para uma nova aventura da percepção, um percurso particular de aprendizagem de leitura se torna necessário. Aceitar o convite para um alargamento da percepção daquilo que é presenciado no acontecimento teatral torna-se hoje condição indispensável para o profissional que se dedica a coordenar processos de aprendizagem em teatro.

Na tentativa de trazer alguma luz sobre o tema formulado no título deste ensaio, gostaríamos de nos deter em determinadas situações de aprendizagem teatral que têm em comum o fato de se situarem além do drama. Elas estão agrupadas em categorias não excludentes que em certa medida até se superpõem, mas oferecem um panorama interessante para a análise.

Exploração Formal

Na representação contemporânea, muitas vezes o eixo do processo de criação, ao invés de situar-se em um tema, tem nos elementos formais da cena seu ponto de fixação. Procedimentos semelhantes podem ser verificados em determinadas circunstâncias de aprendizagem teatral, tanto dentro da sistematização proporcionada pela formação universitária, quanto no âmbito da maior ou menor informalidade reinante nas oficinas de arte.

Espaço, corporalidade, sonoridade, movimento, tempo e cor podem constituir os elementos formais que, uma vez devidamente explorados como tal pelos participantes e mediante propostas precisas do coordenador, podem chegar a desembocar na formulação de um discurso artístico de caráter híbrido, a ser partilhado com uma platéia mais ou menos ampla. Em seu bojo, muitas vezes não se vislumbra qualquer fábula ou mesmo, traço de personificação. Distanciados da mimese, seus responsáveis encontram na experimentação formal o vetor de seus esforços.

Jean-Pierre Ryngaert, em *Jouer, représenter*[7], descreve uma seqüência de trabalho na qual diferentes sub-grupos recebem a missão de realizar uma exploração espacial em diferentes locais definidos com precisão, durante um tempo previamente fixado, de modo autônomo, sem olhar externo. De volta à sala de trabalho, cada "comando do espaço" presta contas de suas descobertas ao grande grupo, retomando nessa nova circunstância, em movimento, as etapas da exploração recém-efetuada. Cruzam-se assim a experiência sensorial enfeixada no corpo de quem atua e o desafio da sua transmissão em moldes teatrais, porém não tributários de uma fábula.

Uma abordagem dessa natureza, como se pode constatar, resulta de uma concepção interdisciplinar mais ampla do fenômeno artístico, que vem se revelando especialmente fértil em nossos dias. Em outras palavras, aquilo que muitas vezes é vivido como simples exercício ou imprecisa experimentação traz em si o germe de modalidades estéticas, qualificáveis como manifestações de um teatro pós-dramático.

Performance

Escola pública no Rio de Janeiro: em meio à aula de teatro, o garoto pede licença à professora para ir beber água. Obtém seu acordo e algo mais: ela solicita que ele vá ao bebedouro, beba água e na volta para a classe faça todo o percurso o mais devagar possível, em câmera lenta. Cria-se intensa expectativa por parte dos colegas que o aguardam.

Quando finalmente o garoto chega, impressões são trocadas sobre movimento, ritmo, relação entre o espaço e o tempo, sensações experimentadas no trajeto e assim por diante. Uma seqüência de movimentos normalmente imersa na massa informe das ações cotidianas se transforma

7. Paris: Cedic, 1985.

em matéria-prima de descobertas focalizadas de caráter sensorial. Estamos diante de uma poética do efêmero, como qualifica Carmela Soares[8], a professora em questão, feita de traços sutis de uma teatralidade frágil que são em seguida evidenciados e relacionados por ela ao teatro de Bob Wilson.

Anos de 1970. Uma turma de estudantes universitários em plena formação teatral, insatisfeita com o rumo das aulas, busca uma maneira não convencional para expressar sua decepção e reivindicar alterações urgentes na composição do currículo, na modalidade das aulas e na atitude dos professores.

Liderado por Luiz Roberto Galizia, um sub-grupo de seis estudantes se lança num ritual simbólico de limpeza da sala de aula, com vassoura, água e sabão. O acontecimento, carregado de metáforas, ocorre diante dos colegas e de alguns professores e se estende ao longo de cerca de quinze minutos, tempo de duração do *Bolero* de Ravel, ouvido simultaneamente. Mais do que pano de fundo, a música é um elemento de contracenação; sua intensificação progressiva imprime uma dinâmica particularmente forte às ações.

Em ambos os exemplos, é a noção de acontecimento e não propriamente de representação que melhor se presta para nomear o ocorrido. As fronteiras entre a realidade e a ficção não resistem e tombam inexoravelmente por um breve espaço de tempo. Como bem nos lembra Renato Cohen, estamos diante de um retorno "ao 'tempo real', tempo da experiência, tempo do contato"[9].

---

8. *Pedagogia do Jogo Teatral: uma Poética do Efêmero. O Ensino do Teatro na Escola Pública*, dissertação de mestrado, Universidade do Rio de Janeiro, 2003.

9. Rito, Tecnologia e Novas Mediações na Cena Contemporânea Brasileira, *Sala Preta: Revista do Departamento de Artes Cênicas da ECA/ USP*, São Paulo, n. 3, 2003, p. 123.

Presença e Experiência Partilhada

Em oficina coordenada na cidade de São Paulo pelo ator Sotigui Kouyate, desde os anos de 1980 membro do grupo de Peter Brook, os participantes tiveram ocasião de indiretamente adentrar, por assim dizer, na matéria intangível que faz das encenações daquele diretor essa espécie de fonte de um frescor sempre renovado.

Durante três dias de experimentação, Sotigui enfatizou a disponibilidade para o jogo com o outro, sem em nenhum momento vincular o lúdico, que emergia dentro do grupo, a qualquer vestígio de fábula ou caracterização de personagem. O que estava em jogo era a depuração da percepção sensorial, a escuta cuidadosa do parceiro, a troca entre os participantes em planos não verbais, não psicológicos, mas atravessados pela intuição.

Experiências aparentemente simples em círculos, como executar seqüências rítmicas de palmas dirigidas para outro participante que a retoma e a faz prosseguir, ou passar bastões de diferentes maneiras para os companheiros, constituem o terreno sólido proposto pelo ator, dentro do qual, no entanto, brotam sutis desafios. A dificuldade reside em manter uma presença cênica sem tensões, desprovida de qualquer precipitação, embora altamente alerta. Fazer-se plenamente presente enquanto se joga, sem que essa presença remeta em nenhum momento a algo fora da cena, eis a provocação lançada por Sotigui.

Não caberia, no entanto, analisar essa provocação isoladamente, uma vez que ela se insere em toda uma família de procedimentos teatrais visando à experiência do acordo tácito coletivo. Ancorados no desenvolvimento de uma escuta efetivada através de todos os sentidos, baseados na não deliberação, perpassados pela ênfase na atitude de deixar acontecer, de se deixar levar, tais procedimentos engendram uma percepção de outra ordem, do parceiro, de si mesmo e do ambiente.

O jogo no qual os membros de uma roda devem enunciar números em seqüência sem combinação prévia e sem superposição da fala, de modo que a respiração do grupo e a prontidão de cada um seja levada em conta tacitamente, assim como os jogos das séries "Siga o seguidor", "O objeto leva os jogadores" e "Não movimento" formulados por Viola Spolin constituem alguns exemplos dessa linhagem.

Do ponto de vista do espectador dessas modalidades lúdicas, o que se revela aos seus sentidos pode se caracterizar por uma harmonia surpreendente. Não há o estabelecimento de circunstâncias dramáticas, não há enredo e à primeira vista, poder-se-ia mesmo dizer que não acontece grande coisa. No entanto, a inteireza dos jogadores, sua concentração, sua fluência e a respiração coletiva que traduz a cumplicidade instaurada se tornam palpáveis e podem fazer da observação desse gênero de atividade lúdica uma experiência estética enriquecedora. Nas ocasiões em que esse espectador pertence a uma platéia externa ao grupo que joga, não raro ocorre sua absorção pelo grupo de jogadores, até o eventual rompimento das fronteiras entre quem faz e quem assiste.

André Steiger, diretor teatral e professor no Conservatório de Lausanne, sintetiza bem a natureza dos desafios aos quais estamos nos referindo: "A relação com o outro e o princípio de alteridade que consistem em se descobrir como o outro de alguém, tanto quanto em se colocar em relação com o outro, fundamentam, acredito, o essencial do teatro"[10]. Estamos no âmago da possibilidade mesma de uma pedagogia teatral.

Os exemplos mencionados nos remetem a manifestações de caráter lúdico que se situam certamente além do drama. Quando propostas por um professor ou coordenador capaz de identificar a categoria conceitual do

10. Un métier de pro-vocateur, in Josette Féral (org.), L'École du jeu: Former ou transmettre... les chemins de l'enseignement théâtral, Saint-Jean de Védas: L'Entretemps, 2003, p. 94.

pós-dramático e suas implicações, seu alcance pode vir a se ampliar consideravelmente.

Um formador em sintonia com o conceito em questão disporá de condições para que manifestações desse teor:

- Sejam trabalhadas com verticalidade;
- Tornem-se um tema em si mesmas;
- Deixem de ser encaradas como simples jogos ou exercícios com função de pré-requisito para uma posterior aprendizagem, pretensamente mais elevada;
- Tornem-se ponto de partida de um processo de desconstrução de categorias teatrais consagradas;
- Venham a público, suscitando novas percepções por parte da platéia.

Um aprofundamento dessa envergadura, contudo, só chegará a se efetivar se o formador estiver verdadeiramente conectado com as ocorrências dessa visão recente do teatro. Mais do que isso, se estiver familiarizado com as teorizações que permitem interpretá-las e tiver predisposição para refletir sobre seu alcance; se elas encontrarem eco nas perspectivas que pretende imprimir para a formação na qual atua; se forem significativas e relevantes para ele.

Caso isso se verifique, o docente ou responsável pela aprendizagem teatral de um grupo terá reunido as condições que lhe permitirão justificar o interesse e a pertinência de uma abordagem pedagógica da qual façam parte o reconhecimento e a contextualização da visão pós-dramática do teatro.

Não é demais lembrar que a iniciativa de propor processos de aprendizagem teatral sintonizados com o caráter pós-dramático está diretamente vinculada ao outro lado da mesma moeda, ou seja, à capacidade de ler esse teatro e de encontrar alimento e prazer nessa leitura.

Caberia então recortar, dentro das reflexões sistematizadas sobre a aprendizagem artística, uma pedagogia, ou mesmo uma didática específica que viesse a dar conta do fenômeno pós-dramático?

Mais do que estabelecer subdivisões forçadas dentro do campo da pedagogia teatral, em fase de consolidação entre nós, parece-nos mais pertinente deslocar o desafio.

Do ponto de vista da formação do educador, ao que tudo indica o mais relevante parece ser que esse último possa se colocar numa espécie de permanente estado de alerta em relação ao tema. Para que esse estado se configure, algumas condições precisam ser satisfeitas: possuir uma informação sedimentada acerca do assunto e desenvolver uma sensibilidade específica no que tange às provocações implícitas no teatro atual.

Assim fazendo, ele estará apto a captar a emergência do caráter pós-dramático dentro do exercício, do jogo e da cena que vêm à tona dentro do processo. A partir daí, estará em condições de explicitar esse caráter e de fazer avançar processos de aprendizagem envolvendo as perspectivas por ele suscitadas.

Na esteira de processos de aprendizagem dessa natureza, o que se vislumbra é o rastro de uma transformação na percepção. Inseparável deles, seu corolário: a instauração de uma desordem naquilo que até há pouco se admitia ser a função do teatro.

14. TEATRO PÓS-DRAMÁTICO E TEATRO POLÍTICO*

Hans-Thies Lehmann

O conceito de teatro pós-dramático é, como se diz na matemática, um mínimo denominador comum entre uma série de formas dramáticas muito diferenciadas, mas que têm em comum uma única coisa: ter atrás de si uma história, que é o teatro dramático. Vou começar com um ponto que me parece central: a relação desse teatro pós-dramático com o político. Não é à toa que o livro que eu escrevi depois de o *Teatro Pós-Dramático*, reunindo uma série de

▲Mãe-Coragem, *de Bertold Brecht, em montagem de Gerald Thomas. Foto de Ary Brandi* (AMM).

* Este texto sintetiza o depoimento do autor durante Seminário Internacional realizado em setembro de 2003, no Instituto Goethe de São Paulo, pelo Programa de Pós-graduação em Artes Cênicas da ECA/USP e publicado na revista *Sala Preta*, n. 3, 2003. Tradução de Rachel Imanishi.

artigos das últimas décadas, chamou-se *Teatro Político*. Teatro político em dois sentidos: não só das peças que se ocupam desses temas, mas também da própria escrita que está relacionada com temas políticos, de como ela é política. Enfim, quando se trata de teatro pós-dramático, há que se voltar um pouco atrás. Há uma frase do Lukács, do jovem Lukács, que eu sempre me lembro: "o que é verdadeiramente social na arte é a forma". Portanto, a questão do teatro ser político para mim não é simplesmente tratar de temas e tratar de um conteúdo político, mas é ter essa forma política. Você pode ter teatros que não são nada políticos e que tratem de temas políticos. É a forma que vai definir.

Walter Benjamin já tinha dito, nos anos de 1920, que uma das coisas que ele achava mais terrível na arte era os artistas usarem questões políticas para criarem divertimento, ou provocarem diversão. Lê-se muito sobre questões políticas nos jornais, e somos sempre bombardeados pelas informações políticas da mídia. Ou seja, o problema não é ter todas essas informações do jornal, o que falta não é informação sobre a política. A gente sabe que existe exploração, que existe luta de classes, que existem conflitos, que existem uma série de coisas, mas não é isso que nos falta, não é isso que a arte vai sanar. Não é um problema de informação sobre questões políticas.

Eu falo, talvez, a partir de uma perspectiva européia, alemã, francesa e inglesa, mas tem havido muito desse teatro "político". E eu acho que o teatro tem pouca chance de ter, de fato, um efeito político simplesmente a partir da utilização dessa informação, que é a informação cotidiana, diária, sobre o político. Para mim, a coisa mais importante é como trabalhar essas informações. Política é o modo como você trabalha a percepção dessas questões. E são essas várias formas de percepção do político que variam. A questão já era, para Brecht, para Heiner Müller e para todos os que trabalharam com teatro político, como você muda a forma de percepção das questões políticas e influi nessa forma de percepção. Para o teatro, o que é importante é a forma de mudar essa percepção, a forma como se vai conseguir alterar essas fórmulas de percepção que estão dadas.

Essa foi uma pequena introdução, para voltar à definição do teatro pós-dramático. A questão central é o conceito de drama, que é o conceito clássico a partir do qual se organizou essa percepção. Eu acho que todos aqui leram o livro clássico do Peter Szondi, *Teoria do Drama Moderno**, e eu acho que Szondi conseguiu chegar a algumas formulações muito sintéticas sobre a forma do drama que esclarecem muitas coisas sobre as quais eu vou falar aqui. Então, por isso, vou retomar um pouco alguns conceitos explicitados por ele.

O drama pressupõe que o que acontece entre as pessoas, a relação estabelecida entre duas pessoas, ou a relação estabelecida entre as pessoas, é essencial para o entendimento da realidade. A partir do momento em que eu não acredito mais que essa relação entre as pessoas seja essencial para entender a realidade, fica muito difícil escrever um drama, porque todas as coisas que você poderia escrever a partir dessa relação tornam-se supérfluas. Foi exatamente por isso que muitos autores modernos distanciaram-se de uma série de elementos que estavam relacionados com essa forma de drama, que eram os conceitos de caráter, das figuras dramáticas e da psicologia dos indivíduos, do que Hegel chamava de colisão dramática, e, mesmo, do conflito de idéias que estava pressuposto no drama.

É claro que no teatro pós-dramático também aparecem os conflitos, os caracteres, as idéias e o conflito de idéias, a colisão enfim. Esses elementos, contudo, ocorrem de uma outra forma, que não a que era articulada pelo drama. Nesse sentido, é importante um rápido esclarecimento: o drama está intrinsecamente relacionado com a noção de dialética, dialética no sentido de um conflito que tem uma progressão e que vai caminhar depois, mais

---

*. Tradução brasileira, São Paulo: Cosac & Naify, 2001. (N. da E.).

à frente, para uma síntese. Não há como dissociar o conceito do drama dessa dialética.

Estou fazendo uma exposição esquemática, porque se pode entender o teatro, essa forma de teatro, como uma construção formada por uma série de elementos. Quer dizer, o teatro se constituiu a partir dessa série de elementos que são: pessoas, espaço e tempo. Quero falar um pouco sobre cada um desses elementos. O que aconteceu com a modernidade foi que essa forma tradicional de teatro, ou todos esses elementos que estavam relacionados, explodiu. Essa série de elementos que formavam o teatro ganhou uma autonomia. Para esclarecer melhor isso, pode-se tomar o exemplo de um desses elementos, o tempo. Na *Poética* de Aristóteles, pode-se projetar a noção de unidade de tempo. Essa idéia de unidade de tempo implica que, para o espectador, o tempo desaparece. Ele não pensa sobre o tempo e vê-se completamente envolvido pela progressão do drama sem pensar na progressão do tempo. É através dessa construção do drama que a arte teatral adquire sua unidade. No teatro moderno, ao contrário, os autores se colocaram a tarefa de apresentar justamente o que seria essa progressão de tempo, o que é o tempo. Não o tempo fora do drama, mas o tempo como tema, justamente, do drama. E, então, o que eles fizeram? Transformaram o teatro numa coisa extremamente lenta. E com isso o tempo começou a ser um tema. Ou então eles aceleraram muito o tempo, e dessa maneira o tempo também se tornou tema. Ou eles criaram colagens e, a partir dessas colagens, não se teve mais um tempo contínuo. Esses são todos procedimentos que surgiram a partir do momento que essa unidade dos elementos teatrais se explodiu, se esfacelou. Ou seja, o tempo sempre foi uma coisa importante para o teatro, mas, com essa autonomia dos elementos, virou uma categoria com existência própria que pode ser dramatizada de forma própria e não dentro da unidade que ela costumava constituir no drama. Poder-se-ia falar de outros elementos que sempre constituíram o teatro: o espaço, a linguagem, os corpos. Assim, se você começa a olhar mais de perto, e com um pouco mais de paciência, uma série de procedimentos e de formas teatrais, que a gente costuma ver como coisas muito experimentais, são compostas por elementos tradicionais, coisas que já existiam no teatro. Ou seja, o teatro pós-dramático não é a destruição do teatro, mas uma nova etapa que, com esse distanciamento, pode ser percebido como uma etapa dentro da história do teatro, que tem um desenvolvimento. Esses foram os aspectos que no livro *Teatro Pós-Dramático*[*] me interessaram e que eu tratei de esclarecer a partir de exemplos para cada um desses elementos. Agora gostaria de voltar ao que eu disse inicialmente, ao primeiro ponto que esclareci: qual o interesse que isso tem para o teatro político, para se pensar politicamente o teatro?

Vou começar com uma frase de Heiner Müller – uma frase muito bonita, que diz: "A tarefa da arte é tornar a realidade impossível".

O tempo possui para nós uma função fortemente ideológica. Com a descontinuidade do tempo, podemos nos sentir em casa. Com a descontinuidade, ou com uma nova construção desse tempo, que não a da continuidade, podemos perceber ou suspeitar que existem outras possibilidades de tempo ou de construção dessa realidade. Com isso eu não estou falando da utopia de uma sociedade mais justa, da utopia de uma sociedade sem classes, ou coisa desse tipo. Essas são todas coisas bonitas e necessárias, mas para a arte não é isso que é o centro. Tome-se, por exemplo, uma pintura do Renascimento. Podemos continuar vendo essa pintura como uma coisa bonita, importante, sem que necessariamente seja uma utopia de um mundo melhor. Eu acho, como está expresso na frase do Heiner Müller, que a função da arte é uma função negativa. Negativa não significa necessariamente triste. Não precisa ser uma coisa violenta. Pode ter a ver com uma coisa ingênua, pode ter

---

[*]. Tradução brasileira, São Paulo: Cosac & Naify, 2007. (N. da E.).

a ver com o riso. Com a coisa grotesca e com a coisa sem sentido. Quando se é criança, gosta-se muito da coisa sem sentido, e, como Freud mostrou depois, numa certa hora há que se abandonar essas coisas sem sentido para avançar. Com a arte surge a possibilidade de se retomar, de algum modo, esse sem sentido.

Quero começar com um exemplo de como a política entra na arte, o exemplo da interrupção. A interrupção, a pausa, ou a cesura, como Hoelderlin dizia. Esse movimento da pausa e da interrupção pode ser experimentado quando se está andando e se pode, por um momento, suspender o ato de andar e pensar sobre o que é esse elemento. Você interioriza o andar e, com isso, se distancia dele. Esse conceito da interrupção e da cesura é muito simples, mas tem muitas significações. Ele não se relaciona somente com essa percepção do sensível, com a surpresa e com a coisa inesperada. Ele se relaciona também com nossos conceitos e com nosso pensamento. Pode funcionar como um choque que, fazendo com que a realidade se torne, de repente, uma coisa não mais possível, e que nos faça pensar a respeito disso. E com isso eu chego ao ponto, que é o fato de esse conceito do teatro pós-dramático e das várias formas do teatro pós-dramático serem respostas, de maneiras muito diferenciadas, a uma mesma questão. E essa questão comum é: como podemos, numa sociedade como a em que vivemos hoje, de mídia e de massa, criar através do teatro essa situação de interrupção?

É nesse contexto que vale examinar os vários experimentos com a forma do drama. Podemos pensar que a grande maioria, aqui entre nós, vai com prazer ao cinema e, lá, acompanha uma história que está se passando na tela. Isso é ótimo, isso diverte muito e não é nenhum crime. Mas também no teatro, ainda hoje, temos uma série de situações em que você acompanha um drama, acompanha uma fábula, uma historinha. As formas tratadas no livro *Teatro Pós-Dramático* são formas criadas a partir de diretores, grupos e experimentos teatrais que

238

não se satisfaziam mais com esse modo tradicional de se contar a história, ou de tratar o real a partir de uma dessas formas tradicionais, das historinhas. Esse tipo de desenvolvimento me parece muito plausível, muito razoável, porque a gente vive numa sociedade onde, continuamente, se estão construindo histórias, ou se ouvindo histórias. Qualquer político faz sempre uma historinha que é muito plausível e que termina sempre com porque ele tem razão. Qualquer filme pode nos contar uma história de como, nas situações mais difíceis e adversas, se pode ter, apesar disso tudo, ainda, uma boa solução ou uma saída justa. Mesmo nas explicações sociológicas são fornecidas explicações a partir dessa estrutura tradicional, de como as coisas são justificadas ou são contadas. Mas no teatro, e na arte em geral, você sempre tem essa situação que é essa estrutura e as várias ideologias, ou esse tipo de construção, e a possibilidade de destruir essa tradição de contar histórias. Isso é de novo o conceito negativo, quer dizer, o teatro como um incômodo, como uma perturbação. Essa perturbação se torna possível porque os vários elementos, agora dissociados, podem ser construídos de outra maneira. Como no exemplo que eu tinha dado sobre o tempo e, também, em relação a outros elementos do teatro. Mas nesses exemplos todos estamos sempre tratando do produto final do teatro no palco, de uma peça montada. O importante disso é que o teatro, nessa sociedade dominada pela mídia, oferece a alternativa de uma comunicação ao vivo e real. Se eu quisesse uma caracterização do teatro (e não é o que eu quero), poderia dizer que é um cinema tridimensional. Na maioria dos teatros tradicionais e monótonos, essa possibilidade de comunicação entre o espectador e o realizador, e o fato de o teatro ser esse cinema tridimensional, não é aproveitada. E é justamente essa situação que é aproveitada por algumas dessas novas formas do teatro pós-dramático – como a performance –, que se servem e são construídas a partir dessa possibilidade de comunicação ao vivo.

Eu vi uma performance, nos anos de 1980, em que o texto da *Ilíada* de Homero era simplesmente lido pelos atores. A performance acontecia numa casa que tinha várias salas, dois pisos, e as portas para fora permaneciam abertas, com a leitura acontecendo em vários espaços dessa casa. E os atores se distribuíam pelos cômodos da casa; eles tinham feito livros enormes da *Ilíada* e simplesmente liam esses livros nos vários cômodos da casa. Se algum desses atores ficava cansado ele simplesmente fazia um sinal, passava um tempinho e vinha um outro ator que o substituía, continuando a leitura do texto. O espaço dos atores e o espaço do público era o mesmo. O público podia sair e entrar, ia e vinha, ficava ao lado dos atores ou simplesmente ouvia. A performance durava vinte e duas horas. Não por sadismo, mas porque a *Ilíada*, de fato, é um texto longo. O público podia sair e voltar quanto quisesse. Eu, por exemplo, que gosto muito do final da *Ilíada*, uma certa altura da noite fui para casa dormir um pouco, para voltar com disposição de ouvir o final. Alguns trouxeram sacos de dormir e ficaram ali deitados durante toda a apresentação. Pode-se imaginar que, a partir de uma performance como essa, torna-se possível pensar e refletir sobre uma série de questões. Eu só quero reforçar alguns aspectos. Todos os elementos do teatro estavam dados ali, numa apresentação como aquela, só que numa disposição diferente da normal. Outro ponto é que, nessa forma de teatro, aparece uma categoria ética que começa a desempenhar um papel. É claro que na apresentação cada espectador tinha a possibilidade de perturbá-la ou mesmo destruí-la. Ele poderia incomodar o ator que estivesse lendo, e poderia gritar, dizendo isso aqui é o fim. A categoria ética a que me refiro é exatamente a da responsabilidade. Nesse tipo de apresentação, o espectador é imbuído de uma responsabilidade por aquele processo. E, ao mesmo tempo, é parte do espetáculo. Se eu consegui descrever bem a situação, pode-se imaginar como nesse tipo de apresentação qualquer espectador pode se tornar o único espectador. Porque, para cada espectador, todos os outros fazem parte do espetáculo também, e ele é o único que está vendo tudo. E porque, também, ele é livre nessa posição que está e é livre em relação à situação toda que está acontecendo. Ele pode chegar bem próximo das pessoas que estão fazendo a performance, ele pode olhar diretamente para elas, ele pode ir embora. Ou seja, tem muitas possibilidades. Claro que não vou negar que no teatro tradicional, qualquer espectador também é, de algum modo, responsável por aquele espetáculo. Mas nessa forma isso se torna infinitamente mais claro. Eu estou numa situação em que estou jogando, participando e atuando junto com outros. Faço parte desse jogo, mesmo que eu não seja obrigado a fazer parte desse jogo. Uma situação como essa é como uma situação política. Tem a ver com a relação que cada espectador estabelece com as coisas que estão acontecendo. Mas isso não se passa a partir de uma idéia, de uma ideologia, a partir de um conceito. Isso se passa a partir de uma experiência artística, uma experiência que é possibilitada a partir da configuração específica que você tem lá, a partir de como o espectador está envolvido nessa situação, e que é uma situação que está relacionada com a forma como você recebeu isso. Não quero fazer desse exemplo do final dos anos de 1980 e início dos anos 90 um modelo. Mas eu poderia falar também de como ainda hoje, na Alemanha, alguns grupos procuram, a partir de configurações e situações diferentes, fazer uma reflexão política a um teatro político.

Peça Didática de Brecht

Isso é um tema que gera muitos mal entendidos, por isso precisamos tratar com paciência e um certo vagar. Várias pessoas pensam, a partir da expressão *peça didática,* que você tem uma doutrina a transmitir, e é exatamente o contrário. As peças didáticas de Brecht não têm nenhuma doutrina. O próprio Brecht traduziu a expressão *Lehrstücke* (peça didática), por *learning play* (peça de aprendizado). À questão sobre o que é que se aprende numa peça didática, ele responde que os aprendizes são aqueles que estão jogando e participando. Não o público. O conceito, pois, da peça didática dos anos de 1920 é uma idéia de um teatro sem um público passivo. Se você começa a investigar essa palavra, como eu fiz em meu livro, percebe como essa palavra vai sendo cada vez mais questionável, o aprender e o aprendizado. Este é um texto bem antigo e a gente pode exagerar um pouquinho e dizer que esse conceito da peça didática faz parte da pré-história da performance, não de um teatro didático no sentido tradicional.

Artaud e o Teatro da Crueldade

Esse conceito do Artaud, do teatro da crueldade, e não só, mas todo o experimento dramático de Artaud, tem para mim o duplo sentido não só da crueldade mas também da coisa crua e da coisa não preparada. Faz parte de uma espécie de genealogia de teatro pós-dramático. E é muito interessante que a teoria de Artaud, e a teoria de Brecht sobre as peças didáticas, surgiram no mesmo período. Não só os conceitos de Artaud e de Brecht, como o do surrealismo e das teorias revolucionárias de Walter Benjamin, estavam todos sendo criados nesse mesmo período. Foi um momento chave de teorias não só do teatro, mas da arte no século XX. Mas tem uma diferença central. Tanto os surrealistas como Artaud e Walter Benjamin ainda acreditavam numa possibilidade de relação direta, revolucionária, dessa prática artística com a realidade. A teoria do Artaud não é só uma teoria teatral, mas é uma teoria cultural. É uma polêmica contra toda uma tradição européia de representação e atitude. Não é à toa que Jacques Derrida retomou as idéias de Artaud nos anos de 1960 em um momento também de polêmica, Brecht, com a sua teo-

242

ria mais comunista, e Artaud, com sua teoria que é uma crítica fundamental a essa sociedade da representação, andam mais ou menos paralelos numa mesma crítica social. Meu interesse em um teatro pós-dramático e numa série de teorias – mais antigas, como essas dos anos de 1920, ou que foram retomadas no início dos anos de 1970, na sociedade da mídia a partir de uma outra configuração – não é só a revolução, mas é a interrupção. E acredito que para muitas pessoas que estão fazendo experimentos hoje na Alemanha, para uma série de grupos, retomar essas idéias é um ponto central. Isso é uma especulação, uma suposição que precisa ser vista depois com mais precisão, mas eu, de algum modo, tenho pensado nisso em relação às coisas que estão sendo feitas hoje. Tenho a impressão que para muitos artistas, e intelectuais, a questão central é estar em frente ao perigo. E esse perigo é o perigo de você perder a fala. Não ter a possibilidade de fala, não ter a possibilidade de intervenção ou de ser ouvido numa sociedade como essa. Todos sentem como uma coisa muito forte esse perigo de ficar simplesmente mudo e perder sua fala e sua capacidade de intervir. E, por isso, a coisa mais importante no teatro é que você faça uma coisa com um grupo. Eu me lembro de uma frase de uma diretora da Noruega em um encontro de teatro em Amsterdã. Nós falávamos sobre utopia e ela me disse: "a nossa utopia é que façamos alguma coisa juntos, uma coisa coletiva". Nesse sentido, eu percebo que muitos grupos que fazem teatro, não fazem apenas teatro. Eles estão, parece, muito mais interessados em criar uma rede, uma espécie de *network* em que, talvez, em um certo momento eles fizessem um *workshop*. Em outro momento eles fariam um seminário, e conseguiriam juntar o dinheiro para montar uma peça, em um grande teatro por algum tempo. Então eles fariam um novo experimento com uma nova coreografia, ou seja, é uma prática muito heterogênea. E nisso, o que eu acho interessante é que a prática artística, a arte, ou a estética, continuam sendo questões importantes, mas não mais o centro. Por isso, eu acredito ser possível

243

tomar as coisas que eu digo em meu livro como uma etapa que ainda está se desenvolvendo e que haverá uma outra fase mais à frente. Estou apontando nessa direção. Pode-se retomar a idéia da explosão dos elementos teatrais e imaginar que esses elementos não vão cada um partir para o seu lado e tomar uma direção própria, mas cada um deles pode se relacionar e se juntar com outros elementos. Eu vejo que muitos alunos oferecem aulas que são performances. Ou seja, o dançarino não dança mas ele fala sobre a dança, reflete sobre ela. Porém ele pode dançar também, e isso faz parte desse processo. É um processo que ocorre no interior de um questionamento conjunto sobre o que é possível de ser feito. Eu tenho a impressão que essa é uma tendência muito forte que está se desenvolvendo; os teatros tradicionais e os teatros simplesmente de divertimento, estruturados no *entertainement,* vão ter muita dificuldade para se manter como se mantiveram em outras épocas a partir de seu esquema tradicional. Acho que a junção de vários elementos – políticos, sociológicos e antropológicos –, está começando e ainda vai se fortalecer. Ela dá uma nova estrutura à prática artística. E isso em muitos casos é também uma prática política. As pessoas que fazem teatro podem estar bem integradas numa manifestação contra a globalização. Ou se engajam em outros tipos de instituição, de organizações por reformas e mudanças, e coisas desse tipo. Gostaria de retomar um pouco esse conceito da tradição. Se a gente pega uma grande tragédia de Shakespeare, é possível encontrar tudo isso. É política, antropologia, canta-se, há uma prática, reúne-se uma porção de pessoas. Mas Shakespeare, como toda a tradição do drama, está prisioneiro da convenção. Por isso, não ajuda muito saber que todos esses elementos estão ali no Shakespeare, Temos, sim, que achar novas formas de trabalhar com eles para torná-los, e a essa tradição, vivos.

Quero dar um outro exemplo, de um grupo inglês que se chama *False Entertainement,* muito conhecido na Europa. Muitos acham que seja o grupo mais interessante que surgiu nos anos de 1990. É um grupo que pode ter uma boa recepção no Brasil, pois trabalha muito com o humor. Eles falam diretamente com o público, o que valoriza muito a representação e as pessoas envolvidas. Esse grupo constrói atmosferas e situações teatrais em que todas essas coisas – as tragédias, o grotesco, e o cômico – estão presentes no palco. Há uma pitonisa, que na verdade é uma falsa pitonisa, que olha para uma pessoa e diz: "câncer de mama", ou coisas do tipo. É um jogo com essas questões trágicas bem engraçado e estranho, mas que cria um tipo de comunicação muito viva. E eles trabalham também com a questão do tempo, que eu falei anteriormente, e fazem performances de longa duração. Então, por exemplo, eles ficam contando histórias que nunca terminam, porque um interrompe o outro e a história não segue adiante. Uma pessoa do grupo fala assim: "Um dia Deus estava em seu escritório" e um outro diz: "Pare, ninguém quer saber sobre Deus". Então eles ficam se interrompendo e cria-se esse jogo no palco com essa série de interrupções. E ao longo dessas performances, todos os temas da política, da hierarquia, do amor e outros vão surgindo no palco a partir dessas interrupções. E digo isso, porque, para mim, esse grupo, todas as vezes que eu os vejo, me faz lembrar muito de Shakespeare. Porque eles criam, ou de algum modo conseguem recriar, essa totalidade que está presente nos dramas de Shakespeare a partir de um outro tipo de construção. Então, coisas que se tem nas peças de Shakespeare reaparecem a partir de um outro tipo de configuração. O espírito do grupo substitui o gênio de Shakespeare.

Teoria do Drama Moderno de Peter Szondi

Considerando meu interesse em um pensamento que cruza a literatura e o teatro, minha preocupação não foi a de rejeitar sua análise sobre o drama, mas de apontar que, num certo sentido, era uma análise estreita, e isso, particularmente, porque ele não fala do teatro como uma arte. Ele, portanto, não fala de como o corpo desempenha no teatro, de como a sua presença se modifica. Eu diria, por exemplo, que no drama tradicional o corpo é existente, mas não importa do ponto de vista literário. Tudo não passa de um conflito mental. No teatro pós-dramático chegamos a um teatro onde o corpo, afinal, importa. Isto não significa que exista uma linha divisória entre teatro textual e teatro não-textual. Pode haver teatros de texto absolutamente pós-dramáticos, como o teatro de Gertrude Stein. É até questionável se no caso dela podemos falar de dramaturgia, porque o que ela fez foi escrever textos a que chamava de "peças paisagens". E por que as chamava assim? Porque ela queria realizar uma coisa que é normalmente considerada impossível ao texto literário, escrever um tipo de literatura que seria observada como se observa uma paisagem. E numa paisagem não há hierarquia. A árvore é tão importante quanto a pedra e o campo tanto quanto o céu. Portanto, numa paisagem todas as coisas estão no mesmo nível e você não está, como ela definia tão bem, nervoso, ou sempre esperando. Stein dizia que quando ia ao teatro se punha sempre muito nervosa, porque tinha que lembrar e ansiar por algo, e ela não queria isso. Queria simplesmente estar lá, confortável na situação. E eis por que Robert Wilson no discurso que fez no enterro de Heiner Müller disse: "Quando eu li Gertrude Stein", referindo-se a *The Making of Americans*, "eu soube que podia fazer teatro". Portanto, essas "peças paisagens" foram uma inspiração para um teatro que não estava na dinâmica da história e do personagem. Se você lê Gertrude Stein, tanto a prosa como as assim chamadas "peças", se dá conta que é muito divertido. Pode ser cansativo no começo, mas depois se torna mesmo muito engraçado. E ela tem noções como "eu sou eu porque meu cãozinho me reconhece", que é sua sentença definitiva sobre a identidade. E ela disse que isso era o oposto da criatividade. Porque se eu sou eu porque meu cãozinho me reconhece, quando não se é criativo se permanece sendo o que se é. No momento em que você se torna criativo você já não é você, você está em movimento e já não é identificável. Na verdade, Gertrude Stein talvez não pensasse no teatro quando escreveu essas peças, mas o seu teatro de entidades era um desdobramento de suas práticas textuais na escritura de novelas como *The Making of Americans* ou *Tender Buttons,* e de sua poesia. Daí é que nasceram essas "peças paisagens". Ela está, pois, num certo sentido, além do modelo tradicional de um teatro de representação.

O teatro dramático é um teatro de representação. Mesmo os exemplos mais radicais que Szondi discute, ele não os coloca além da representação. Eles continuariam um tipo de drama épico. E tudo que eu digo no livro é que, hoje, não é mais suficiente descrever, como Szondi fez, o desenvolvimento do teatro moderno em termos do teatro épico. Não é suficiente. Este é apenas um nível de desenvolvimento e nós temos desenvolvimentos diferentes que estão além do texto e além da representação, muito mais do que ele teria imaginado. Mas é claro que ele abriu um caminho de pensamento sobre gêneros e sobre uma certa estrutura de peças, nessa dialética histórica da mudança da forma, e não poderíamos pensar hoje sobre o desenvolvimento histórico das formas artísticas, igualmente no teatro e na literatura, sem o livro de Szondi, sem a sua referência. Portanto, é basicamente uma questão de abordagem.

Eu queria descrever o teatro, o que acontece com o tempo e o espaço, o que faz do teatro uma forma artística, para além da oportunidade de recitar um texto. Mas isso não significa que eu negue as possibilidades produtivas do teatro textual. Não minimamente. E há uma grande quantidade de teatro não-verbal, teatro-dança, que eu acho extremamente aborrecido, na medida em que reproduz um modo representativo de contar uma história só com a dança, e que não difere muito das formas mais tradicionais de contar histórias.

Dramático e Pós-Dramático

Eu não gostaria de simplesmente ampliar e alargar o conceito de teatro dramático, mas considerar esse conceito como o que engloba essas várias possibilidades de formas dramáticas. Penso que é uma vantagem do conceito do teatro pós-dramático que ele mantenha no nosso inconsciente esse conceito do drama do qual ele saiu. A gente fala de teatro experimental, de novo teatro, ou de teatro de vanguarda. Mas ele se refere a uma coisa que é bem posterior, pois hoje já não existe teatro de vanguarda. Afinal a *avant-garde* só existe quando você sabe qual é a direção em que você está indo. Mas essa palavra, esse conceito pós-dramático remete ao conceito anterior, da tradição, para trás. Ele mostra que os artistas, consciente ou inconscientemente, remetem-se ou referem-se a uma tradição do teatro dramático. É uma coisa interessante que durante décadas, séculos, se tenham mantido lado a lado as palavras teatro e drama, e tenham sido mais ou menos sinônimas. Ainda hoje as pessoas falam, quando voltam do teatro, que gostaram muito da peça. Elas não fazem uma diferenciação entre a peça como texto escrito e a representação dessa peça. Ou seja, tradicionalmente a palavra teatro quer dizer teatro dramático. E na França, se você tem uma reunião de peças de um autor em um livro, você chama de teatro. Os dramas de Diderot são chamados Teatro de Diderot. E eu acho que já é um gesto produtivo manter na consciência essa diferenciação entre drama e teatro, sem atrelar isso a nenhum dogma.

Mimese e Representação

Falarei um pouco sobre o conceito de mimese, ou seja, desse conceito antigo da mimese como imitação. E é claro que nessa mesma tradição do conceito de representação, nunca se imaginou que se pudesse viver sem a representação, sem representar alguma coisa. Certamente, não iremos livrar-nos da representação. Sempre existe na arte um movimento de reduplicação das coisas. Não se trata da questão de representação ou de não-representação, mas sim de qual é o lugar da representação, e de como transformar a representação mesma em um problema, não só artisticamente como filosoficamente. Eu procurei, em meu livro, estabelecer uma relação e uma interconexão entre esses dois conceitos, o do pós-dramático e o da representação. Porque o drama, enquanto estrutura, nos oferece uma idéia da estrutura como totalidade. Você não tem como impedir isso. Existe uma estrutura de começo, meio e fim, e essa estrutura quer dizer totalidade. Isso já se pode ler em Aristóteles. Ele diz que uma tragédia precisa ser um todo. E logo em seguida diz que um todo é o que tem começo, meio e fim. Isso parece uma coisa super infantil, mas na verdade é um pensamento muito profundo. Eu sempre me lembro de Jean-Luc Godard, ao responder a um crítico que lhe dizia: "Você tem que admitir, senhor Godard, que o filme tem começo, meio e fim", ao que Godard respondeu: "Você tem razão, mas não necessariamente nessa seqüência". O conceito de representação está ligado indissociavelmente à idéia de uma verdade, de uma totalidade, de uma coisa que tem um fim. Mas essa interconexão, ou ligação, não é uma coisa cem por cento. Mesmo no drama tradicional você tem vestígios de rupturas. E existem muitos experimentos de teatro pós-dramático que usam o texto, no momento em que você poderia usar a dança, ou poderia usar outro tipo de coisa em que o texto desapareceria. É, de novo, uma estratégia de interrupção. Você pode ver isso em vários grupos. Há pouco tempo, houve uma performance em Frankfurt com duas pessoas, e você podia ficar o tempo inteiro vendo essas pessoas através de uma vitrine. Não existia nenhuma linguagem para o público, os espectadores podiam ver através dessa vitrine, mas você via as coisas cotidianas que essas pessoas estavam fazendo através da vitrine. Escrevendo no computador, arrumando a casa. Mas não era Big Brother. Você não via o banheiro, a privada, esse tipo de coisa. Tratava-se, na verdade, mais de tornar o conceito de privado uma coisa pública. Era uma reflexão sobre o ato de observar. Mas também foi uma performance sem linguagem.

Função da Linguagem

Sobre a função filosófica da linguagem, quero dizer que a presença é a auto-identidade. É suficiente estar aí, mas você pode estar aqui e não estar presente. Na Alemanha se diz de uma pessoa, quando não está completamente presente, que está ausente. A presença é uma ilusão, ou seja, é como se fosse um ideal no horizonte, mas sempre tem alguma coisa que não está presente. A idéia da presença vem do campo da filosofia e é a idéia de uma revelação. A verdade aparece para mim como uma luz. Mas, na verdade, eu estou sempre em um processo de escrita dessa diferença. Sempre tem alguma coisa que não está ali necessariamente. Só a convenção do cotidiano é que nos dá a ilusão de uma presença. Eu sou o que sou porque o meu cachorrinho me percebe. Há algum tempo vi uma performance muito interessante. Agora não me lembro o nome do performer, mas era uma situação em que havia uma pessoa escrevendo em um computador. E você podia ver, projetado na tela, o monitor onde ela escrevia. Redigia uma carta que começava assim: "Querido vizinho, eu sou a sua nova vizinha. Quem é essa pessoa estranha que está andando no teto? Isso está me parecendo uma coisa muito suspeita. Talvez seja preciso chamar a polícia". Ela continuava escrevendo essa carta, a então apagava linhas e começava a escrever uma coisa completamente diferente. Mais tarde perguntava ao vizinho se ele também achava que o cara lá em cima tinha problemas. No final, ela já não estava mais escrevendo para o vizinho, mas para o cara que estava lá em cima, no telhado: "Hei, você aí em cima, precisa de ajuda?" Uma coisa bonita nessa performance era que se percebia, a partir dessa escritura e da imagem do que era escrito e reescrito, como essa consciência funcionava. Percebia-se que essa pessoa era, no mesmo momento, uma quantidade de possibilidades completamente diferentes. O que está em jogo neste texto é que cada uma dessas partes, desses possíveis textos, são possíveis caminhos diferentes. Tudo que falamos são como que paradas casuais dentro de um leque de possibilidades infinitas. Pode-se falar alguma coisa, e aquilo é a transmissão dessa pequena coisa, uma entre várias possibilidades. Então essa forma de presença, de identidade, é uma ilusão. É completamente casual. E o teatro pode justamente tornar mais clara a consciência dessa situação e desse fato. O homem é, simplesmente, um possível. Eu acho que essa é uma possibilidade filosófica do teatro, que é essa possibilidade de desconstrução da presença. Existe a idéia tradicional, em relação ao teatro, de que o teatro, diferentemente de várias outras artes, é uma arte da presença. Porque o ator está presente, o público está presente e estamos numa troca de presenças. Isso é bonito, mas não necessariamente real. Pois, assim como nesse exemplo do computador, nós somos ao mesmo tempo atores e espectadores. Nós não estamos conscientes de nossa presença, mas apenas de um pequeno recorte dessa presença. Apesar disso, o fato de existir uma presença viva no teatro cumpre uma função importante, que é melhorar a nossa percepção dessa pessoa humana, dessa figura viva. Isso é muito simples. Eu não posso ter o mesmo tipo de relação com uma pessoa viva que com um objeto. Um quadro, um filme, uma estátua, uma casa. Esses são todos objetos. Mas no teatro, o ator, ou os atores, são sempre pessoas, viventes, nunca simplesmente uma outra coisa que está na nossa frente. Quando eu vejo uma pessoa a partir de uma perspectiva ética, é impossível reduzir essa pessoa simplesmente à sua efetividade, à sua realidade. Eu não posso observar uma pessoa simplesmente do ponto de vista ético, como ela é, como ela está ali, mas sempre a partir da possibilidade do que ela pode ser. Porque uma pessoa pode se transformar, numa outra situação, em outras condições. Tem uma bela frase de Adorno, da teoria estética: "Se você toma uma pessoa sem ser uma pessoa específica, ainda não é uma pessoa". Ou seja, todas as pessoas ainda estão em um estado de possibilidade. É como a situação do Hamlet frente a Rosencrantz e Guilderstein. "Se a gente for tratar qualquer pessoa apenas pelo que ela fez, quem estaria salvo de ser executado?" Você não pode julgar as pessoas apenas pelo ser, pelo que são, mas pelo que poderão vir a ser. Essa é uma outra dimensão artística da questão da identidade que está no centro do teatro. Por isso eu defino, em alguns textos, o teatro como o espaço das possibilidades, onde a realidade é mais efetiva que a própria realidade.

Perspectivas

Há uma questão que está no centro das minhas preocupações, que é a nossa possibilidade de produzir de novo uma grande forma. A beleza da forma exata. Falaria dos artistas como guerreiros da beleza. E faço dessa disciplina pela beleza um momento da crítica ao existente. É preciso reafirmar que a coisa decisiva no teatro não é o conteúdo, mas a forma. Mas isso não significa limitar-se a uma forma específica. Mas, sim, propor um trabalho consciente com a forma e com a percepção. E que pode ser muito diferente, muito livre, muito disciplinado. Não quero, com a proposta do espectador em troca livre, desprezar a contemplação disciplinada de um quadro, por exemplo. Pode-se dizer que no teatro é sempre uma questão da tática, no sentido militar. Por isso é fundamental pensar o que, em cada momento, em cada situação, é importante de fazer no teatro. Em uma sociedade como a Ocidental, que vive sob essa pressão da mídia e da velocidade das imagens, a experiência com uma forma muito restrita, muito fechada, pode ser um modo muito produtivo de abordar essa realidade. Mas também, a partir de uma outra perspectiva, pode ser uma coisa muito interessante você ter um experimento que é mais leve, e mais desprendido, para que você possa imaginar essa situação de uma maneira diferente. Existe na política um conceito que é da multitude, a partir do livro de Antonio Negri e Michael Hardt, *Império*. É possível, também, dizer em relação ao teatro que existem grupos e situações específicas, em que determinadas práticas vão ser mais efetivas, e mais possíveis. Grupos e redes de coisas em que se definem práticas distintas.

Teatro e Filosofia

Eu acho que essa é uma questão central. De certo modo, pintar também é pensar, dançar também, fazer teatro e escrever poesia também, mas com diferentes materiais. Não pensar com conceitos, mas a partir de outros materiais. Ou seja, dizer que a cena pensa, propõe a nós, teóricos, que encontremos a teoria que corresponda a essa prática que está sendo pensada. Mas acontece muito haver casos em que as práticas viram simplesmente uma ilustração para uma certa teoria. E isso é o que devemos evitar, e isso é que fez com que o discurso acadêmico sobre o teatro se tornasse tão monótono, enquanto alguns filósofos desenvolveram uma teoria muito mais genuína, e próxima da arte, do que a das pessoas que estavam se ocupando do teatro. É claro que no livro, muitas vezes, aceno para algumas discussões filosóficas, mas procurei sempre não apoiar as minhas teorias de teatro nesses nomes: Derrida, Deleuze, Lyotard, Althusser, Nietzsche, Gadamer etc. Certamente, na tradição alemã, valeria acrescentar as linhas de pensamento de Heidegger, Walter Benjamin, Adorno e outros autores da escola de Frankfurt. O pensamento sobre o teatro, hoje, seria impossível sem alguns desses nomes que eu citei. E essas pessoas não são teóricas de teatro ou de literatura, mas são filósofos e estabelecem um campo de referência filosófico dessa discussão de que nós sempre vamos necessitar. Esses dois caminhos são importantes: a reflexão filosófica e também o aprofundamento nos fenômenos estéticos. Devemos esperar uma inspiração recíproca desses dois caminhos, mas não tentar aplicar uma coisa sobre a outra simplesmente. Para mim, isso seria o ideal da relação entre estes dois planos. Por isso, também, eu tenho o plano de começar a escrever um livro teórico, buscando exatamente essas interconexões para criar, talvez, uma teoria estética, ou uma teoria dessas leituras. Mas isso talvez se torne um livro de difícil leitura e *O Teatro Pós-Dramático* não é uma coisa de difícil leitura. Para mim, foi muito importante que o livro fosse lido por criadores do teatro: atores, diretores, dramaturgos, curadores de festivais, pessoas que fazem, de fato, o teatro. Mas ele está, de certo modo, em um nicho que tem a ver com a filosofia.

COLABORADORES

CIBELE FORJAZ

Dirigiu: *A Paixão Segundo GH* (1989), espetáculo de Marilena Ansaldi sobre a obra de Clarice Lispector; *Álbum de Família* (1994-1998) e *Toda Nudez Será Castigada* (2000-2002) de Nelson Rodrigues; *Um Bonde Chamado Desejo* (2003), de Tennessee Williams; *Woyzeck* (2003-2004) de Georg Büchner; *Arena Conta Danton*, releitura do original de Georg Büchner, com dramaturgia de Fernando Bonassi; e *VemVai – O Caminho dos Mortos* (2007), de Newton Moreno, e *Rainha[(S)] – Duas Atrizes em Busca de um Coração* (2008). Diretora do coletivo Cia. Livre desde 1999, é professora de Iluminação Cênica e Direção, no Departamento de Artes Cênicas da ECA-USP.

FERNANDO PINHEIRO VILLAR

Diretor, dramaturgo e performador. É pós-graduado em Direção Teatral no Drama Studio London e Ph.D em Teatro e Performance no Queen Mary College da University of London; professor do Departamento de Artes Cênicas do Instituto de Artes da Univer-

▲Cacilda! *Cena da Missa. Detalhe. Foto de Lenise Pinheiro*

sidade de Brasília e do mestrado em Arte Contemporânea do Departamento de Artes Visuais. Desempenha suas funções com diferentes grupos, artistas e instituições de ensino de teatro e performance do Brasil, Américas e Europa. Coordena o Laboratório de Interdisciplinar de Investigação e Ação Artística (LIA) na UnB, cujo o grupo, Chia Lia, estreou as primeiras montagens de *Laura* de Mariano Pensotti e *Coração Partido* de Caryl Churchill.

HANS-THIES LEHMANN
Professor titular da Universidade Johann Wolfgang Goethe em Frankfurt am Main, integra a Academia Alemã de Artes Cênicas, criou dramaturgias para diretores de destaque na Europa. É autor de *Theater und Mythos: die Konstitution des Subjekts im Diskurs der antiken Tragödie* (Teatro e Mito: a Constituição do Sujeito no Discurso da Tragédia Antiga, 1991); *Teatro Pós-Dramático* (Cosac & Naify, 2007); *Escritura Política no Texto teatral*, (Perspectiva, no prelo).

INGRID DORMIEN KOUDELA
Docente do curso de pós-graduação em Artes Cênicas da ECA-USP. Autora de: *Brecht na Pós-Modernidade* (Perspectiva, 2001), *Jogos Teatrais* (Perspectiva, 2006); *Brecht: um Jogo de Aprendizagem* (2007); *Texto e Jogo* (Perspectiva, 2008). Organizou *Um Vôo Brechtiano* (Perspectiva, 1992). Organizou e traduziu: *Heiner Müller: O Espanto no Teatro* (Perspectiva, 2003); e, com J. Guinsburg, *Büchner: Na Pena e na Cena* (Perspectiva, 2004).

J. GUINSBURG
Crítico, editor e professor titular de Estética Teatral e Teoria do Teatro da ECA-USP. Tradutor de Nietzsche, *O Nascimento da Tragédia* (Companhia das Letras, 1992); trad. e org., notas de *Obras de Diderot* v. 1 e 2 (Perspectiva, 2000); *O Sobrinho de Rameau; Jacques, o Fatalista, e Seu Amo* (Perspectiva, 2006); *O Enciclopedista* v. 1 (org. com Roberto Romano, Perspectiva, 2007); e *Büchner: na Pena e na Cena* (trad. e org. com Ingrid Dormien Koudela, Perspectiva, 2004). Autor entre outros de: *Diálogos sobre Teatro* (Edusp, 1992); *Aventuras de uma Língua Errante* (Perspectiva, 1996); *Da Cena em Cena* e *Stanislávski, Meierhold & Cia* (Perspectiva, 2001).

LIVIO TRAGTENBERG
É de-compositor. Trabalha regularmente com Johann Kresnik em seu *Choreographishes Theater*, baseado atualmente em Bonn, Alemanha.

256

Criador de espetáculos multimídia como *24 Óperas por Dia, Neuropolis e REinCorporação Musical*. Tem vários CDs e livros editados. Recebeu bolsas de composição da Fundação Vitae e Guggenheim Foundation. Publicou *Artigos Musicais* (Perspectiva, 1991), *Contraponto* (Edusp, 1994) e *Música de Cena* (Perspectiva, 1999).

LUIZ FERNANDO RAMOS

É dramaturgo, encenador e pesquisador. Lidera o Gide, Grupo de Investigação do Desempenho Espetacular, da ECA-USP, onde também é professor de Teoria do Teatro e coordena a área de Artes Cênicas do Programa de Pós-Graduação em Artes. Publicou: *O Parto de Godot e Outras Encenações Imaginárias: a Rubrica como Poética da Cena* (Hucitec, 1999); é co-editor da revista *Sala Preta*, publicação do Departamento de Artes Cênicas da ECA-USP e crítico de teatro do jornal *Folha de S. Paulo*.

MARCIO AURÉLIO PIRES DE ALMEIDA

Encenador, pesquisador e professor Livre Docente do Departamento de Artes Cênicas do Instituto de Artes da Unicamp com a tese *Lazzo-Actio: Nelson Rodrigues e Goethe em Weimar, uma Ação Poética* (2002).

MARIA LÚCIA DE SOUZA BARROS PUPO

Professora titular no Departamento de Artes Cênicas da Escola de Comunicações e Artes da Universidade de São Paulo. Atua particularmente na formação de professores de teatro e orienta pesquisas de mestrado e doutorado no campo da pedagogia teatral. Publicou: *No Reino da Desigualdade* (Perspectiva, 1991); e *Entre o Mediterrâneo e o Atlântico: uma Aventura Teatral* (Perspectiva, 2005).

MATTEO BONFITTO

Ator, diretor e pesquisador, concluiu doutorado na Universidade de Londres sobre o trabalho do ator no tea-tro de Peter Brook. Publicou vários artigos sobre os processos de atuação assim como o livro *O Ator Compositor* (Perspectiva, 2002).

ROSANGELA PATRIOTA

Professora Associada 2 do Instituto de História da Universidade Federal de Uberlândia (MG), no qual desenvolve atividades de graduação e pós-graduação. É uma das coordenadoras do Núcleo de Estudos em História Social da Arte e da Cultura (Nehac) que, em 2001, se tornou Diretório de Pesquisa do CNPq. É autora de *Vianinha:*

Um Dramaturgo no Coração de seu Tempo (Hucitec, 1999) e *A Crítica de um Teatro Crítico* (Perspectiva, 2007). Dentre as coletâneas que participou como organizadora destacam-se *A História Invade a Cena* (Hucitec, 2008) e *Imagens na História* (Hucitec/Capes, 2008). É uma das editoras do periódico eletrônico *Fênix – Revista de História e Estudos Culturais* (www.revistafenix.pro.br).

SÉRGIO SALVIA COELHO
Concluiu mestrado em dramaturgia pela Escola de Comunicação e Artes da Universidade de São Paulo. É professor de roteiro na Universidade Anhembi-Morumbi e de Análise e Interpretação do Texto Teatral, no Teatro Escola Célia Helena. Crítico de teatro da *Folha de S. Paulo* (2001-2008), é autor da peça *Só, Ifigênia, sem Teu Pai* (incluída na Mostra de Dramaturgia Contemporânea do Sesc, de 2002) e diretor de *UmBigo*, de Rubens Rewald (Centro Cultural São Paulo, 2005).

SÍLVIA FERNANDES
Livre-docente de História do Teatro do Departamento de Artes Cênicas da ECA-USP. Ministrou a disciplina no Departamento de Artes Cênicas do Instituto de Artes da Unicamp e foi pesquisadora de teatro do Idart. Publicou: *Sobre o Trabalho do Ator* (Perspectiva, 1988); *Memória e Invenção: Gerald Thomas em Cena* (Perspectiva, 1996); *Grupos Teatrais: Anos 70* (Editora da Unicamp, 2000). Organizou com J. Guinsburg, *Um Encenador de Si Mesmo: Gerald Thomas* (Perspectiva, 1996); e com Roberto Áudio, *BR-3* (Edusp; Perspectiva, 2006). É co-editora da revista *Sala Preta*.

SÔNIA MACHADO DE AZEVEDO
Doutora em Artes pelo Departamento de Artes Cênicas da ECA-USP, e formada em Dança Moderna pela Escola Arte do Movimento. Atriz, diretora, dramaturga, dançarina e professora de teatro, é chefe do Setor de Artes Cênicas do Sesi-SP. Autora de textos teatrais, romances, contos e poesias, publicou: *Odete Inventa o Mar* (Perspectiva, 2007); e *O Papel do Corpo no Corpo do Ator* (Perspectiva, 2002). Possui larga contribuição em revistas especializadas, entre as quais *Comunicações e Artes* da USP, e *Sala Preta*.

SORAIA MARIA SILVA
Bailarina, mestra em Artes na área de Dança pelo IA-Unicamp; doutora em Teoria Literária pela UnB. Criadora do espetáculo *Profetas em Movimento*, apresentado no Brasil, em Portugal e nos

EUA; pesquisadora de dança, teatro e literatura, é professora e coordena o Centro de Documentação e Pesquisa em Dança Eros Volúsia, do Departamento de Artes Cênicas da UnB. Colaborou em *O Expressionismo* (Perspectiva, 2002), *O Pós-modernismo* (Perspectiva, 2005) e *O Surrealismo* (Perspectiva, 2008); é autora de: *Profetas em Movimento: Dansintersemiotização ou Metáfora Cênica dos Profetas de Aleijadinho* (Edusp, 2001); e *Poemadançando: Gilka Machado e Eros Volúsia* (Editora da UnB, 2007).

TEATRO NA PERSPECTIVA

O Sentido e a Máscara
Gerd A. Bornheim (D008)
A Tragédia Grega
Albin Lesky (D032)
Maiakóvski e o Teatro de Vanguarda
Angelo M. Ripellino (D042)
O Teatro e sua Realidade
Bernard Dort (D127)
Semiologia do Teatro
J. Guinsburg, J. T. Coelho Netto e
Reni C. Cardoso (orgs.) (D138)
Teatro Moderno
Anatol Rosenfeld (D153)
O Teatro Ontem e Hoje
Célia Berrettini (D166)
Oficina: Do Teatro ao Te-Ato
Armando Sérgio da Silva (D175)
O Mito e o Herói no Moderno Teatro Brasileiro
Anatol Rosenfeld (D179)
Natureza e Sentido da Improvisação Teatral
Sandra Chacra (D183)
Jogos Teatrais
Ingrid D. Koudela (D189)
Stanislávski e o Teatro de Arte de Moscou
J. Guinsburg (D192)
O Teatro Épico
Anatol Rosenfeld (D193)
Exercício Findo
Décio de Almeida Prado (D199)
O Teatro Brasileiro Moderno
Décio de Almeida Prado (D211)
Qorpo-Santo: Surrealismo ou Absurdo?
Eudinyr Fraga (D212)
Performance como Linguagem
Renato Cohen (D219)
Grupo Macunaíma: Carnavalização e Mito
David George (D230)
Bunraku: Um Teatro de Bonecos
Sakae M. Giroux e Tae Suzuki (D241)
No Reino da Desigualdade
Maria Lúcia de Souza B. Pupo (D244)
A Arte do Ator
Richard Boleslavski (D246)

Um Vôo Brechtiano
Ingrid D. Koudela (D248)
Prismas do Teatro
Anatol Rosenfeld (D256)
Teatro de Anchieta a Alencar
Décio de Almeida Prado (D261)
A Cena em Sombras
Leda Maria Martins (D267)
Texto e Jogo
Ingrid D. Koudela (D271)
O Drama Romântico Brasileiro
Décio de Almeida Prado (D273)
Para Trás e Para Frente
David Ball (D278)
Brecht na Pós-Modernidade
Ingrid D. Koudela (D281)
O Teatro É Necessário?
Denis Guénoun (D298)
O Teatro do Corpo Manifesto: Teatro Físi
Lúcia Romano (D301)
O Melodrama
Jean-Marie Thomasseau (D303)
Teatro com Meninos e Meninas de Rua
Marcia Pompeo Nogueira (D312)
O Pós-Dramático: Um conceito Operativ
J. Guinsburg e Sílvia Fernandes (orgs.) (D314)
Contar Histórias com o Jogo Teatral
Alessandra Ancona de Faria (D323)
Teatro no Brasil
Ruggero Jacobbi (D327)
Teatro Brasileiro: Ideias de uma Histór
J. Guinsburg e Rosangela Patriota (D3
Dramaturgia: A Construção da Personagem
Renata Pallottini (D330)
Caminhante, Não Há Caminhos. Só Ras
Ana Cristina Colla (D331)
Ensaios de Atuação
Renato Ferracinio (D332)
João Caetano
Décio de Almeida Prado (E011)
Mestres do Teatro I
John Gassner (E036)
Mestres do Teatro II
John Gassner (E048)
Artaud e o Teatro
Alain Virmaux (E058)

nprovisação para o Teatro
Viola Spolin (E062)
go, Teatro & Pensamento
Richard Courtney (E076)
eatro: Leste & Oeste
Leonard C. Pronko (E080)
ma Atriz: Cacilda Becker
Nanci Fernandes e Maria T. Vargas
(orgs.) (E086)
BC: Crônica de um Sonho
Alberto Guzik (E090)
s Processos Criativos de Robert Wilson
Luiz Roberto Galizia (E091)
elson Rodrigues: Dramaturgia e
encenações
Sábato Magaldi (E098)
sé de Alencar e o Teatro
João Roberto Faria (E100)
bre o Trabalho do Ator
M. Meiches e S. Fernandes (E103)
thur de Azevedo: A Palavra e o Riso
Antonio Martins (E107)
Texto no Teatro
Sábato Magaldi (E111)
atro da Militância
Silvana Garcia (E113)
echt: Um Jogo de Aprendizagem
Ingrid D. Koudela (E117)
Ator no Século xx
Odette Aslan (E119)
ami: Cena e Pensamento Nô
Sakae M. Giroux (E122)
n Teatro da Mulher
Elza Cunha de Vincenzo (E127)
ncerto Barroco às Óperas do Judeu
Francisco Maciel Silveira (E131)
Teatros Bunraku e Kabuki: Uma
ada Barroca
Darci Kusano (E133)
Teatro Realista no Brasil: 1855-1865
João Roberto Faria (E136)
tunes Filho e a Dimensão Utópica
Sebastião Milaré (E140)
ruque e a Alma
Angelo Maria Ripellino (E145)
rocura da Lucidez em Artaud
Vera Lúcia Felício (E148)
nória e Invenção: Gerald Thomas
Cena
Sílvia Fernandes (E149)
nspetor Geral de Gógol/Meyerhold
Arlete Cavaliere (E151)

O Teatro de Heiner Müller
Ruth C. de O. Röhl (E152)
Falando de Shakespeare
Barbara Heliodora (E155)
Moderna Dramaturgia Brasileira
Sábato Magaldi (E159)
Work in Progress na Cena
Contemporânea
Renato Cohen (E162)
Stanislávski, Meierhold e Cia
J. Guinsburg (E170)
Apresentação do Teatro Brasileiro Moderno
Décio de Almeida Prado (E172)
Da Cena em Cena
J. Guinsburg (E175)
O Ator Compositor
Matteo Bonfitto (E177)
Ruggero Jacobbi
Berenice Raulino (E182)
Papel do Corpo no Corpo do Ator
Sônia Machado Azevedo (E184)
O Teatro em Progresso
Décio de Almeida Prado (E185)
Édipo em Tebas
Bernard Knox (E186)
Depois do Espetáculo
Sábato Magaldi (E192)
Em Busca da Brasilidade
Claudia Braga (E194)
A Análise dos Espetáculos
Patrice Pavis (E196)
As Máscaras Mutáveis do
Buda Dourado
Mark Olsen (E207)
Crítica da Razão Teatral
Alessandra Vannucci (E211)
Caos e Dramaturgia
Rubens Rewald (E213)
Para Ler o Teatro
Anne Ubersfeld (E217)
Entre o Mediterrâneo e o Atlântico
Maria Lúcia de Souza B. Pupo
(E220)
Yukio Mishima: O Homem de Teatro
e de Cinema
Darci Kusano (E225)
O Teatro da Natureza
Marta Metzler (E226)
Margem e Centro
Ana Lúcia V. de Andrade (E227)
Ibsen e o Novo Sujeito da Modernidade
Tereza Menezes (E229)

Teatro Sempre
Sábato Magaldi (E232)
O Ator como Xamã
Gilberto Icle (E233)
A Terra de Cinzas e Diamantes
Eugenio Barba (E235)
A Ostra e a Pérola
Adriana Dantas de Mariz (E237)
A Crítica de um Teatro Crítico
Rosangela Patriota (E240)
O Teatro no Cruzamento de Culturas
Patrice Pavis (E247)
Eisenstein Ultrateatral: Movimento
Expressivo e Montagem de Atrações na
Teoria do Espetáculo de Serguei Eisenstein
Vanessa Teixeira de Oliveira (E249)
Teatro em Foco
Sábato Magaldi (E252)
A Arte do Ator entre os
Séculos XVI e XVIII
Ana Portich (E254)
O Teatro no Século XVIII
Renata S. Junqueira e Maria Gloria
C. Mazzi (orgs.) (E256)
A Gargalhada de Ulisses
Cleise Furtado Mendes (E258)
Dramaturgia da Memória no Teatro-Dança
Lícia Maria Morais Sánchez (E259)
A Cena em Ensaios
Béatrice Picon-Vallin (E260)
Teatro da Morte
Tadeusz Kantor (E262)
Escritura Política no Texto Teatral
Hans-Thies Lehmann (E263)
Na Cena do Dr. Dapertutto
Maria Thais (E267)
A Cinética do Invisível
Matteo Bonfitto (E268)
Luigi Pirandello:
Um Teatro para Marta Abba
Martha Ribeiro (E275)
Teatralidades Contemporâneas
Sílvia Fernandes (E277)
Conversas sobre a Formação do Ator
Jacques Lassalle e Jean-Loup Rivière
(E278)
A Encenação Contemporânea
Patrice Pavis (E279)
As Redes dos Oprimidos
Tristan Castro-Pozo (E283)
O Espaço da Tragédia
Gilson Motta (E290)

A Cena Contaminada
José Tonezzi (E291)
A Gênese da Vertigem
Antonio Araújo (E294)
A Fragmentação da Personagem
Maria Lúcia Levy Candeias (E297)
Alquimistas do Palco: Os Laboratórios
Teatrais na Europa
Mirella Schino (E299)
Palavras Praticadas: O Percurso Artístic
de Jerzy Grotowski, 1959-1974
Tatiana Motta Lima (E300)
Persona Performática: Alteridade
e Experiência na Obra
de Renato Cohen
Ana Goldenstein Carvalhaes (E30
Como Parar de Atuar
Harold Guskin (E303)
Metalinguagem e Teatro: A Obra de Jor
Andrade
Catarina Sant Anna (E304)
Enasios de um Percusro
Esther Priszkulnik (E306)
Função Estética da Luz
Roberto Gill Camargo (E307)
Poética de "Sem Lugar"
Gisela Dória (E311)
Entre o Ator e o Performer
Matteo Bonfitto (E316)
Do Grotesco e do Sublime
Victor Hugo (EL05)
O Cenário no Avesso
Sábato Magaldi (EL10)
A Linguagem de Beckett
Célia Berrettini (EL23)
Idéia do Teatro
José Ortega y Gasset (EL25)
O Romance Experimental e o
Naturalismo no Teatro
Emile Zola (EL35)
Duas Farsas: O Embrião do Teatro
de Molière
Célia Berrettini (EL36)
Marta, A Árvore e o Relógio
Jorge Andrade (T001)
O Dibuk
Sch. An-Ski (T005)
Leone de'Sommi: Um Judeu no Teatr
da Renascença Italiana
J. Guinsburg (org.) (T008)
Urgência e Ruptura
Consuelo de Castro (T010)

*irandello do Teatro no Teatro
   J. Guinsburg (org.) (T011)
Canetti: O Teatro Terrível
   Elias Canetti (T014)
Idéias Teatrais: O Século XIX no Brasil
   João Roberto Faria (T015)
Heiner Müller: O Espanto no Teatro
   Ingrid D. Koudela (org.)(T016)
Büchner: Na Pena e na Cena
   J. Guinsburg e Ingrid Dormien
   Koudela (orgs.) (T017)
Teatro Completo
   Renata Pallottini (T018)
Barbara Heliodora: Escritos sobre Teatro
   Claudia Braga (org.) (T020)
Machado de Assis: Do Teatro
   João Roberto Faria (org.)(T023)
Luís Alberto de Abreu: Um Teatro de
Pesquisa
   Adélia Nicolete (org.) (T025)
Teatro Espanhol do Século de Ouro
   J. Guinsburg e N. Cunha (orgs.) (T026)
Tatiana Belinky: Uma Janela para o Mundo
   Maria Lúcia de S. B. Pupo (org.) (T28)
Um Encenador de si Mesmo: Gerald
Thomas
   J. Guinsburg e Sílvia Fernandes (S021)
Três Tragédias Gregas
   Guilherme de Almeida e Trajano
   Vieira (S022)
Édipo Rei de Sófocles
   Trajano Vieira (S031)
Bacantes de Eurípides
   Trajano Vieira (S036)
Édipo em Colono de Sófocles
   Trajano Vieira (S041)
Agamêmnon de Ésquilo
   Trajano Vieira (S046)
Antígone de Sófocles
   Trajano Vieira (S049)
Lisístrata e Tesmoforiantes
   Trajano Vieira (S052)
Persas, de Ésquilo
   Trajano Vieira (S55)
Teatro e Sociedade: Shakespeare
   Guy Boquet (K015)
Cotidiano de uma Lenda
   Cristiane L. Takeda (PERS)
Antonin Artaud
   Florence de Mèredieu (PERS)

Eleonora Duse: Vida e Obra
   Giovanni Pontiero (PERS)
Linguagem e Vida
   Antonin Artaud (PERS)
Ninguém se Livra de seus Fantasmas
   Nydia Licia (PERS)
Sábato Magaldi e as Heresias do Teatro
   Maria de Fátima da Silva Assunção
   (PERS)
Meierhold
   Béatrice Picon-Valin (PERS)
Br-3
   Teatro da Vertigem (LSC)
Dicionário de Teatro
   Patrice Pavis (LSC)
Dicionário do Teatro Brasileiro: Temas,
Formas e Conceitos
   J. Guinsburg, João Roberto Faria e
   Mariangela Alves de Lima (LSC)
História Mundial do Teatro
   Margot Berthold (LSC)
História do Teatro Brasileiro, v. 1:
Das Origens ao Teatro Profissional da
Primeira Metade do Século XX
   João Roberto Faria (Dir.) (LSC)
História do Teatro Brasileiro, v. 2:
Do Modernismo às Tendências
Contemporâneas
   João Roberto Faria (Dir.) (LSC)
O Jogo Teatral no Livro do Diretor
   Viola Spolin (LSC)
Jogos Teatrais: O Fichário de Viola Spolin
   Viola Spolin (LSC)
Jogos Teatrais na Sala de Aula
   Viola Spolin (LSC)
Queimar a Casa: Origens de um Diretor
   Eugenio Barba (LSC)
Rastros: Treinamento e História de Uma
Atriz do Odin Teatret
   Roberta Carreri (LSC)
Teatro Laboratório de Jerzy Grotowsky
   Ludwik Flaszen e Carla Pollastrelli
   (cur.) (LSC)
Últimos: Comédia Musical em Dois Atos
   Fernando Marques (LSC)
Uma Empresa e seus Segredos:
Companhia Maria Della Costa
   Tania Brandão (LSC)
Zé
   Fernando Marques (LSC)

Este livro foi impresso na cidade de Cotia,
nas oficinas da Meta Brasil,
para a Editora Perspectiva